地域で暮らす重症者の生活保障

自治体職員の役割と
行政職員たちの挑戦

山本雅章 著
Yamamoto Masaaki

はじめに

　わが国の障害者福祉施策は1960年代から入所施設への収容、1979年の養護学校義務化から、1990年代には在宅福祉へと展開されてきた。しかし、これを重症心身障害者（以下「重症者」という）に焦点化してとらえると、その施策は歴史的におきざりにされがちであった。地域で暮らす基盤整備が求められても、卒業後に通所施設が十分に利用できないなど今日でもその社会参加が阻害され、重症者と他の障害者との格差は拡大しつつあると言わざるを得ない。

　筆者は、措置制度から支援費、障害者自立支援法、障害者総合支援法に至る経過のなかで、都市自治体職員としてケースワーカーや重症者通所施設の職員、障害福祉所管の管理職などの職務を経験してきた。その30年余の経験のなかで感じることは、障害者施策全体としては、親の願いや要求、民間事業者の取り組みを基礎に自治体が支援主体として役割を果たすなかで、その質や量の向上が図られていったということである。

　しかし、重症者の施策はどうなっていったのであろうか。筆者は学生時代にボランティアとして重症者と初めてかかわりをもった。学生時代の1980年代に出会った山田さん（仮名）は、就学猶予になって以降、一日を自宅2階のベッドで暮らしており、外出は月1回の通院のみという生活を送っていた。家族以外に定期的に会う人は保健師だけで、彼にとっての社会はその保健師と窓からみえる家々の屋根と木々、電柱と電線、そしてときおり電線でさえずる鳥たちのみという生活を送っていたのである。

　国は1981年の国際障害者年と連動し、障害者福祉施策の推進体制を整備しつつあったが、地域の重症者の実情は「完全参加と平等」とはほど遠いものであったのである。養護学校の義務制が実施され、国際障害者年を契機に完全参加と平等が謳われても、このような現実がなぜ続いているのか、それは学生であった筆者の素朴な疑問であった。

　筆者はその後、自治体職員となって障害担当ケースワーカーを経て

重症者の通所施設で勤務した。その後、再びケースワーカーや障害者計画などを担当し、今日では管理業務を担当するに至っている。就職した後、障害者施策は在宅諸施策が展開されるなど着実に拡充してきた。そのなかで、市町村独自制度などを活用し、ようやく重症者も部分的ではあるが、地域の通所施設に通える方途が開拓されてきた。しかし、重症者の生活問題は十分に前進してきたとは言い難い。

　筆者が通所施設に勤務していた2000年ごろ、その施設に28歳の豊川さん（仮名）という重症者がいた。彼は施設への通所が生活の中軸になっていたと言っていいほど通所を楽しみにしており、それが社会との唯一の接点でもあった。また、言葉は少ないものの、その表情やしぐさなどから施設のムードメーカー的な存在で、利用者からも職員からも親しまれていた。彼は、その後、加齢に伴って二次障害が進行し、嚥下が困難となり吸引する必要が生じることとなった。しかし、当時、通所施設で職員が直接吸引を行うなどの対応は、法的にもまた職員の技量からも困難であった。そこで、吸引は家族が行うことを条件に通所を継続することとした。だが、主たる介護者である母は、日々家庭での食事や入浴、夜間の体位交換を行っており、その負担感は過大であった。そのうえ日々施設に通い、彼の吸引をすることはたやすいことではなかった。そのため、徐々に彼は施設から足が遠のく結果となった。当時、東京都内の養護学校では、吸引などの行為を医療的ケアとして教員らがその手技を行っていた。しかし、通所施設においては、法的な規定や医療職の配置が不十分であるなど現実的な体制の問題から、吸引など医療的ケアを行える状況になかったのである。

　その後、経管栄養を要する重症者が養護学校を卒業後、筆者の勤務する施設への通所を希望したこともあったが、医療的ケアへの対応が困難なことから、医師や看護師の常駐する他の施設への通所を余儀なくされたことがあった。豊川さんは、その後、病状の悪化に伴い短い生涯を終えることになるが、祭壇には通所施設時代の思い出の品が並べられ、その奥に彼の遺影が微笑んでいた。

重症者の家族の介護負担が過重になる例は豊川さんだけの問題ではない。筆者は通所施設から再び障害福祉所管課に異動してケースワーカーとなったが、そこでも、重症者が住み慣れた地域で通所施設に通いながら生活し続けることに困難を生じる例が数多くみられた。通所施設に通う人に限らず、重症者の家族の多くは介護に負担を感じていた。そのため家族、特に母親は親亡き後だけではなく、自身が高齢になったり疾病を発症したりした場合には、重症心身障害児施設や療護施設へ入所させることをイメージしていた。

　しかし、そうした施設は、市内には存在しない。近隣市には存在するが満床のため急な入所は困難である。介護者が急に入院したり、または亡くなったりした際は、本人の意思とはかかわりなく、やむをえず遠方の施設や病院を紹介し移送なども行いながら、その場しのぎの対応を図っていかざるを得ない現実があった。本人に入所の話をし、移送する時の悲しげな表情は忘れがたいものであった。

　こうした状況は、障害者が地域で暮らし続けることをめざした障害者自立支援法の施行以降も続いていた。通所施設でもケースワーカーでも、筆者も含めて各々の現場の同僚は、重症者の生活の現実の困難さを感じながらも、「どうしようもない」歯がゆさを感じていたのである。

　その一方で、2000年代以降、重症者の生活を地域で支えようとする動きも広がってきた。東京都では、重症者が通所する施設職員らによって、当時、養護学校で行われていた医療的ケアを通所施設でも導入する先駆的事例が現れた。そして、これを各地に広げるための理念や手法を検討する研究会が開始されるなどの活動が見られるようになった。また、重症者の親などがつくるNPO法人などでは、重症者も入居できるグループホームの取り組みが始まっていた。

　こうした背景には、目の前のわが子の生活をより良いものにしたいと考える重症者の親たちの要望があった。そして、こうした要望にもとづき、事業者が重症者の地域での暮らしを支えることを目標として、重症者の住まいの試行的な実践が行われ始めたのである。

　しかし、そうした先駆的事例はあっても、ある重症者の母親は、「知

的障害者のケアホームは増えているけど、私たちには関係ない」と語っていた。つまり多くの重症者の家族にとっては、彼らの介護をすることが当然で、それができなくなれば入所施設という考え方が根底にあり、彼らが活用できるグループホームのイメージすらできなかったのである。

こうした先駆的事例を身近な場所で具体化し、既存のイメージを打破し、克服する可能性を示したのが、2000年代後半から各自治体で策定された障害者計画や障害福祉計画、また地域自立支援協議会などでの議論であった。そして、これらの議論などをとおして、親の願いを言葉にし、事業者や市、市民らと共有するなかで、重症者の通所施設建設、医療的ケアの実施などを具体化する都市自治体が現れてきたことは特筆すべきであろう。

さらに、2010年代には、医療的ケアを行うために事業者に補助を出す自治体、重症者が入居するためにグループホーム設置運営に補助金を支出する自治体が現れるなど、都市自治体の取り組みが広がっていった。都市自治体の考え方が、重症者の暮らしを支える事業の行方を大きく左右していた。

そうしたなか、私の勤務する市でも親たちの要求を受け、新たな重症者の通所施設や重症者が入居するグループホームが整備された。その背景には、先に述べた障害福祉計画の策定や地域自立支援協議会などの議論をとおして市と親、事業者が共同できたことが重要ではないかと考えられる。

今日、重症者が地域で暮らし続けることは、親や通所施設職員など重症者を支援する者だけの課題ではない。身体障害者福祉法、知的障害者福祉法および障害者の日常生活および社会生活を総合的に支援するための法律(以下「障害者総合支援法」という)では、市町村が援護の実施者として定められており、その援護の実施者＝支援の主体としての市町村の役割は大きい。

本書では、こうした背景から、重症者および家族が地域で暮らすための都市自治体における重症者の生活現実を直視して、その障害の特殊

性に起因するニーズに注目した。そして、通所施設やグループホームでの医療的ケアなど障害特性に応じた支援を支えている都市自治体の取り組みから、重症者の障害の特殊性に対応する支援の主体（実施者）としての、都市自治体の役割と施策の方向性を自治体職員論として提示した。そのうえで、これまでの障害福祉研究における成果に依拠しながら、

①重症者の生活問題を地域の問題として位置づける必要と、そのなかでの彼らの自立が社会的に規定されること。

②重症者の地域生活を支える通所施設、グループホーム等の重症者が活用し得る基盤創出。

③障害特性に応じた基盤整備を図り、重症者の生活問題を解決する地域生活支援の実践的プロセス。

④重症者福祉における都市自治体の課題および、その具体的に寄与すべき職員の役割。

などを明らかにするものである。

重症者は障害の重さと特殊性のゆえに、その支援には人手や専門性を求められる。また、その数も少なく障害者福祉の領域においても、いわばスーパーマイノリティともいえる存在である。しかし、そうした重い障害者の生活を支えていくことは、どのような障害があってもその人の尊厳を守るという障害者福祉の基本理念を守ることにつながる。それを可能にするのは支援の主体である自治体の施策形成が大きくかかわることとなる。

そこでは、支援の主体（援護の実施者＝首長）の補助職員としての自治体職員が重要な役割をもっているはずである。自治体職員が重症者の生活の質を保障する仕事を自らのものとして位置づけ、重症者とその家族の要求や要望を事業者やその他の市民とともに考え、施策の具体化につなげられるかが問われているといえよう。

本書が重症者の地域生活支援の理念と手法を、重症者の親や施設職員のみならず、広く研究者や福祉関係者や市民、とりわけ支援の主体者である都市自治体の職員が理解し共有することで、障害者福祉施策の展開に資することになれば幸いである。

地域で暮らす重症者の生活保障

自治体職員の役割と行政職員たちの挑戦　　　Contents

はじめに ……………………………………………………………… 3

序章　重症者の地域生活をなぜ問題とするのか ……………… 11

第1節　重症者の地域生活研究の課題と方法 …………………… 12

第2節　重症者の地域生活の課題 ………………………………… 25

第1章　戦後日本の重症者問題 ………………………………… 41

第1節　重症者の福祉と教育の歴史 ……………………………… 43

第2節　養護学校における重症児の医療的ケア
　　　　──国会審議の経過とその社会的実践的意義 ………… 62

第2章　地域生活支援の現状と問題点
　　　　──重症者および家族の生活実態の検証 ……………… 81

1. 重症者の地域生活支援の課題とニーズ ……………………… 83

2. 重症者の地域生活支援の基盤整備をすすめるために ……… 84

3. 重症者のニーズに係る先行研究 ……………………………… 84

4. 重症者のニーズの把握方法 …………………………………… 88

5. 地域生活に対する要望と要求 ………………………………… 90

6. 重症者の生活ニーズ、その必要と要求 ……………………… 93

7. 障害特性に応じた暮らしの保障と
　支援の主体としての都市自治体 ………………………………… 98

第3章　重症者の地域生活支援
──通所施設・グループホームの実態調査から ………… 101

第1節　重症者の通所施設における障害特性に応じた対応
　　　　──医療的ケアを中心に── ………………………… 103

第2節　重症者の日中活動における条件整備 …………………… 113

第3節　重症者の地域での居住支援
　　　　──グループホームのあり方をめぐって ……………… 130

第4章　重症者の地域生活支援における
都市自治体の現状と問題点 ……………………………… 149

第1節　重症者の地域生活支援施策に係る現状
　　　　──三大都市における自治体実態調査から ………… 151

第2節　地域生活支援における地域自立支援協議会の役割
　　　　──重症者の生活要求と支援施設の実情との
　　　　　ギャップとその克服の方向 ………………………… 160

第5章　重症者の地域生活支援が可能な
都市自治体の支援施策を具体化する役割と説明責任

………………………………………………………………………… 179

第1節　地域の問題としての重症者の地域生活と自立 ………… 182

第2節　重症者の地域生活を支える通所施設、
　　　　ケアホームなどの基盤創出 …………………………… 189

第3節　重症者の生活問題を解決する
　　　　地域生活支援をつくりあげるプロセス 201

第4節　重症者施策の形成における
　　　　都市自治体職員の位置と役割 208

第5節　重症者の福祉における都市自治体の責務と国の責任 219

終章　重症者の地域生活を支える都市自治体福祉施策の役割
　　　　──本書の結論と成果、今後の展望 229

解説　戦後日本の障害者福祉論と重症者問題の研究
　　　　──本書がまとまるまでのことをめぐって　大泉　溥 243

あとがき 258

序章

重症者の地域生活を なぜ問題とするのか

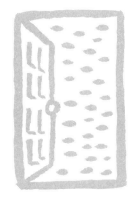

第1節 重症者の地域生活研究の課題と方法

1.本書の目的

本書では、第一に、棄民政策として推移してきた重症者施策の歴史のなかで、今日においても通所施設すら十分に利用できず社会参加が阻害されている重症者および家族が地域で暮らすための都市自治体における課題を明らかにする。

第二に、重症者についての地域生活に関する調査を把握することにより、重症者ゆえの障害の特殊性に起因する生活支援のニーズを明らかにする。

第三に、重症者の尊厳のある生活を実現させるために不可欠な通所施設や居住支援などで重症者を受け入れ、医療的ケアなど障害特性に応じた支援を具体化した実践を支えている都市自治体の取り組みから、重症者のニーズや障害の特殊性に対応する都市自治体の役割と施策の方向性を明らかにする。

第四に、具体的な障害者福祉施策を実現する当事者や市民参加による住民主体の施策実現プロセスとそこで果たすべき支援の主体（実施者）としての都市部での市（政令市を除き東京都の場合区を含める、以下「都市自治体」という）の役割について明らかにし、住民自治を具体化する都市自治体の障害者福祉施策の方向性を究明する。

第五に、上記第一から第四の検討を踏まえ、これまでの障害者福祉研究における成果に依拠しながら、①重症者の生活問題を地域の問題として位置づける必要性と、そのなかで彼らの自立が社会的に規定されることを明らかにする。そのうえで、②重症者の地域生活を支える通所施設、グループホームなどの重症者が活用し得る基盤創

出について検討する。そして、③障害特性に応じた基盤整備を図り、重症者の生活問題を解決する地域生活支援の実践的プロセスを提示する。これらの点から、④重症者福祉における都市自治体の役割と国の責任を明らかにする。以上が本書の目的である。

2.重症者の地域生活研究の対象、枠組みと方法

（1）研究の対象

　重症者の生活実態に注目し、重症者の地域生活を支援するための制度、とりわけその矛盾が顕著に現れている通所施設やグループホームなど、地域で暮らし続けるための基盤とこれを担う都市自治体の支援のあり方を対象とする。それは、地方自治制度において分権化が加速し、障害者福祉施策が市町村を主体として進められるなか、重症者の生活のあり方を検討するうえで必然となるからである。

　そのために本書では、その問題の深刻さを告発的に示すというだけでなく、それらの困難に風穴を開けてきた重症者への取り組みを取り上げることにする。

　現在、重症者およびその家族の要望にもとづき、通所施設やグループホームの各事業者の実践を、当該事業所所在地の都市自治体が財政面などから支援する取り組みが見られる。重症者を受け入れ、医療的ケアなどその障害特性に応じた対応は、事業者の実践だけでは人員配置や設備などの面から財源的に厳しく長続きしない。一方、都市自治体の補助制度のみ先行的に実施してもそれを具体的に対応する事業者が出現しなければ机上のものとなる。

　例えば、養護学校義務化の歴史や特別支援学校での医療的ケアへの対応、グループホームやガイドヘルプ制度など、障害児教育や障害者福祉の制度では障害者とその家族、事業者の要望から生まれ都市自治体が制度化した取り組みは広がりを見せやがては大きな流れになり国の制度につながった例がある。その一方で、障害福祉サービスと介護保険制度との統合など机上で生まれた制度は見送られて

第1節　重症者の地域生活研究の課題と方法　13

いる。

　実際の重症者および家族の要望を背景に、事業者がその要望に応えようと先駆的に行い、支援主体としてこれを財源などの面から支援する共同の取り組みはその質の向上と共に継続性が確保されるものと想定できる。しかし、このような取り組みは都市自治体で散見される程度で広く制度化されておらず、試行的な段階に留まっている。

　重症者のニーズに的確に応える点からも、またこれを継続的に行う観点からも重症者およびその家族の要望にもとづく事業者と都市自治体が共同する取り組みを取り上げ、その普遍化を検討する意義は大きいと考える。本書ではこうした取り組みを先駆的なものとして取り上げることとする。

　事業者の実践とこれを支援する都市自治体の先駆的取り組みは、大都市部を中心に散見される程度であるが、重症者の地域生活のための施策を具体化するには、現実に彼らに対応している実践とそれを支援する都市自治体の共同の取り組みを取り上げざるを得ないと考える。

　本書において、先に述べた財政的に安定した都市自治体の障害児教育や障害者福祉における試みが近隣他市に広がり、やがては国が法定化した例に学び、東京都およびその近隣での先駆的な取り組みを取り上げ、その原理を明らかにすることは、単に先駆的な取り組みを知るにとどめず、目の前の重症者の生活を支える際の現実的困難とそれを打開していくための条件を示すものとして、その普遍化によってやがて国の制度として位置づける展望が開けると考える。

（2）研究の枠組みと方法

　宮本（1999:12-46）は公共政策を、社会共通資本を管理し社会サービスを公平に供給し、住民の意志にもとづいて人権を確立擁護し、市場の欠陥を是正するものと位置づけている。さらに地方分権の趣旨はそうした公共政策の主体に住民が位置づくことであるとする。また、真田（1994）は福祉の具体化は、①対象としての社会問題、②社会問題からの脱出もしくは解決を求める運動、③以上２つに影響されな

ら政策主体が打ち出す政策、この3点の相互の関連からとらえられる
とする。真田の指摘は福祉政策を考える視点として重要である。

　その一方で、今日では運動により直ちに公的部門が拡充される状
況にはなく、むしろ地方分権化や官から民への流れが進み、公的な
基盤が縮小されている現状にある。こうした現状から考えると、福祉
の具体化には、社会問題としての重症者のニーズが顕在化し、それ
を住民参加や民主的運営などにより自治体での公共性を活性化させ、
これによって市場の欠陥を是正し、地域での生活の充実を図る施策
を政策主体が打ち出すという形態が必要になっていると考える。

　これまでも例えば、知的障害者グループホームは、東京都では、就
労可能な知的障害者が地域で暮らし続けることを要望した親や事業者
たちの声が上がり、それを育成会が事業化し、都の補助を受けながら
生活寮として運営した。また横浜も同様に市の事業として開始した(中
島2005:8-31、角田2009:201-212)。一方、大阪府枚方市で実施され全
国に広がった知的障害者ガイドヘルプ制度など、障害者家族のニーズ
を事業者と都市自治体が受けとめ、試行的に実践し、それが各地に広
がりを見せた。この2例以外でも国が制度として定着させた例は数多
い。

　そこで、本書では重症者の地域生活のニーズを解決するための具
体的な方法を検討するため、「ニーズの顕在化」⇒「自治体と事業者
の共同の模索（先駆的取り組み）」⇒「重症者施策の普遍化」という
枠組みを設定し、各章を検討する。この枠組みを使うことで、重症
者のニーズに対する地域生活支援施策の実現の道筋が明らかにでき
ると考えた（図1参照）。

　第一に、「重症心身障害児施設および教育実践における歴史」を検
討する。重症者の生活実態と制度と間の矛盾を解決しようとした先行
事例として、重症心身障害児施設および教育分野での歴史を検討する。

　特に、重症心身障害児施設における施策の推移や1979年の養護学
校の義務制および医療的ケアへの対応など、当事者や家族の要望や
運動が特殊教育の変革に果たした歴史的実情に学びながら、家族や

第1節　重症者の地域生活研究の課題と方法　15

教員の運動や研究、教育現場での実践、自治体による支援などに焦点をあてる。そして、戦後の施策展開や制度拡充を求める教育権保障の運動、自治体の施策について検討を行う。

これにより、重症者への制度の変遷を障害者福祉全体の進展と照応しながら、重症者が地域で暮らすための福祉制度の方向性とそのための課題を明らかにする（第1章）。

第二に、「重症者・家族のニーズ」を把握する。重症者については医療や介護負担についての調査はあるものの、それに比べると重症者の地域生活におけるニーズ調査は少ない。そこで、重症者ゆえの障害の特殊性に起因する生活支援のニーズを明らかにするため、これまで全国および都市部を対象に行われた重症者および家族の生活ニーズに関する先行調査研究について、日中活動や住まいなど生活構造に着目し再分析をする。

これにより、医療的ケアなど重症者が地域で暮らし続けるためのニーズの特質と実現条件などを「ニーズの顕在化」として明らかにする（第2章）。

第三に、「ニーズに対する自治体と事業者の共同（通所・居住）」

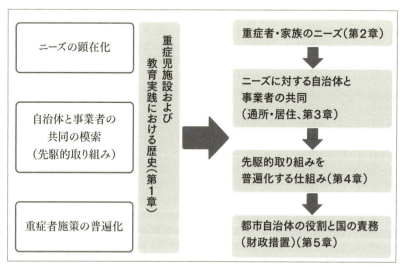

図1　研究の枠組みと流れ

の実情を検討する。これまで通所施設やグループホーム、ケアホーム（調査時点ではケアホームという類型が存在していたので、以下本節では、「ケアホーム等」という）において、対象とされにくかった重症者を受け入れ、その障害特性に応じた医療的ケアなどへ対応する事業者に、所在地の都市自治体が財政支援などを行う共同の取り組みを先駆的取り組みと考え検討する。

これまで重症者の生活構造の主要な部分のひとつとなる通所施設での日中活動は取り上げられることが少なかった。そこでの先駆的取り組みからそこに秘められているニーズの特質を把握し、医療的ケアなど障害の特殊性に対応した支援のあり方と都市自治体の役割を実証的に明らかにし、課題解決の手がかりを得る。

そのために、東京都通所活動施設職員研修会の医療的ケア実施状況調査を公的な役割という視点から公立79施設に絞って分析する。また、重症者を受け入れている先駆的な通所施設（20施設）を対象に、運営形態や財政状況を調査し、都市自治体の役割（補助など）を検討する。加えて、重症者の生活構造のもうひとつの主要な部分である居住の場に着目し、東京都内のケアホーム等288事業所を対象に、アンケート調査を行い、重症者が入居している実情を調査した。そして、重症者の利用を困難にしている条件と都市自治体の支援策を実証的に検討した。

これにより、障害者自立支援法では通所施設やケアホーム等が制度化されているにもかかわらず、重症者に関する実践例は都市自治体が支援する一部の例に留まっていることの課題をこれらの調査から実証的に検討した。

そのうえで、こうした取り組みを「自治体と事業者の共同の模索（先駆的取り組み）」として位置づけ、重症者の尊厳のある生活を実現させるために不可欠な条件の整備を含めた支援の実践的方向性を提示する（第3章）。

第四に、「ニーズに対する自治体と事業者の共同」による地域生活支援を普遍化しようとする試みとして「先駆的取り組みを普遍化する仕組み」を検討する。ここでは、第2章で明らかにしたニーズや第3

章での先駆的取り組みを背景に、障害者自立支援法の改正によって支援の主体となった都市自治体が重症者支援を自らの問題としてどのようにとらえ具体化しようとしているのか、また、これを施策として普遍化する際の課題を明らかにする。

そのために、東京、大阪、愛知の116の区市を対象に重症者の地域生活支援に関する質問紙調査を行い、支援法の改正を踏まえた都市自治体の重症者福祉施策の現状と考え方、その施策を実施するに至る要因などについて調査する。そのうえで、具体的な障害者福祉に係る当事者や市民参加による住民主体の施策実現プロセスとそこで果たすべき支援の主体（実施者）としての都市自治体行政の役割について示唆を得ることを目的とした。そのため、重症者の施策について検討している3市の地域自立支援協議会の実践について、市の担当者および相談支援専門員に半構造化面接を行った。

これにより、重症者に合理的配慮のある地域生活を支援するシステムの構築について、その到達点（成果、教訓、課題など）を明らかにし、住民自治を具体化する都市自治体障害者福祉施策について「自治体と事業者の共同の模索（先駆的取り組み）」として位置づけ、今後の方向性を究明する（第4章）。

第五に、「重症者施策の普遍化」の考え方を明らかにする視点から「都市自治体の役割と国の責務（財政措置）」を検討する。ここでは、第1章から第4章の結果にもとづき、これまでの障害者福祉研究における成果に依拠しながら、①重症者が「ふつうのくらし」が困難で、地域で生活しづらい問題を地域の問題として位置づける必要性と、重症者の自立が社会的要因に規定されることを明らかにする。②重症者の地域生活を支える通所施設、ケアホーム等の基盤創出と合理的配慮について都市自治体の役割との関係から把握する。③重症者の生活問題を解決する地域生活支援の施策構築のプロセスと都市自治体職員の役割を提示する。④重症者に対する福祉における都市自治体の役割と国の責任を明らかにする。以上の点を考察する。

これにより、重症者がその障害の特殊性に対応し、普通の暮らしが

可能となるように通所施設やケアホーム等の整備など重症者に対する福祉を社会的共同業務として都市自治体行政に位置づける必要を明らかにする。同時に、重症者の生活基盤整備における国の財源面での支援が必要であることなど、重症者を新たに福祉的な対応を図るべき存在として積極的な位置づけを図ることの必要性を明らかにする（第5章）。

3.用語の定義

　本書において使用する主な用語について、その意味を再確認しておきたい。

（1）重症者

　重複した医学的に重い障害（severely impairment）を有する人たちに関するいわゆる福祉用語としては、重症心身障害児（者）と重度重複障害者がある。重症心身障害児（者）は「精神の発達の遅れと身体の障害を併せもち、しかもそれぞれの障害の程度が重度である者」として大島分類による1から4の区分に該当するものと解される（大島1971:648-655）。この重症心身障害に該当するかとの行政的判断は、重症心身障害児施設や通園事業A型B型を利用する際などに、都道府県の児童相談所が判定を行ってきた。2011年以前の改正前の児童福祉法では、18歳以上の重症者でも児童として位置づけられており、成人した重症心身障害者（以下「重症者」という）の規定はなされていなかった。

　市町村行政においては「重症者」の規定が厳密ではなく（むしろ、規定されておらず）、重度の肢体不自由と知的障害が重複する人という一般的認識に留まっている。肢体不自由特別支援学校を卒業する重い肢体不自由と重い知的障害を重複する者は、必要に応じて、地域の通所施設などを利用する実態があるため、重症心身障害児施設入所や通園事業を利用する以外は児童相談所での判定を必要としていない。そのため、施設入所や通園事業利用者以外で重症者と明確

に規定することは難しい。

　一方、重度重複障害者は身体障害者手帳、療育手帳などによって区分され、より幅広い定義として、重度の身体障害（肢体不自由以外も含む）などと知的障害、精神障害が重複している者を呼び、教育機関や障害者施設、都市自治体を含めた市町村行政で使われてきたが、それは視覚障害や聴覚障害をも含めることもあった。

　中野（2008:2-5）は『重度・重複』という概念を使用しながら地域生活を考える際に、重症心身障害児の制度史においてふるい落とされてきたという社会的側面をもつ点、家族の介護との関連で位置づけられてきた事実、社会生活の面でも幾重もの困難や不自由と不安・悩みを抱えているという点、この3点を指摘し「『重度・重複』というくくりでは見えないことを具体的な生活とその支援から提示することの意義」を述べている。その点から中野は『重度・重複』という概念を単なるカテゴリーとしてではなく、生活支援の困難さに着目して論じている。

　その点から、本書では肢体不自由特別支援学校を卒業し地域で生活を送る重い肢体不自由と重い知的障害を重複する者（具体的には身体障害者手帳（肢体不自由）1、2級と療育手帳の最重度および重度に該当する者）を対象とし、狭義（大島分類によるカテゴリー）の重症者だけでなくその近縁に位置する者（聴覚や視覚障害との重度重複障害を除く）をも含めて論じ、生活の困難さとその解決を図る福祉施策について論じる観点から、重症者という用語を広義で用いることとした（本書における調査でも、本規定の重症者の定義として利用した）。

　また、第1章第2節および第3章第1節、第2節では「医療的ケアを要する重症者」などに焦点をあて論述した。これは通所施設やケアホーム等において重症者の障害特性に応じた対応を検討する観点から対象を焦点化したものであり、基本的な重症者のカテゴリーは本規定と同様である。そのうえで、こうした支援の特殊性を有する者も含めた重症者の生活支援の全体像を把握しようとした。

　各章における重症者の主なカテゴリーは次ページ図のとおりとなる。

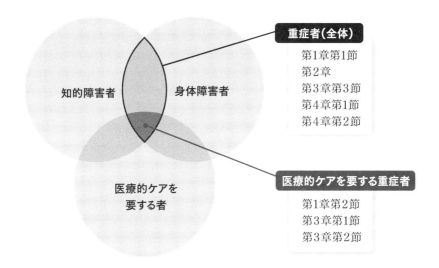

(2) 医療的ケア

　治療行為としての医療行為とは区別して経管栄養・たん吸引など日常生活に必要な医療的な行為を医療的ケアと呼ぶようになっており、国や都道府県の文書、学術論文、教育現場や福祉現場において一般化しつつある（北住2006:8）。本書では、2004年「盲・聾・養護学校におけるたん吸引等の医学的・法律学的整理に関する取りまとめ」（在宅及び養護学校における日常的な医療の医学的・法律学的整理に関する研究会2004）の定義に従う。

　なお、この医療的ケアについては、重症者の必要な支援のひとつとしてとらえ、医療的ケアを要する重症者とそうではない重症者を異なるカテゴリーとしてとらえるものではない。

(3) 都市自治体

　これまで重症者に対する医療的ケアや障害者福祉制度におけるホームヘルプ、ガイドヘルプ、ケアホーム等が都市部の区市で開始され、それが全国に広がり国の制度に転じた歴史がある。その点から本書では、都市部の区市（政令指定都市を除く、東京都の場合区を含める）の取り組みを明らかにし、重症者の地域生活支援のニー

ズやそれに対応する通所施設やケアホーム等の実情と課題、そのニーズの解決方法などを明らかにするため、都市部の区市に限定して調査や検討を行った。

障害者福祉は国から市町村に権限移譲され、支援の主体として市町村が位置づけられたことを踏まえ、地域における通所施設やケアホーム等の試行的な実践を支援し、それらの基盤整備を行う支援の主体としての都市部における区市の先駆的な実践を問題とする。その点から本論では、こうした都市部の区市を都市自治体という。

また、法律上および文献からの引用、一般的な用語として基礎自治体を表現する場合には市町村とし、使い分けることとする。

（4）生活支援

生活とは人間として生きるうえでの日常的な活動である。大泉は生活の観念が概念へと抽象化されることで、人間の本性的なねがいと不可分な生活要求を実現する抵抗権を喪失しがちだったこと（例えば、教育学における立身出世主義）を問題とした。そして、①おもいっきり活動する（快活）②しっかり食べる（快食）③気持ちよく排せつ（快便）④ぐっすり眠る（快眠）⑤たしかな人間関係が生活の土台となる、5つの原則として示している（大泉1989:26-41）。そして、その土台を確かなものとするため、居住の場、課業の場、余暇の場その三か所において共同体を形成する1人として社会に参加し、幸せを追求する営みが必要であるといえる。

障害があっても、生活の主体者として住み慣れた身近な場所（地域）で営むことが障害者本人やその家族のニーズとなっている。それは、重症者にとっても同様である。そうしたニーズを具体化し、普通のくらしを実現するための社会福祉における支援を本書では地域生活支援とする。

（5）重症者のニーズ

厚生労働省「相談支援の手引き」（2005）によれば、「利用者が地

域社会による見守りや支援を受けながら、地域での望ましい生活の維持継続を阻害するさまざまな複合的な生活課題」をニーズとして規定している。中野（2009:8-9）は、知的障害者福祉におけるサービスニーズの把握は、その人にとっての「日常生活の支障性」が知的障害という障害によってとらえられることであると指摘している。

重症者にとっては、その障害の特殊性と社会的にも少数であるがゆえに、日常的な生活のみならず生きることすら困難を生じる場面がある。本書ではニーズを単に利用者の必要という意味に留めず、重症者が命を維持し、生き、暮らしを送るうえで解決を必要とする多様な課題（生活課題）に対する本人・家族の要求（ディマンド＝生活権や発達権）という観点を含めて使用する。

（6）行政

行政はこれを規定する中心的な法典を有しておらず、雑多な法令から成り立っており、その法令の規定をつなぎ合わせながら形成され、法律上の明確な規定はなされていない。代表的な説として、「統治権の作用から立法、司法を除いた残余の部分と定義する『控除説』」と「法の下に法の規制を受けながら交易の実現、法を現実化する目的をもって行われる作用と定義する『積極説』とがある」（内閣法制局法令用語研究会1993）。

行政活動という現象は行政主体と私人との間の相互関係としてとらえられ現実の行政を厳密に定義することは困難である。その点から、行政は国や自治権を保障された地方自治体を含めて行政主体が日頃から行っている諸活動（行政行為）の形式と解するのが妥当である（藤田1996:1-18）。

また、その諸行為の機能という視点から見ると、国は大枠の政策決定や個々の事業の細目の決定など施策立案の実行などの行政機能が主であるが、都道府県は本庁と出先（福祉事務所、児童相談所、障害者更生相談所、施設）と分離しており、行政機能と直接的な対人支援などの現業機能の両方を有することになっている。一方、市

町村では、同じ組織が行政機能と現業機能を有することが主になっている。同じ行政機関と言っても、その役割により求められる機能が違っている（平野2006:9-12）。

社会福祉行政を、福祉六法などの体制にもとづく国、都道府県、市町村が行う諸行為のシステムであるととらえた場合、障害者福祉行政は、障害者に対する政策決定や法にもとづく個々の事業などに関わる諸行為のシステムと位置づけられる。本書では、行政を行政機能と現業機能双方のシステムを合わせたものとしてとらえる。

（7）政策と施策

大辞林（第三版）（2006）によれば、政策は「政府・政党などの、基本的な政治の方針、政治方策の大綱」とされ、施策は「施すべき策、実行すべき計画」とされる。加藤（2007: 50-51）は、国や自治体が定める政策の下、その具体化を図るものとして施策を位置づけている。

中央集権体制において、政策主体である国家が国民をコントロールするためのものとして政策があり、それは、階級的性格を有するものとされる。しかし、一方で、政策主体のイニシアチブを抑制し国民の福祉にしていく原動力として民主主義の力が働くことになる。その点から、政策主体と民主主義の力を取り入れつつ相互関係の中で政策を理解することが重要な視点であると言える（真田1977）。

わが国ではこれまで中央集権体制が貫かれており、国が政策主体として位置づけられる。地方分権が進む状況下においては、これまでの「上からの政策」であったものが、いわば「下からの政策」に変換する。それは国と同じく政策主体として、市町村が地域の行政主体としての位置づけを有したものであり、市民の福祉を実現するには地域の民主主義の力との相関関係のなかで政策をつくり、必要性やその具体策としての施策展開が必要となっていることを意味する。

本書ではその点を踏まえ、重症者の福祉に焦点化し、政策を総合的な施策の方向性としてとらえ、施策についてはその政策を具体化する個別の制度や仕組みとしてとらえる。

以上、本書において使用する主な用語の定義やこれに関連する説明を行ってきたが、このほかにも説明すべき用語も残されている、それらについては、その該当箇所で必要な説明を行うことにして、本題の論述に進むことにしたい。

第2節　重症者の地域生活の課題

1. 地域生活の問題を明らかにする視点

　地域で暮らす重症心身障害者（以下「重症者という」）やその家族から、地域で暮らし続けるための基盤整備が求められても、その具体的対応が図られていないという制度と実態のかい離が生じている。

　障害者自立支援法やその改正法としての障害者の日常生活および社会生活を総合的に支援するための法律（以下「障害者総合支援法」という）が施行され、「地域社会において他の人々と共生すること」が、法の目的として規定された今日においても、法に定められたサービスは、すべての障害者の生活を支えるものとはなっていない。とりわけ、歴史的にも障害者法制度の枠外に留めおかれた重症者は、地域生活を支えるメニューはあっても、そのメニューは目の前へ届けられず、利用することができない状況が続いてきた。

　憲法に定める健康で文化的な最低生活保障とすべての生活部面における社会福祉の増進向上に努めるという規定の中には、施設設備の最低基準の保障だけでなく、個人の尊厳にふさわしい援助過程まで含まれると考えるのが妥当である（河野2000:46-53）。大泉（1989:42-53）は職住分離だけでは不十分だとの見地から、障害者の生活拠点として

第2節　重症者の地域生活の課題　25

居住の場、課業の場、自主的活動の場の3つを提示している。その際、障害特性による医療的ケアを含めた特別な条件整備を確保したものでなければ、彼らは取り残されざるを得ない。

重症者の生活問題の解決を考える際、次の点を明らかにする必要がある。

第一に、重症心身障害児施設に関する施策が人権無視の棄民政策として推移し、これを乗り越えるさまざまな運動や実践とこれと結びついた理論構築の積み上げが存在してきた。この歴史的実情から重症者の生活実態と法・制度間の矛盾を明らかにする必要がある。

第二に、在宅で生活する重症者やその家族の医療的ケアなどそのニーズの特質を明らかにすることが求められる。

第三に、現在の障害者福祉施策は市町村を支援の実施主体として位置づけている。これまでの重症者の研究においては、重症心身障害児施設を中心とした医療や療育に関する研究は多いが、重症者の支援を社会福祉の観点から究明した研究は少ない。とりわけ、都市自治体による重症者の地域生活支援を研究した論文は筆者の調べた範囲ではない。そのため、重症者の地域生活支援を都市自治体がどのように位置づけ、施策として具体化し生活問題を解決するのかを明らかにする必要がある。

第四に、重症者の障害の特殊性にどう対処し、その生活を支援するかを実践面からだけでなく、障害者施策の面からも支援の主体としての都市自治体の役割について、住民自治の観点から明らかにする必要がある。

第五に、これら第一から第四を踏まえて、これまで医療や療育の課題とされてきた重症者の支援について、都市自治体を基盤とする障害者福祉の課題として明確にする必要があると考える。

2.地域生活の史的展開

戦後の日本国憲法は国民の基本的人権として「生存権」を認め、

1960年代には国が重症心身障害児施設を制度化し、コロニー施策へと展開した。しかし、1980年においてその数は48か所に過ぎず（厚生白書1980）、施設数は不十分で依然として家族が養育するしか術がないのが一般的実情であった。

こうした問題がいっそう明確に社会問題化したのは、1979年の養護学校義務化が実施されて以降のことであった。この義務化施行後、自宅から養護学校に通う重症心身障害児やその近縁に位置する児童が徐々に増加した。しかし、学校卒業後には行き場がなく、結局は自宅での生活を余儀なくされたため、無認可の通所施設づくりなどの取り組みが拡がった。18歳以上の重症者の問題は在宅支援に移行せざるを得なくなったのである（岡田1998）。そのため、重症者やその家族からは日中活動や地域での住まい、余暇の活動など地域生活を支える取り組みが求められるようになった。

重症者施策は、児童福祉法にもとづき都道府県がこれを実施しており、市町村が直接支援を行ったり、制度を組み立てたりすることはなかった。障害者の中でも少数で支援に特殊性を有する重症者に対する施策は、国や都道府県によって行われる入所施設施策が中心で、都市自治体は自らの課題だと考えておらず、重症者が利用する通所施設や居住の場などの在宅福祉施策については無関心だったと言えよう。

重症者に対する施策が都市自治体に求められるようになったのは、

第一に、養護学校を卒業してからも地域で暮らす重症者が増加し、これを受け入れてきた先駆的な通所施設や無認可作業所などが量的に拡大し、在宅重症者の家族から地域生活に関する施策が求められるようになったこと。

第二に、費用のかかる重症心身障害児施設や同通園事業の整備を都道府県が抑制しているため新規利用が困難となっており、こうした代替機能を都市自治体が果たさざるを得なくなっていること。

第三に、障害者自立支援法において同通園事業を含む実施主体が市町村に移行されたこと、などからである。

一方、知的障害者や身体障害者の支援については国の事務として市

町村が行ってきたものの、1990年の福祉八法改正や医療制度改革（国立の重症児病棟の縮減などを含む）などにより、福祉サービスの実施主体は、段階的に国および都道府県から市町村に移行していった。

1993年には市町村障害者計画の策定が障害者基本法で規定され、2003年には市町村を援護の主体とする支援費制度が始まった。こうした流れのなか、市町村では知的障害者の通所施設が整備されてきた。

例えば、知的障害者通所授産施設は1990年に396か所だったものが、2000年には890か所、障害者自立支援法施行前の2005年には1427か所と増加した。また、知的障害者のグループホームは、2001年に300か所だったものが2003年には3216か所と10倍に増加し、地域生活支援の基盤は市町村の計画にもとづいて整備されてきた。

こうした知的障害などの現状と比較して、重症者が利用できる福祉サービスの基盤整備は量的にも質的にも行われていないことは都道府県も認めている（東京都2007）。

例えば、国は長期入院から在宅療養に政策を転換してきたにもかかわらず、福祉職員による吸引や経管栄養などの医療的ケアの実施を制度的に認めてこなかったため、日中活動のために地域の通所施設を利用することができない場合も少なくない。また、グループホームなどは制度的に拡充されつつあるが、重症者の活用は想定されていない。

2010年の障害者自立支援法の一部改正においても、2012年から重症者の通所施設の支給決定などが市町村に位置づけられることとなったが、その基盤整備をどのように進めるか、その方策をもっている都市自治体はないに等しい。

3. 重症者の地域生活に関する先行研究

重症者に関する研究は戦後、重症心身障害児施設の設置や養護学校義務化などに伴い、医師や教員らによって医療や療育、教育などの研究が進められていった。本項では、そうした研究で明らかになってきたことの課題を検討し、その知見に依拠しつつ、これまで論じら

28　序章　重症者の地域生活をなぜ問題とするのか

れることの少なかった重症者の地域での生活支援などの課題について示唆を得る。

（1）重症心身障害児（者）の支援に関する先行研究

①重症者支援の歴史

重症者は戦後、福祉制度や教育の対象となっておらず、家族介護に依拠するのみで、その発達は保障されてこなかった（糸賀1968:108、田中1974、依田1984:47-54、岡田1998、2003:8-9、細渕2003:2-10）。こうした政策に対し、重症心身障害児施設の必要性と重症児の教育や発達を願う全国的運動が起こり、国は1960年代、重症心身障害児施設を制度化した。

しかし、量的充実は進まず（守屋1967:57-58）、彼らの発達を保障する唯一の場であった重症心身障害児施設の増設を求める親の要求も無視されてきた（読売新聞1968）。そして、施設に入れない者が増加していく一方で、当時、地域で彼らの生活を支えることも想定しておらず、彼らの「発達は保障されず教育の権利も守られず、疎外はますますひどくなる」（田中1974）という歴史が明らかになった。

②重症心身障害者の教育に関する先行研究

こうしたなか、重症心身障害児の生活に大きな影響を及ぼしたのが、1979年の養護学校義務化であった（青木1972:31、戸崎1984:8-15）。これは、1872年の学制発布から107年を経て、すべての児童の教育権が保障されたという意義をもつものであった（平田2001:1-3）。

この養護学校義務化によって、地域で暮らし続ける重症者が増加し、医療的ケアなどを要する重症心身障害児も通学するようになり、それが社会問題として国会で取り上げられる（山本2011:25-32）。そのため、教育権保障の立場から医療的ケアの必要性が強調され（下川2003:40-41、飯野2002:174-186）、2004年に教育分野での医療的ケアが容認されることになる（文部科学省2004）。

その際、医療的ケアなど重症者ゆえの特殊なニーズに対応する特

別な「配慮」がなければ、実質的な教育権保障がなされないことが明らかとなった（中垣2007:35-40、伊藤・中村2005:6）。このことは地域生活支援においても同様であるが、障害者福祉分野での実践的手法や制度における研究は筆者の調べた範囲ではなかった。

③重症心身障害児の地域生活支援に関する研究動向

1979年の養護学校義務化以降、全国重症心身障害児を守る会などから在宅生活の充実が求められるようになる。これまで、重症者研究は重症心身障害児施設に勤務する医師らによって重症心身障害児の医療や看護、施設の役割、発達などについて論ずるものがほとんどであった。

1990年代以降には、重症者の在宅生活に関する研究が散見されるようになる。末光（1991:151）は岡山県域における実践から地域医療システムの必要性を提言している。また、杉本（2001）や北住（2003:200-205）岡田（2003:8-19）らは、医師として積極的に地域にかかわるべきだとし、重症心身障害児施設を拠点とした重症心身障害児（者）通園事業や地域療育などの必要性を論じている。また、杉本は自宅でのより快適な生活、専門性の確保、学校保健との連携などの必要性を指摘している。

社会福祉法人旭川荘が作成した1980年から1990年にかけての「重症者に関する文献目録」に収録されている1623論文を調べたところ、医療技術や症例、看護、理学療法などに関する研究が1139（70.2%）と最も多く、次に重症者の教育や療育に関するものが153（9.4%）、入所施設での実践に関するものが92（5.7%）あった。

一方、「重症心身障害児の退院後のフォロー」などの家族支援やボランティア活動など地域生活支援に関する研究は55（3.4%）あったが、多くが医師らによる地域療育に係る研究であった。

また、国立情報研究所論文情報ナビゲータ（CiNii）において、同様に「重症心身障害」に関する1000文献（2006年9月から2012年10月）を調べたところ、医療技術や症例、看護、理学療法などに関する研究が685（68.5%）と最も多く、次に重症者の教育や療育に関するものが

61（6.1%）、入所施設での実践に関するものが78（7.8）であった。地域生活支援に関する研究は22（2.2%）あったが、これも、前掲の文献目録同様、重症心身障害児施設の医師らによる研究が中心であった。

　重症者の地域での自立した生活に必要な支援のあり方についての研究は、結城（1998）が医療的ケアを伴う重度重複障害者の在宅生活支援について、施設での医療的ケアが制限されている問題を指摘し、法解釈上の問題を考察しながら、医療と福祉の連携が十分でない現状の改善とそれによる在宅福祉の改善を提言している。

　また、平野ら（2005）は費用形成という視点から重症者の地域生活支援を分析している。そして、重症者のカテゴリーが従来の指標では必ずしも対応していないこと。費用面から3つの水準に分かれることを指摘し、高水準層では訪問系サービスと併用することで費用が高くなること。重症者に特化したサービスは、単価が高く費用総額を押し上げることなどを明らかにした。そのうえで、通園事業を起点としホームヘルプの利用が核をなすサービスパッケージが形成され、そのことが家族介護から自立した時間の拡大としての地域生活の形成が見られることを指摘し、重症者であっても地域生活が可能なことを明らかにした。

　一方、山岸ら（2007）の調査研究によれば、重症者の地域生活支援のためには、地域社会資源と地域医療体制の情報の提供が課題であることが明らかになっており、その調整の必要が指摘されている。このような研究はあるものの、重症者に関する研究は医学や看護、教育の分野からの研究が中心で、社会福祉領域からの研究は少なかった。

　また、重症者の日中活動やグループホームなど、居住の場におけるケアの実態の解明などについて論じた文献は、実践報告などの形で断片的に言及されてきているが、社会福祉領域から地域での生活を保障するための社会資源の創出や、地域における実施主体としての都市自治体の役割について論じた本格的研究は、筆者の知る限り極めて少ない。その点から先駆的な実践例を実証的に検討し、重症者の尊厳のある生活支援を実現させるための手法の提示が求められている。

（2）行政に関する先行研究

①行政の役割に関する先行研究

　自治体は国から自立した政府として、自ら政策を決定し実施する責任を負っている。そのうち、市町村は二元代表制の下、基礎的自治体として地域における事務を一般的に処理するものとされる（加藤2007:2-10）。

　都市自治体での業務を検討する際、芝田が指摘した社会的共同業務の考え方（公務労働について、統治組織管理の側面と福祉や生活基盤整備などの社会的共同業務を担う側面の二面性を有することを指摘し、水道や道路をはじめ人々が暮らしを維持するに必要な業務を社会的共同業務とし、それを担うのが公務労働であるとした）を理論的基盤とし、自治体を市民生活から生じるさまざまな領域での協働性を基盤とした公共圏を位置づけ直し、重症者の福祉基盤整備を地域住民の社会的共同業務としてとらえる必要が示唆される（槌田2004:256-267）。

　そして、その協働性を基盤とした公共圏を理解する視点、そして、今日的な福祉の市場化・商品化など今日的危機的状況に対抗し、住民の参加・参画を保障する住民参加や協同によるまちづくりが重要である（井岡2002:200-229、朝倉2010:4-9）との指摘を具体事例に即して検討する必要もある。

　一方、二宮（2000:47-48）は、人間的なよい暮らしを実現する多様・無限の諸能力の発達を保障することを「住民の発達保障」と規定し、現在の公共性を決める基準であるとしている。この公共性を実現するには、地域づくりの主体としての住民とこれを支援する主体としての都市自治体職員や公的業務を担う福祉職が、どのように協働をしていくか、また、両者の主体形成をどのように図るかが問われる（内田2000:57-96、島田2006、辻2008:194-195）。そのうえで、都市自治体での住民参加による障害者福祉の施策形成過程について明らかにする必要がある。

②福祉施策の主体に関する先行研究

　戦後日本国憲法は、第25条において、生存権規定を明確化し、これを保障する国の責務を明確化した。そして1964年には福祉六法体制が構築された（厚生統計協会2010）。これらの法規定に関し、戦後わが国の社会福祉行政は、社会福祉をまず国の事業として位置づけ、そのうえで、国の具体的な実施を都道府県知事や市町村に機関委任事務として委任し、費用負担については、その十分の八を負担する体制を確立した（森1998:48）。

　憲法第92条から第95条では、地方議会の設置や直接選挙、条例制定権など地方自治体の民主的な地方自治制度を規定し、中央集権のもとでの下請け機関から解放されることとなったが、現実には、「三割自治」と表現されるように機関委任事務制度や補助金による統制の中、自治は形骸化し、社会福祉行政は国の下請け業務となっていたのである。

　そのため「1980年代まで都道府県と市町村の社会福祉行政は、なお地域の福祉行政の主体として明確になっていなかった」（澤井2002：22）と解される。社会福祉行政は社会福祉を実際的に政策や施策として具体的に展開する仕組みと位置づけられるが、市町村において、その実態は中央集権的な仕組みのなかで、国の下請け的な業務が中心であった。

　このように戦後、社会福祉行政は、国がその責任性を有する「国の機関委任事務」として、国と都道府県が中心的役割を果たしており、市町村の独自の福祉政策は国事業の上乗せなど限定的な範囲であった。その後、高度経済成長がもたらした生活の諸問題に対し、この解決を求める国民的運動などから革新自治体が生まれ、独自の福祉施策を打ち出し、それに国も追従し福祉施策の量は拡大する。しかし、第一次石油危機が起こり、それに続く不況・財政危機の中で、「日本型福祉社会」論が提起された。

　これについて、例えば、丸尾（1984：173-192）はこの日本型福祉社会論について、福祉を供給する部門として政府部門とインフォー

マル部門、市場部門を位置づけ、市場部門が福祉の供給を担うことで、民間部門が住民へのコスト意識の植え付けも可能であると論じている。

　一方、非営利組織などのインフォーマル部門をサービス供給システムに位置づける福祉ミックスという考えも現れ、公、民（市場）、インフォーマル部門の三者の適切な組み合わせに関する議論が行われるようになる。蟻塚（2007：73-82）は、こうした議論は福祉政策の新たな展開を反映したものだと述べている。

　その後、国は1986年、地方の自主性を尊重するという理由で、その責任を市町村に移譲し、これまで機関委任事務で行われていた入所措置事務などを団体委任事務に変更するとともに、措置費の負担割合を7割から5割に引き下げた。しかし、その一方で、この改革は措置制度に連動した許認可権と補助金配分の集中による中央統制を維持存続させる意図もあり、部分的な改革を示唆するものに留まっていた（宮田2004:19-20）。加えて、ノーマライゼーションを求める国民の声に押される形で、在宅福祉サービスを法定化するとともに市町村の事務として位置づけた。

　「日本型福祉社会」論を継承し、国の負担を軽減する地方分権をさらに推し進めたのが、一連の社会福祉基礎構造改革である。この中間まとめ（中央社会福祉審議会社会福祉基礎構造改革分科会1999）では、自助を基本としながら、それができなくなった場合においてのみ、社会連帯の考え方に立って自立生活に向けた地域での支援を行うとする。そして、措置制度を廃止し、利用者と事業者の契約による市場原理を福祉サービスの中核まで導入した。

　一方、これと軌を合わせ2000年に地方分権一括法が施行された。川野（2012：72-79）は、これまで地方自治体を縛っていた規制的な考え方を改め、地域の自主性・自立性を高める政策へと転換し、地域主権へ推移していく契機となったとしている。そして、介護保険制度や支援費制度、障害者自立支援法が導入され、市町村が支援の主体として明確化された。栃本（2002:140）はこうした地方分権化での計画

34　序章　重症者の地域生活をなぜ問題とするのか

の重要性に触れ、自治体の独自性の発揮の重要性と住民との協働関係をもって、新たな社会福祉の展開の必要性を指摘している。

畑本（2012:17-29）は、社会福祉基礎構造改革における社会福祉行政の変化を社会福祉と社会保険がすみ分けられてきた社会保障システムを根本から変え、社会福祉の社会保険化をもたらすとともに、行政空間の変容をもたらすものであるとしている。そして、そのなかで市町村が作り出す新しい空間に着目する必要性を指摘している。

障害福祉分野では、障害者自立支援法以降、市町村が重症者も含めた障害者支援の主体になりつつある。障害者福祉行政において、支援の基本的視点は憲法第25条の規定であり、それは、個人の尊厳にふさわしい援助過程の保障まで含むと解される（河野2000:46-53）。その際、重症者が地域で安心して暮らすことのできる政策の具体化のため、畑本が指摘する新しい空間をどのように位置づけるのかを具体的な施策展開の中で問う必要があると考える。

③障害者自立支援法と市町村障害者福祉行政に関する先行研究

社会福祉基礎構造改革にもとづく制度の見直しは障害者福祉分野にも及び、2003年には支援費制度が導入され、さらに2005年には障害者自立支援法が成立し、旧来の措置型福祉から契約型福祉へ移行した（小沢2013：72-98）

障害者自立支援法をめぐっては、障害者団体を中心に広範な反対運動がおこっただけでなく、地方自治体からも改善の要望が出された。全国知事会は「障害者自立支援法の見直しに係る提言」（全国知事会2008）を公表し、障害者自立支援法の改善を求めている。その内容は障害の範囲や利用者負担のあり方、市町村間での格差や財源保障など各種サービスについて具体的かつ広範に改善を求めるものとなっている。

また、社会保障審議会障害部会で鈴木磐田市長は全国市長会の共通した意見として、利用者負担の問題やケアマネジメントの問題の他、地域生活支援事業における財政負担や福祉施設に関わる基盤整備およ

び運営経費、運営システムに要する費用などの課題を取り上げ、財政基盤支援の必要性を語っている（社会保障審議会障害部会2008）。

　鈴木（2007:59-72）は、公共サービスの税外負担は、原則として認められず、法が規定する応益負担は平等原則に対する攻撃であり、社会福祉自体の否定につながるものだと指摘する。また、平野（2006:9-12）は、支援費制度も障害者自立支援法も、基本的には行政サイドからの提起であり改革だとする。そして、障害者福祉の歩みを考えるとき、この1990年代から2000年代への転換が、理念・運動から行政へと改革の震源地が変わっていることを見据える必要があると指摘している。

　すなわち、これまでの障害者福祉制度改革が、障害者や家族、社会福祉関係者からの運動に対する国の譲歩の結果であったのに比べ、一連の改革が社会福祉基礎構造改革を出発点に、地方分権と一体的に進められてきたものであるという点をとらえ直す必要があるということである。

　国が進める地方分権は補助金など国の財源縮小と事務移譲という形で地方への負担を強化してきた。障害者福祉制度改革では、市町村が自治事務として支給決定などや基盤整備の責任を負うこととなり、形式面では分権化が進められてきた。しかし、財源面では国における増税方針が固まってから移譲を検討する形で先送りされ、国の財政抑制が進められることとなった。

　こうした財政抑制策は、都市自治体においても財源削減と受益者負担の増加などにつながり、サービス基盤整備の法的義務がないなか、サービス量やその水準が限定的なものとなり（伊藤2009:101-104）、地方自治の拡充とは相いれないものとなっている。

　岡崎（2007:325-345）はこのような状況を、人権と発達が保障される社会福祉サービスが地域で利用できるような基盤を整備するためにも、団体自治はもとより住民自治の保障と補足性の原則、自主財源の配分による充実した地方自治を確立することが必要となっていると指摘している。

　障害者福祉の主体である都市自治体が、重症者が地域で暮らし続け

るための施策を考える場合、こうした視点を踏まえ、都市自治体を中心とした市町村施策の充実をどのように図るかを検討する必要がある。

文献（序章）────────────

朝倉美江（2010）「地域ケアシステムづくりへの挑戦」太田貞司編『地域ケアシステムとその変革主体』光生館、4-9

青木嗣夫（1972）「障害児教育義務制実施にともなう諸問題」『日本教育学会大会研究発表要項』日本教育学会、31

蟻塚昌克（2007）『入門社会福祉の法制度』ミネルヴァ書房、73-82

中央社会福祉審議会社会福祉基礎構造改革分科会（1999）『社会福祉基礎構造改革について（中間まとめ）』

藤田宙靖（1996）『行政法入門』有斐閣、1-18

古井克憲（2005）「知的障害のある人へのガイドヘルプにおけるコーディネイターの活動」『人間社会学研究集録』1 大阪府立大学、265-285

畑本祐介（2012）「社会福祉行政のこれから─＜社会保険＞化と行政空間の変容」『山梨県立大学人間福祉学部紀要』7、17-29

平野方紹（2006）「これからの障害者福祉における行政の機能と地域での課題」『ノーマライゼーション　障害者の福祉』26（294）、9-12

平野隆之、佐藤真澄（2005）「重症心身障害者の地域生活に関わる支援とその費用形成」『日本福祉大学社会福祉論集』113、87-114

平田永哲（2001）「特殊教育：21世紀への展望」『琉球大学教育学部障害児教育実践センター紀要』(3)、1-3

細渕富夫（2003）「重症心身障害児の療育の歴史」『障害者問題研究』(31)　1、2-10

飯野順子（2002）「医療的ケアの必要な児童生徒の学校生活」全国肢体不自由養護学校校長会編著『肢体不自由教育実践講座』ジアース教育新社、174-186

糸賀一雄（1968）『福祉の思想』ＮＨＫブックス、108

伊藤文代、中村朋子（2005）「肢体不自由養護学校における医療的ケアの動向」学校保健研究（46）、6

伊藤周平（2009）『障害者自立支援法と権利保障』明石書店、101-104

井岡勉（2002）「在宅福祉サービスの政策的展開」三浦文夫ほか編『講座　戦後社会福祉の総括と二十一世紀への展望』ドメス出版、210-231

加藤良重（2007）『自治体福祉政策』公人の友社、2-10

加藤良重（2007）『自治体福祉政策』公人の友社、50-51

川野佐一郎（2012）「福祉行政と地方分権改革」磯辺文雄、府川哲夫編著『福祉行財政と福祉計画』ミネルヴァ書房、72-79

北住映二（2006）「医療的ケアとは」日本小児神経学会社会活動委員会編『医療的ケア研修テキスト—重症児者の教育・福祉・社会生活の援助のために』クリエイツかもがわ、8

北住英二（2003）「生活の場・教育の場における重症障害児医療」『脳と発達』(35)、200-205

河野正輝（2000）「社会福祉の権利」佐藤進、河野正輝編『新現代社会福祉法入門』法律文化社、46-53

厚生労働省（1980）『厚生白書』(http://wwwhakusyo.mhlw.go.jp/wp/index.htm 2012.1.4)

厚生労働省（2005）『相談支援の手引き』

厚生統計協会（2010）『国民福祉の動向』

丸尾直美（1984）『日本型福祉社会』NHNブックス、173-192

宮本憲一（1999）「公共政策と住民参加」公人の友社、12-46

宮田和明（2004）「社会福祉政策の動向」『日本の社会福祉』法律文化社、19-20

森克己（1998）『福祉行政における地方自治』『早稲田法学会誌』48

守屋光雄（1967）「まとめ　日本特殊教育学会第5回大会抄録」『日本特殊教育学特殊教育学研究』5(1)、57-58

文部科学省（2004）『盲・聾・養護学校におけるたんの吸引等の取扱いについて（通知）』

内閣法制局法令用語研究会（1993）『法律用語辞典』有斐閣

内閣府（2007）『重点施策実施5か年計画について』http://www8.cao.go.jp/shougai/suishin/d6/s1.pdf#search='重症心身障害児（者）通園事業 推移 2003年

中垣紀子（2007）「養護学校における医療的ケアに関する動向」『日本赤十字豊田看護大学紀要』(3)1、35-40

中島直行（2005）「精神障害者グループホームの現在」『東京家政学院大学紀要』45、8-31

中野敏子（2008）「『重度・重複』障害のある人をめぐって」『リハビリテーション研究』(135)、2-5

中野敏子（2009）『社会福祉学は「知的障害者」に向き合えたか』、8-9

二宮厚美（2000）『自治体の公共性と民間委託』自治体研究社、47-48

岡田喜篤（1998）「重症心身障害児問題の歴史」岡田他編『重症心身障害療育マニュアル』医歯薬出版

岡田喜篤（2003）「在宅重症心身障害児・者の現状と課題」『地域保健』(24)11、8-19

岡崎祐司（2007）「地方自治体における障害者福祉政策の課題」『障害者自立支援法と人間らしく生きる権利』かもがわ出版、325-345

大泉溥（1989）『障害者福祉実践論』ミネルヴァ書房、42-53

大泉溥（1989）『障害者福祉実践論』ミネルヴァ書房、26-41

大島一良（1971）「重症心身障害の基本的問題」『公衆衛生』35（11）医学書院、648-655

小沢温（2013）「障害者福祉制度の流れを理解する」佐藤久夫、小沢温『障害者福祉の世界』有斐閣、72-98

澤井勝（2002）「福祉行政における市町村」大森弥『地域福祉と自治体行政』ぎょうせい、22

真田是（1977）「社会福祉問題の新しい視点」『現代の福祉』有斐閣

真田是（1994）「社会福祉の戦後過程をどう読むか」『現代の社会福祉論―構造と論点』労働旬報社

芝田進牛（1985）『公務労働の理論』青木書店、30-38

社会福祉法人旭川荘（1992）『重症心身障害者に関する文献目録』

社会保障審議会障害部会（2008）「第37回社会保障審議会障害者部会議事録」（http://www.mhlw.go.jp/shingi/2008/08/txt/s0820-1.txt）

島田修一（2006）「教育の再編主体の形成を求めて」島田修一編『社会教育』国土社

下川和洋（2003）「医療的ケアを必要とする子どもたちの教育権保障とその展望」『障害者問題研究』31(1)、全国障害者問題研究所、40-41

末光茂、刈谷哲博（1991）「重症心身障害児（者）地域医療福祉システム構築の現状と課題」『川崎医療学会誌』1（1）、151

杉本健郎（2001）「小児神経学会としての支援」小西行郎、高田哲、杉本健郎編著『医療的ケアネットワーク』クリエイツかもがわ、206-214

鈴木勉（2007）「障害者自立支援法における応益負担原則導入の問題点」『社会福祉学部論集』3、59-72

田中昌人（1974）「講座　発達保障への道③」全国障害者問題研究会出版部

東京都（2007）『地域福祉の推進を基調とした障害保健福祉施策の新たな展開について』

栃本一三郎（2002）「社会福祉計画と政府間関係」三浦文夫ほか編『講座　戦後社会福祉の総括と二十一世紀への展望』ドメス出版、140

戸崎敬子（1984）「重症児の医療・福祉の保障」『障害児教育実践体系(8)労働旬報社、8-15

槻田洋（2004）『分権型福祉社会と地方自治』桜井書店、256-267

辻浩（2008）「学びあう住民と自治体労働者の関係を求めて」島田修一、辻浩編『自治体の自立と社会教育』ミネルヴァ書房、194-195

角田慰子（2009）「日本の知的障害者グループホーム構想に見る『脱施設化』の特質と矛盾」『特殊教育学研究』47(4)、201－212

山岸吉広、高橋登（2007）「重症心身障害者を取り巻く地域環境要因の分析と地

域生活支援のあり方」『大阪教育大学紀要』56(1)、53-64

山本雅章（2011）「重度重複障害者の医療的ケアに関する研究」『社会福祉士』(18)、25-32

結城康博（1998）「医療的ケアを伴う重度重複障害者における問題」『社会福祉学』39(1)、162-176

依田十久子（1984）「重症児の医療・福祉の保障」『障害児教育実践体系(8)』労働旬報社、47-54

読売新聞（1968）朝刊「ふと、この子を殺し……」

内田和浩(2000)「「元気町運動」と「地域づくりの主体」形成」『北星女子短大紀要』、57-96

在宅及び養護学校における日常的な医療の医学的・法律学的整理に関する研究会（2004）『盲・聾・養護学校におけるたん吸引等の医学的・法律学的整理に関する取りまとめ』

全国知事会（2008）「障害者自立支援法の見直しに係る提言」

第1章 戦後日本の重症者問題

本章では、重症心身障害児（以下「重症児」という）および重症心身障害者（以下「重症者」といい、児童を含めて述べる場合は「重症児・者」という）の施設福祉制度、教育制度を対象に、重症児・者の特別なニーズと制度の「ずれ」があったのではないかとの観点から、これを克服する取り組みに焦点化し、制度の谷間におかれ実質的な支援は受けられない現実を克服する道筋を明らかにする。

　そのために、戦後日本における重症児・者の問題について、どのように社会的に問題とされてきたのかを生活困難の顕在化を踏まえて、教育現場における重症児・者に対する実践的施行や施設福祉制度における歴史的推移を文献および国会の質疑から検討した。そのうえで、教育現場における実践的施行が重症者の社会参加に果たした役割について、特に政策、運動・実践のあり方とそれを支えていた理論について国会審議などの経過を追いながら検討した。

　そして、重症児・者施策が人権無視のいわば棄民政策ともいえる不十分なものとして推移した歴史的実情と、これを乗り越えるさまざまな運動や実践とこれと結びついた理論構築の積み上げによって、その矛盾を克服してきた論理を明らかにした。加えて、現行の障害者基本法が掲げる理念との矛盾を具体的に指摘し、障害者の自立や生活権保障を図る制度への改善・拡充について都市自治体レベルでの主体的、能動的な取り組みをもとにボトムアップの施策形成が今日的な課題となりうることを示した。

第1節 重症者の福祉と教育の歴史

1. 重症者問題の歴史と今日の生活支援の課題

　医療や療育、教育の分野では、重症心身障害児施設の成立やその療育内容の整備、教育制度などを中心に重症児・者に関する実践や制度が進み研究成果も明らかになっている。しかし、重症児・者の地域での日中活動や家族介護支援、住まいの場の確保など生活に関わるニーズに応じた対応は限定的で不十分なものとなっている（東京都2007a）。加えて、これらの先行研究も少ない。

　今日では障害者総合支援法が制定され、社会モデルを基盤とした制度の制定が新たな道筋として明示されるとともに、あらゆる障害者差別を禁止する方向性が明確化されている。その際、これまで、制度の谷間におかれ続けた重症者が住みなれた場所で社会に参加しながら、健康で文化的な生活を送るという地域生活（以下「地域生活」という）実現のための支援のあり方が改めて問われざるを得ない。

　新たな法制度が重症者の地域生活を豊かにするものとするためには、彼らの生活問題を歴史的にとらえ直し、それが、特別なニーズと制度の「ずれ」が繰り返し生起してきた社会問題であることを明らかにするとともに、その背景を究明することが必要である。そのうえで、この矛盾を克服する今後の重症者の生活支援のあり方を提示することが必要であると考える。

　そこで、本節では、重症児・者の入所施設制度や在宅福祉制度、教育制度を対象に、重症児・者が制度の対象とならずまたは対象となっても実質的な支援は受けられなかった歴史的状況を明らかにし、重症者の特別なニーズと制度の「ずれ」を克服する取り組みに焦点

化し次の２点を本章の課題とする。

　第一に、重症者が制度の対象とならずまたは対象となっても実質的な支援は受けられない現実を克服する道筋を明らかにする。その際、個人や家族などが重症心身障害者の生活ニーズが社会的問題として取り上げたことに端を発し、それをさまざまな団体が先駆的な取り組みを通して都市自治体などの制度化につなげ、やがては国の制度につながる一連の法則があるのではないかと考えた。これを国の制度方針と実践や運動の両面から検証する。

　そして、第二に、その検証に立って、とりわけ重症者の生活ニーズに即した制度構築における都市自治体の役割について考察し、現在の制度改善の手がかりを得たい。

２. 重症者問題をとらえる視点と方法

　本節では、重症児・者にとって必要な生活支援の制度的、実践的方向性について明らかにするため、戦後から今日に至る重症児・者に対する施設福祉制度や教育制度などを対象とし、文献や先行研究などにより検討を行う。とりわけ、自宅に暮らす重症者の生活困難の顕在化に焦点化し、歴史的な流れを追いながら政策的、実践的対応やその背景を考察する。

　そのうえで、岡田（1998）や末光（2008b）の区分を参考に、在宅の重症児・者の生活問題がはじめて明らかにされ、重症心身障害児施設の設置が取り組まれた問題を①「重症重児・者問題の発生と重症心身障害児施設の誕生（1945年〜 1967年）」として検討する。そして、施設建設の行き詰まりが明らかとなり、入所できず放置された在宅重症児・者が生じた問題を②「施設制度確立と在宅支援の開始（1968年〜 1970年代前半）」として検討する。加えて、「教育不可能」な者として放置された重症児の教育権保障に至る問題を③「養護学校義務化の実現とその背景」として、養護学校義務化に伴い在宅の重症児が増加するなか在宅福祉や学校卒業後の進路に対するニーズが顕在化

していった問題を④「養護学校義務化と在宅重症児のニーズへの対応（1970年代前半〜1979）」として検討する。また、ノーマライゼーションの進展に伴い障害者福祉施策が充実しながらも、重症心身障害児・者はこの流れから取り残されていった問題を⑤「現在の在宅支援と重症児・者のニーズ（1995年〜）」として検討する。

　この４つの問題について、制度の谷間におかれた実情やこれを生活ニーズとして顕在化させ、先駆的な取り組みにつなげた経過について、真田（1994）の言う三元構造論の視点から検討する。

3. 重症者の生活支援の歴史

（1）重症児・者問題の発生と重症心身障害児施設の誕生（1945年〜1967年）

　本項では、重症心身障害児施設が児童福祉法に規定された1967年までの戦後約20年間を重症児・者が制度上放置されていた時代としてとらえ、家族介護負担の軽減に重点がおかれ、重症児・者の教育権や生活権が保障されていなかった歴史的経過について先行研究や関連文献から明らかにし、重症心身障害児施設の問題と在宅における課題の顕在化について検討する。

①重症児・者問題の社会化

　戦後直後、重症児・者は福祉制度の対象とはされず、「重複欠陥児」、「不治永患児」などと呼ばれ密かに家庭で世話されていた。1946年に東京都に設置された日本赤十字社病院では、医師であった小林提樹が1947年に家庭への引き取りが困難な児童を入所させるため乳児院を併設した。しかし、児童福祉法では重症児の入所を想定していなかったため、入所期間を過ぎても超法規的に同院で入院せざるを得ない状況であった（岡田2003）。

　家庭の事情から家庭養育困難な重症児・者に対する公的責任は果たされず、同院など一部施設の善意に拠っていた。加えて1950年代半

ばに、同院に入院していた重症児・者は入院による治療の効果が認められず、健康保険上の要件に該当しないとされ、退所を余儀なくされた。同院院長であった小林はこの問題を社会的に訴えることになる。

1957年の全国社会福祉大会や中央児童福祉審議会で問題提起するとともに、1958年、全国社会福祉大会で「重複障害児の処遇とその対策について」を公表した。これにより、初めて重症児・者の実態が明らかとなった。また、彼らの呼称をめぐる議論も起こり、最終的に「重症心身障害児」と呼ばれることとなった（小林2003）。

②施設処遇の始まりと取り残された重症者

家庭に放置されている重症児・者のための施設として、1959年に秋津療育園、その後、1961年に島田療育園が、1963年にびわこ学園が創設された。しかし、国庫補助がないため劣悪な環境の中で生活を維持せざるを得ない状況で、入所者の発達を保障する環境ではなかった。1963年作家の水上が「拝啓池田総理大臣殿」を雑誌に掲載し、これが引き金となって重症児・者問題が社会的な問題となった。

国も1963年に「重症心身障害児療育実施要綱」を示し、制度上の位置づけを図った（厚生省1961）。そこでは初めて「重症心身障害児」が行政用語として使用され、重症心身障害児施設に対する療育費などの国庫補助が定められたが、国が定めた療育費は当時の生活保護の結核療養患者と同額であり、個々の障害の特性に対応し発達を保障するに足りる額ではなかった（清水1976:478-494）。

加えて、施設はごく少数に留まっており、入れない者は家族介護の困難さから家族が無理心中を考えるまで追い詰められる状況におかれていた（読売新聞1968）。1966年、国は「重症心身障害児（者）の療育について」で施設運営指針を示したが、リハビリテーションの困難な児の入所施設という位置づけを行い、家族介護負担の軽減という観点から社会防衛的に安価に問題解決を図ろうとしたに過ぎなかった（田中1974）。そのため本人のニーズにもとづく支援は軽視され、「重度重複障害児（者）の発達は保障されず教育の権利も守られず、

疎外はますますひどくなる」（守屋1967:57-58）状況が生まれた。

厚生省も重症心身障害児（者）対策の立ち遅れを認め（厚生省1967）、1967年に児童福祉法に重症心身障害児施設を規定した。この時点でようやく2万人と推定される重症児・者のうち1万7千人分の施設整備の方向を示した。

③施設整備の背景と特徴

戦後、誰からも顧みられることなく家庭に放置されていた重症心児・者の問題が明らかとなり、施設が整備されていった。その要因は、第一に、小林らが現実の問題に直面し、その改善をめざしたことである。近江学園で重症児・者の支援のあり方を考え、これを具体化する施設としてびわこ学園を創設した糸賀一雄も同様であった。それは施設を立ち上げるという個人や法人の努力に支えられたものであったが、1964年の全国重症心身障害児を守る会の設立などにより広く社会問題化され、国も制度化に踏み出した。

しかし、その制度化は戦後の民主的改革の逆コース化による社会保障費の削減や教育投資論など能力主義が掲げられるなかでの社会防衛的な内容であった（田中1974）。そのため、国が行った重症心身障害児施設の整備計画も施設の増設ではなく、国立療養所の一部を転用し数値上の目標を達成するものであった。むしろ制度化が重症児・者を法制度の谷間におき社会的に放置する状況を継続したのである（小林2003）。

（2）施設制度確立と在宅支援の開始（1968年〜1975年）

本項では、重症心身障害児施設の整備が滞るなか、入所できない在宅重症児・者の問題発生を契機として、在宅の重症児・者に対する支援の必要性が強調されることになった経過を明らかにしながら、その背景にある財政問題などについても検討する。

①在宅福祉施策への方向転換

1970年当時、国は重症児を7700人と推定し、その92.6%が施設入

所を要するとしていた。そのため重症児すべてを収容することを目標に、重症心身障害児施設や国立療養所を整備する目標を立てていた（厚生省1970、1971）。しかし、財源問題からその整備が進まないばかりか、人員不足から生じる貧困な支援内容や職員の腰痛などの労働災害も生じていた。そのため、いくつかの重症心身障害児施設では、人員確保などを求める労働争議が起こることとなった。

　一方、入所していた重症心身障害児が過年齢となり、施設の狭隘化の問題も生じた。そのため、施設に入所したくても入所できない在宅の重症児・者の存在が各地で問題となり、さまざまな実態調査が行われた。そのなかでは在宅にいることを余儀なくされ地下室につながれている事例などが報告され、「放任される残酷さ」が明らかとなっていった（田中1974）。こうした状況に対し国は、1970年の家庭奉仕員派遣制度や重症心身障害児施設通園事業など在宅重症心身障害児への対応を開始した。

　国は、自宅において介護を受けている在宅障害者に対する対策が必要との認識を示し（厚生省1971）、1972年度の厚生労働白書では初めて「在宅障害児・者の福祉対策」が項目として設けられた。しかし、重症児・者に対する在宅対策は「需要のごく一部を満たしているにすぎず、例えばホームヘルパー設置状況を欧米諸国と比べてみてもその差は大きい」（厚生省1973）と立ち遅れを認め、今後の推進を図ることをうたっている。

　これまで施設入所中心の施策を展開していた国はこの時期、在宅政策の充実へと方向転換を図ったのである。

②在宅福祉施策が必要となった理由

　在宅で重症児・者を養育している親たちからも、重点を在宅療養に移した方がよいという考え方も出てきた。その理由を岡崎（1976）は次の5点にまとめている。まず1点目に、収容病床の増設が進まないこと。2点目に、収容児の年齢が高くなり、施設が相対的に狭隘になったこと。3点目に、職員確保が遅れ入所が停滞すること。4点目に、施設運営や雰囲気に不安があること。5点目に、在宅時に対して少しずつ援助ができるようになり、施設での経費をかけるくらいなら在宅

のまま療育できるという思いがあること。を指摘している。

　しかし、国が在宅福祉へと転換した背景には、在宅重症心身障害児・者の親のニーズとその実現だけが理由ではない。これまで高度経済成長に沸いた日本の景気動向が1972年の物価急騰、翌年の石油危機により「成長路線の転換と国民福祉重視の資源配分は、多くの隘路に遭遇しつつある」（経済企画庁1973）状況が生じたことがあげられる。こうした状況に際し国は「国民福祉の問題は、これらの点から新たに見直される必要がある」と強調し（厚生省1973）、金のかかる施設整備は見直しながら、在宅施策への重点化を図っていったものと考えられる。

　当時の厚生省児童家庭局障害福祉課長の服部（1976）も、これ以上の施設拡充は困難なことから在宅生活維持の方向を示したとその理由を述べている。こうした考え方は、その後の「福祉見直し論」や自助自立の強調などの議論を台頭させることになった（伊藤2007:158-160）。

（3）養護学校義務化の実現とその背景（1970年代前半〜1979年）

　国の施設整備が停滞するなか重症児・者「対策」は在宅福祉へ転換した。すると、学校にも通えず福祉サービスも受けられない重症児・者の問題が表面化していく。そこで、重症児の発達保障を実現する立場から養護学校義務制の運動が展開され、国もこれを実施した。

　本項では、養護学校義務化実現の経過とその主体について検討する。

①教育権保障の要求と運動

　びわこ学園など重症心身障害児施設では、教育的な支援を含めて支援内容が検討されていた施設もあったが、国は重症児を「教育不能児」とみなし、教育機関としての機能は認めなかった。同様に自宅で生活する重症児も就学が猶予・免除されていた。しかし、1960年代から進められた能力主義教育の流れに抗する形で障害児教育運動が進展し、どんなに重い障害があっても発達を保障する観点から教育権保障を求める動きが出された。そのなかで、訪問教育の形態で一部就学権が保障されるなどの成果が見られた。

1970年には京都で、すべての子どもに等しく教育を保障する学校づくりをめざした与謝の海養護学校が誕生し、就学猶予免除になっていた児童の就学が可能となっていった（青木1972）。また、東京都でも、1974年に独自の養護学校全入制度が施行された。こうした動きのなか、1973年、国も「学校教育法中養護学校の設置義務に関する部分の施行期日を定める政令」を公布し、この政令にもとづき1979年に養護学校義務制度が実施された。この義務制は1872年の学制発布から107年を経て、すべての児童の教育権が保障され義務教育制度が制度上完了したという意義をもつものであった（平田2001:1-3）。

②養護学校義務化の理由

　養護学校義務化が具体化された背景には、第一に、どんなに重い障害があっても人は普遍的な発達過程をとおって成長する存在であり、そのために教育的な営為が欠かせないことが発達保障研究から明らかにされてきたことである。

　第二に、この研究成果を受け、重い障害者に対する教育権保障の運動につながったからである。こうした運動の主体は重症児・者の親だけでなく教職員組合や全国障害者問題研究会、地域の市民団体など広範な団体によるものであった。

　そして、第三に、自治体独自（都道府県や一部都市自治体）の養護学校全入制度など障害児教育施策が前進してきたことである。都市自治体においては、広範な団体による障害者の教育権を保障する取り組みが政治的革新を求める運動と結びつき、地方自治体における政治的変革が起こったことがその背景に存在する。

　こうした取り組みにより世論が形成され、国も「どんな障害児にも教育権を保障する」ことの正当性を認めざるを得なくなったのである。

（4）養護学校義務化と在宅重症児・者のニーズへの対応
　　（1970年代前半〜1995年）

　本項では、養護学校義務化により自宅から通学する重症児が増加

したことから、国の在宅福祉への施策が不十分であることが明らかと
なっていった経過を追いながら、その補完的な役割を都市自治体な
どが果たしていかざるを得なかった状況を検討し、在宅福祉施策進
展における役割について考察する。

①養護学校義務化と在宅福祉施策に対する需要の増大

養護学校義務制により、養護学校に在籍する重症児も徐々に増加す
ることになり、自宅での介護支援や、学校卒業後の日中活動の場の整
備などの需要を喚起した。1981年の重症心身障害児を守る会全国大
会では、義務教育終了後の生活の場の確保を求めることを含めた決議
が採択された（全国重症心身障害児（者）を守る会1981:5-6）。

一方、1981年の国際障害者年を契機として、国内でもノーマライ
ゼーションの思想が広がり、重症児・者であっても地域生活をめざ
すことが重要であるという考え方も拡大してきた（岡田1998）。

国も「社会福祉において、今後、従来に増してより強力に推進す
べきものは、在宅福祉対策」（厚生省1980）との認識を示した。だ
が実際は、重症児・者を対象にした在宅施策は不十分なまま推移し、
家庭介護の対応や養護学校卒業後の場は整備が進んでいなかった。

東京都における肢体不自由養護学校卒業生の進路をみると、4人
に1人が在宅となっており、卒業後の生きがいに結びつく社会的な
場の確保が課題となっていた（全国重症心身障害児（者）を守る会
1982:12）。重症児・者に対する国の施策は限定的で広がりをもってい
なかったといえる。

②重症児・者の通所施設確保のための現実的対応
──家族や都市自治体の試み

このように、養護学校義務化により重症児も通学するようになっ
たものの、国はそうした者の卒業後の地域での支援施策を整備せず、
重症者の日中活動の場の整備は制度的な不十分さを呈していた。重
症者の養護学校卒業後の生きがいに結びつく場の必要から障害者の

第1節　重症者の福祉と教育の歴史　51

親や団体、都市自治体などの手さぐりの対応が図られていった。その一つが、共同作業所づくりである。

1960年代に生まれた共同作業所は、障害者の養護学校卒業後の就労や日中活動の場として全国に広がり、重症者の卒業後の受け皿ともなっていった。東京都のF共同作業所は1979年に地域の肢体不自由児親の会の支援を受けて、養護学校卒業後の重症者の通所の場として開設された。このような例が多くの地域で作られていった。

二番目に既存の法内施設の活用である。重症者を対象にした通所制度がなかったために、既存の知的障害者や身体障害者の通所更生施設や通所授産施設などが、重症者や家族からの要望に応じて、やむをえず介護や作業体制などを見直すなどの努力をしながら重症者を受け入れるところも一部ではあるが現れた。

三番目に都市自治体の独自の取り組みである。1972年、小規模な在宅福祉の拠点として従来の身体障害者福祉センターの地域版である身体障害者福祉センター（B型）が制度化された（厚生省1982）。このB型センターでは相談や機能回復訓練の他、デイサービスの実施が規定されたため、重症者の受け皿として位置づけた都市自治体が現れた。そのため1979年には全国31か所であったものが、1985年には114か所と約4倍化している。また、東京都などでは生活実習所など独自の制度もつくられ重症者の通所先となっていった（図1参照）。

一方、自宅でのサービスを見た場合、国も家庭奉仕員制度を1970年に法定化したが、低所得者世帯に限定されていた（厚生省1973）。その後、東京都などでは家政婦紹介所への委託などの形式により量的な拡充を図り、一部の障害者世帯などに対しても派遣されることとなった。量的には拡充したものの、ヘルパーは重症児・者の障害特性や介護技術を習得した者が対応しているわけではなかった。

そのため、1982年から東京都が実施していた訪問看護制度では、本来、重症児・者を対象に家族の看護方法を指導するもの（東京都2007b）であったが、実際の運用では家族の介護負担の軽減や、やむを得ず外出する家族に代わって短時間の看護を担うなど、本人や親

のニーズに応じた柔軟な対応を図っていた。

③国制度の展開——重症心身障害児通園事業の実施

このように療育や日中の生活の場としての通所施設などを求める声が大きくなり（岡田1998）、障害者の親や団体、都市自治体などの取り組みが拡大していくなか、国は1990年に重症心身障害児通園モデル事業を開始した。この事業は主に医療機能を基盤とした重症心身障害児施設に併設される形で展開され、外来診療やショートステイなどを併設することで同施設の機能をいっそう地域に開く可能性を有するものとして期待されていた（末光、刈谷1991:151-157）。

重症心身障害児施設は地域により設置箇所も異なることから1993年には、小規模で知的障害者通所施設などにも併設可能な重症児通園事業B型が規定された。重症心身障害児施設に併設されるもの（A型）とあわせ、都道府県が整備すべきものとして1996年に重症心身障害児（者）通園事業（以下「通園事業」という）として本格実施された（図1参照）。

多くの重症心身障害児施設では、施設に通園事業、外来診療、短

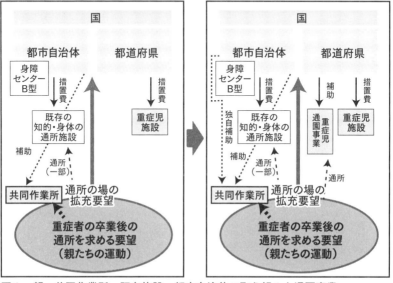

図1　親、共同作業所、既存施設、都市自治体の取り組みと通園事業

期入所、地域療育などの支援事業などを併設し、地域における専門的な「新たなるサービスシステム」を構築していっている。

滋賀県では県や市が補助を行いながら、びわこ学園を中心に通園事業や生活介護事業を結ぶ地域生活支援システムを整備し、重症児療育の地域化を進めている（遠藤2004:45-60）ことは、重症者の地域生活支援のあり方を示す一つの例である。

しかし、東京都のみどり愛育園などでは通所送迎に1時間以上かかる場合もあり、地域的に偏在する重症心身障害児施設を核にした通園事業を中心としたシステムが、どこまで地域的な広がりをもてるかという課題や通園事業B型では、医師や理学療法士などが配置されないところも多く、医療との連携がままならない施設もあり、医療体制の整備が望まれているという課題も報告されている。

④在宅支援策拡充の理由

この時代における在宅福祉施策拡充の理由について述べる。

第一に、ノーマライゼーションの進展である。1981年の国際障害者年を契機に障害者福祉に関する注目が集まり、高齢者を中心に在宅福祉に関する施策は制度化され一定の進展をみせた。そのため、同様の施策を求める障害者の要求も高まり、この要求に応えざるを得なくなったことである。

第二に、国が財政危機に直面し、金のかかる施設福祉や公的サービスに代わって、自治体に責任を委ねる地域福祉論を展開したことである。1973年の石油危機以降、わが国の経済は低成長時代を迎え財政再建が求められるに至った。そのため、国は1981年、第二次臨時行政調査会を設置し、市場化や形式的公平性論、低位水準化などの考え方にもとづき（井上1985）、公共投資や社会福祉、医療費などの財政削減策を順次行った。

1984年には医療保険制度改革などを実施し、診療報酬の引き下げや社会的入院の削減が行われた（厚生統計協会2006）が、その受け入れのために在宅福祉施策の必要を生じさせるというジレンマに

陥った。こうした財政削減の波は地方にも及び1985年の社会福祉施設の団体委任事務化や生活保護費などの国庫負担割合の引き下げなど地方自治体への負担転嫁が実施された。

　加えて国は「地方行革大綱」を示し、住民サービス部門での民間委託の推進や公共施設の民営化、ボランティア活用など地方行政改革の推進を方針化した。そのため、国の施策を代替せざるを得なくなった都市自治体は、自助自立にもとづく在宅福祉論や民間活用などを図りながら、住民参加型福祉の展開を図っていった。

　第三に、こうした動向に抗し、公的サービスの拡充を求めるだけでなく、その実現に向けた重症児・者の親や民間団体の具体的な取り組みが行われたことである。重症児・者は障害が重く、摂食や介護に個別性・専門性が求められるため独自の取り組みをせざるを得なくなり、共同作業所などが発展したほか、財政力の比較的強い都市自治体では、このようなニーズに対応する道を模索していった。

（5）現在の在宅支援と重症児・者のニーズ（1995年〜）

　1995年以降、在宅障害者福祉制度は、その量・質ともに進展が見られ1995年には障害者プランも定められた。しかし、2000年前後にはこれまでの障害者福祉制度を大きく転換する潮流が生まれた。それが社会福祉基礎構造改革である。重症児・者の地域生活支援の現状について、「社会福祉政策を考察する場合に避けてとおることのできない影響をもつ」（三浦2002）社会福祉基礎構造改革の理念や意味とその具体的制度をあわせて検討する。

①社会福祉基礎構造改革と支援費制度

　社会福祉分野における基礎構造改革の流れは、2000年代の福祉における基本的底流となっている。古川（2002）は、「社会福祉基礎構造改革について（中間まとめ）」の特徴を①自立生活の支援、②利用者民主主義の推進、③サービスの質的向上、④地域福祉型社会福祉の推進であると整理している。

国は基礎構造改革を障害福祉分野にも具体化するため、1999年に「今後の障害保健福祉施策のあり方について」を示し、2003年の支援費制度によりその具体化を図った。支援費制度は、福祉サービスの利用方法を措置制度から契約制度に変更するとともに、規制緩和を図り、民間事業者への参入の道を広げるものとなった。この支援費制度においては重度身体障害者を対象に長時間にわたる支援などを行うための「日常生活支援」などが制度化し、支給範囲や支給量についての弾力的な運用を図ったため、重度身体障害者の潜在的ニーズを掘り起こした。

他方、支援費制度は公的責任を縮小し障害者本人が契約主体となる契約制度への変更などが行われ自己責任が増大した。意思判断能力の十分でない重症者は依然、成年後見制度の活用が機能せず、そのため家族に依存せざるを得ない状況が継続した。支援費制度によりサービス量が増大しその費用が多額となったことから、国は抜本的な制度改正を図ることとなり、2006年に障害者自立支援法が施行された。同法では定率負担の導入や就労促進などに力点をおいた施設体系の再編が行われた。

②重症心身障害児（者）通園事業の普及の実情

国が1996年に実施した重症心身障害児（者）通園事業は、重症心身障害児施設に併設するものをA型とし、その他の施設に併設し、小規模で事業を実施できるものをB型として位置づけた。

A型は十分な整備が進まず地域的に偏在し需要に対応できていない（黒川、小沢2012:125）。通園事業の設置は大きな進展は見られず、2008年においても在宅重度重複障害児者数の20％しか整備されていなかった（末光2008a）。そのため、学校卒業生の増加に伴って、これまで希望する日数通えていた既存の通園者の日数を制限したうえで、新たな入所者を受け入れるなどの対応を図らざるを得なかった。また、施設によっては待機者が生じるなどの状況が起こっていた。

とりわけ、B型通園事業はA型を補完するものと期待されていたが、設置主体である都道府県の財政難により新設は進められず、同時に利

用料も既存の法内施設の利用料と重症児通園の利用料との整合が図られていないこと、入所者の選考が都道府県に委ねられること、職員配置基準等が既存施設の体系と異なることなどから設置が進まなかった。設置された場合でもＢ型通園事業併設前の施設に通所していた重症者が移行するため、実質的な利用者定員増は図れなかった。

③重症者と障害者自立支援法

　一方、末光（2008b）は重症心身障害児（者）通園事業と並んで、障害者自立支援法の生活介護を重症者の活用が見込まれる事業として位置づけている。しかし、生活介護では原則的に区分３以上の比較的重度の障害者が利用できるが、特別の支援を要する重症者への加算は行われず、単価も重症心身障害児（者）通園事業には及ばない。しかも、生活介護において看護師は必置であるものの週１日程度の勤務でもよく、それ以上に配置したとしても報酬加算などの措置はない。そのため、医療的ケアを要する重症者を受け入れた場合、基準以上の看護師配置などの負担を強いられる。

　一部の公立施設や都市自治体の支援を受けた施設では、医療的ケアを要する重症者が利用している例があるが（東京都障害者通所活動施設職員研修会2009）が、多くの施設では医療的ケアを要する重症者は対象としていないのが実情であった。

　一方、障害者自立支援法では重度訪問介護や重度包括支援など重度障害者に特化したサービスが規定された。しかし、ホームヘルパーが重症者の介護に不慣れなため利用できない実態は、これまで同様継続的な課題となっている。

　ケアホームは知的障害者、精神障害者に加え2008年度から身体障害者も利用できることとなった。しかし、報酬が低額で、運営主体が世話人を雇用することが困難なため業務請負制度を活用する例が多かった。そのため、より手厚い支援が必要な重症者の利用が困難となっていた。先駆的に重症者を受け入れているケアホームも存在するが、その運営には所在地都市自治体が補助せざるを得ない状況

である（杉本2008）。

　このように、障害者自立支援法では、日中活動や居宅介護、グループホーム・ケアホームなどが障害種別に関わりなく利用できるものとして規定されたが、報酬体系が区分との関係のみに着目しているため、重症者のニーズに応じた運営が困難となっている。そのため、新たな法制度が確立されても重症者の制度利用は難しく、彼らの地域生活は制度の谷間におかれて続けている。

4. 制度の狭間におかれた
重症者問題をどう解決するか

（1）制度の谷間におかれ続けてきた重症者のニーズ

　重症者は、その障害が重度であり重複しているため、食事、排泄、入浴など生活全般にわたり人の手による支援が必要である（岡田ほか1993）。したがって、重症者は心身の快適さを維持、発展させるための手厚い介護、医療、保健などによるケアと家庭や社会生活をつうじ自己実現を図るためのコミュニケーション支援や社会参加の具体化など手数のかかる支援を要する。しかし、それは単に介護される存在としてではなく、人間の尊厳や確かな意思を持ち合わせた者として、豊かな生活を送るという権利の上に立つニーズである。

　障害者の中でも少数で戦後直後は、その存在さえ社会的に認識されなかった重症児・者は、かつて、「不治永患児」、「重複欠陥児」と呼ばれた。その後、「重症心身障害児」と呼ばれ、大島分類（大島1971）によりそのカテゴリーが明確化されたが、行政上は児童福祉法上の入所施設対象者のカテゴリーとして利用されるだけであった。

　重症児・者への支援が在宅施策重視へと転換していくなかでも、成人となる重症児のことは過年齢児という以外は制度上触れられていない。加えて、市町村が障害者福祉の援護の実施者と位置づけられながらも、制度上は法律別の体系のなかで重症者の概念は明示されず、身体障害者手帳や療育手帳制度との関連は明確ではなかった。

58　第1章　戦後日本の重症者問題

だからこそ、福祉制度の体系に明確に位置づけられなかった重症者は、そのニーズに応じた支援を行う仕組みがなく、法別体系の施策に準じた支援として、常に後回しになっていた。

　換言すれば重症者の生活権や発達権が顧みられてこなかったということである。このことは、障害者自立支援法においても同様である。したがって、独自のニーズにもとづく施策展開が明確にされず、その施策が時の経済財政状況に左右されていた。それが、今日に至るまで福祉制度上から放置され、あるいは福祉制度があっても生活制度の谷間に留めおかれてきた理由ではないかと考える。

（2）重症者問題解決の道すじ

　こうした現実を問題とし、重症者の発達や健康、社会参加を願いながら時代に応じたニーズを実現するための問題提起を行ったのが親や親の団体、医師や施設の職員たちであった。そして、各々の時代において、少数の重症児・者の発達を保障し、命や暮らしを守り発展させようとする実践や運動、研究が存在していた（田中1974）。

　例えば、親や教員による養護学校全入運動が開始され、その要望を受けながら国に先駆けて全入を実現した京都府や東京都などの実例は、まさにそうしたことから生み出されたものである。

　また、福祉制度においても、重症心身障害児（者）通園事業の整備が進まないなか、共同作業所や都市自治体の身体障害者福祉センターＢ型（いわゆるＢ型センター）、東京都の生活実習所などでは、先駆的に重症者を受け入れてきた。加えて、養護学校卒業後には、地域の通所施設に通いたいという重症者の家族の要望が強まるなか、重症者を受け入れる通所施設は、公立だけでなく民間の施設でも、都市自治体が補助することにより重症者の通所先を確保する都市自治体が増加している。

　運動と連動した先駆的取り組みは、とりわけ東京など財源的な裁量が大きい都市部で特徴的に見られた。このようにさまざまな問題に対して、重症者の生活支援に生じていた制度の谷間を埋め、さらに国の

制度構築に反映させてきたのが、重症者の生活実態を訴え、それを出発点に社会的な問題として取り上げていった親や個人、団体の取り組みやこれを受けとめていった都市自治体の独自施策であった。

（3）今後の重症者の福祉制度における課題

　これらの歴史的経験から、重症者がそのニーズに応じた制度を活用しながら地域で暮らし続けるためには、重症者の親や団体、個人の問題提起とこれにもとづく運動と都市自治体相互の連携が重要である。とりわけ、今日では障害福祉サービスの実施主体が市町村に移行していくなかにあって、都市自治体の役割は重い。現在、一部の都市自治体では福祉施設における医療的ケアの実施を制度化した取り組みや、先駆的な重症者のケアホームでの実践が行われている。

　重症者のニーズを親や団体が明らかにし、それを身近な都市自治体に求めながら彼らのニーズにもとづく実践が多くの市町村に広がれば、その経験がさらに全国レベルへ広がる可能性を有すると考える。

　換言すれば、真田の規定する三元構造論（真田1994）に即して考えた場合、①対象としての社会問題としての重症者問題、②社会問題からの脱出、もしくは解決を求める運動としての取り組み、③以上2つに影響されながら政策主体が打ち出す政策、の3つの相互の関連によって現実化されてきたものであるといえる。

5.障害ゆえの生活の困難さに
着目した制度設計を

　本節では、戦後における重症児・者の支援制度を施設、教育、在宅福祉、現在の障害者自立支援法の4つの問題から、その特徴や重症児・者およびその家族の生活について歴史的に検討してきた。そして、そのなかで明らかになったのは、国の教育制度や福祉制度において対象外となったり、対象になっていても実質的な支援が受けられなかったりする制度の谷間におかれていたことである。

重症児・者はその障害が重複するゆえに当初、福祉だけでなく医療を含め支援の対象としては認知されず放置されてきた。福祉制度が始まっても、単に家庭の負担軽減を目的にした支援に留まり、彼らの発達を保障する視点は置き去りにされ、ニーズに応じた支援が展開されてこなかった。それは、障害者自立支援法においても同様のことが指摘できる。そのうえで、次の2点が明らかになった。

　第一に、4つの問題について、個人や家族などが重症児・者の生活ニーズを社会的問題として取り上げ、その改善を当事者・家族が要求し、それに共感したさまざまな団体が先駆的な取り組みを通して都市自治体などの制度化につなげてきた点である。それは、やがては国の制度につながるものとして、社会問題・政策主体・運動という三元構造としてとらえるべきものであると考える。

　第二に、重症児・者のニーズや当事者および家族の独自のニーズを出発点とし、それにふさわしいサービスの仕組みが検討されなければならないという点である。重症児・者の福祉制度の歴史は、彼らの生活実態と制度との矛盾が社会的な問題となることで、その谷間を埋めるための取り組みが繰り返し進められていったという、矛盾と止揚を内包した歴史であった。それは基本的に今後も継続すると考えるが、福祉制度の主体が市町村に移行し、都市自治体と市民との協働による「共治」がめざされている今日では、むしろ都市自治体が重症者のニーズをどのように把握していくかが問われる。

　現在、障害者総合支援法の具体的内容が検討されている。その際、負担と報酬、障害程度区分の議論だけではなく、総合的かつ精緻な制度論議が必要だと考える。法の対象を定めるに際しては社会モデルの視点を重視し、重症者がおかれ続けた歴史的経過やその独自のニーズを含め、その障害ゆえの生活の困難さに着目した制度設計とすることが課題である。そのためにも、生活権や発達権を奪われてきた重症児・者の問題について、親や家族、関連する団体の意見や要求を出発点に、都市自治体が重症者の独自ニーズにもとづいた事業が可能となるよう、その創意工夫のある政策が求められる。

第2節　養護学校における重症児の医療的ケア
——国会審議の経過とその社会的実践的意義

1. 重症児・者の医療的ケアの問題

（1）養護学校での医療的ケアと
　　障害者通所施設での医療的ケア

　1979年に国は養護学校義務化を図った。それまで、就学猶予・免除になっていた多くの重症児は、これにより養護学校に就学できるようになった。こうした全員就学は重症児にも教育を受けさせたいという親の願いから教育権保障の運動として展開され、施策として結実したものであったといえる（茂木2003：13-17）。

　1980年代から東京都立肢体不自由養護学校では、吸引などを要する児童生徒や家族の学校に行きたいという要望に応える形で、やむを得ず教室内で教員が吸引する光景が見られるようになった。加えて、医療技術の進歩などにより、家庭や教育、福祉の場において医療や看護を要する人も増加し、教員による吸引などの実施は都内の肢体不自由養護学校で散見されるようになっていく。

　そのため1987年、東京都教育委員会では吸引や経管栄養などを行う行為を「医療行為」とし、養護学校への就学は前提としながらも訪問学級を原則とし、通学の場合は保護者などの対応を求めるようになった（村田2006:36-38）。しかしその後、東京都教育委員会は、1989年の「東京都心身障害児教育推進第二次報告」や1991年の「医療行為を必要とする児童・生徒の教育のあり方について（報告）」において、養護学校における医療行為の概念やその吸引などの具体的行為を整理していった。こうした動きは東京都だけでなく各地の養護学校でも起こっていた。

横浜市教育委員会では、1989年に障害児生理管理検討委員会を設置し、養護学校における吸引や経管栄養などのケアについて「生活行為の一部」として位置づけた。また、大阪府教育委員会は、1991年に「医療との連携のあり方に関する検討委員会」を設置し、医療的ケアを要することをもって教育措置を訪問教育にしたり、保護者の付き添いを条件としたりすることは教育の制限であるとの観点を明確にした（下川2002：52-61）。

　このように、医療的ケアを要する児童生徒に対する教育権保障を具体化する動きが都市部を中心に広がりを見せていく。そして、全国各地でも同様の取り組みや検討が行われるようになり、1990年の全国肢体不自由養護学校校長会において、医療的ケアを要する児童生徒の教育措置などの問題が提起されたのである。

　現在、特別支援教育の場においては、主に重症児が必要とする吸引や経管栄養などの医療的ケアについて、一定の条件の下、教員による実施が容認されている。加えて、重症児の教育実践における医療的ケアの研究も進み、医療的ケアという用語が一般化している（北住2006:8）。

　しかし、障害者福祉政策においては、障害者基本計画が「共生社会」の実現を掲げて地域移行を進めてきたが、重症児が学校を卒業した後の地域の通所施設の拡充など、自宅で暮らし続けられるシステムの整備が問題となっている。

　通所施設では福祉職などによる医療的ケアの実施を認めておらず、重症児・者の生涯をつうじた一貫的な支援が困難となっている。現実に目の前の重症者の生活を保障する実践的な試行から、通所施設を中心に一部の公立通所施設で医療的ケアを要する卒業生を受け入れたり、施設内での医療的ケアに対応していたりする先駆的な事例が見られるが、通所施設での医療的ケアは実施の可否や実施の根拠、その手法に関する研究が不十分で理論的解明もこれからの課題となっている（飯野2006:220-222）。

　一方で、特別養護老人ホームにおいては、医療の処置が必要な要介護者が増加していることに伴い、国は2010年に研修を受けた介護職員

が医療的ケアを行うことを容認しており（特別養護老人ホームにおける看護職員と介護職員の連携によるケアのあり方に関する検討会2010）、福祉施設における対応は部分的で一貫したものとはなっていない。

　重症者の家族からは、医療的ケアを要する者であっても、学校卒業後も地域の通所施設に通いたいとの要望が数多く示されている。また、障害者自立支援法を見直し、新たな総合的な障害者福祉法制の制定に向けた検討を行っている障がい者制度改革推進会議総合福祉部会においても、障害者施設などでの医療的ケアへの対応を求める意見が出されている（厚生労働省2010）。

　こうした要望に応えるためには、当初、養護学校において教員による実施が認められていなかった医療的ケアが容認されるに至った経過やその取り組みなどを、保育園や特別養護老人ホームの状況も参考にしながら検討し、そのなかから通所施設における示唆を得ることが必要だと考える。

（2）重症者の医療的ケアの課題

　本節では第一に、養護学校において医療的ケアの問題が生じ、それに対応する実践的取り組みが社会的な問題として国会で審議され、教員による医療的ケアの対応を容認するという施策転換に至る経過を明らかにすることにより、医療的ケアの取り組みのプロセスを示すこと。

　第二に、医療的ケアをめぐる問題が養護学校だけではなく、さまざまな福祉現場で生じており、一部で問題の解決が図られつつあるが、通所施設では未だ改善されていない現実を制度的矛盾として明らかにすること。

　第三に、医療的ケアを要する重症児の卒業後の日中活動の保障を行うため、先駆的な通所施設の取り組みや養護学校での経験蓄積からの示唆を得ながら理念や方向性を見出すこと。

　これら3点をとおして、重症者の通所の場を確保し、医療的ケアの制度化を図るための通所施設および都市自治体の方向性について明らかにすることを目的とする。

これを検討することによって、養護学校における医療的ケアの制度化の経過からそのプロセスを明らかにし、通所施設での医療的ケアの取り組みの方向性やその課題を見出すことができれば、医療的ケアを要する重症児が卒業後、地域での豊かな日中活動を保障されるための示唆を得ることができる。加えて、教育の場では容認されているが生活の場では認められていないという制度的矛盾を克服する一助としたい。

2.重症者の医療的ケアの問題を とらえる視点と方法

　本節では、養護学校における医療的ケアに関わる問題を対象とし、先行研究および国の公的文書などから、その目的や経過などとともに国の医療的ケアに係る見解の変遷を検討した。国の見解の検討にあたっては、肝炎問題やホームレスの生活保障など、生活の困難さが社会的な問題として国会で議論されやがて施策に結びついた例からも、国会の審議を対象とすることが、実践的取り組みと施策の進展の関係をとらえることにつながると考えた。

　養護学校における医療的ケアの実施に関しては、国会でもたびたび取り上げられ、その答弁の内容が時代とともに変化している。そこで、国会会議録検索システム[注1]を用いて養護学校などにおける障害児者に対する医療的ケアに関する質疑を検索した。検索期間は医療的ケアの問題が顕在化し、自治体文書などにも登場する時期である1990年1月1日から2010年3月31日までの期間とした。

　「医療的ケア」で検索した結果、52件が該当したが、内容を精査すると高齢者に関するものが15件、精神障害者に関するものが3件、障害者ホームヘルプに関するものと障害児のショートステイに関するものが各々2件あった他、一般の医療に関するものなどがあり、養護学校などにおける医療的ケアに関する質疑は19件であった。

　また、「医療ケア」で検索したところ47件が該当したが、養護学校などにおける医療的ケアに関するものは「医療的ケア」との重複を除

くと5件であった。さらに、「養護学校、医療行為」、「通所施設、医療行為」で検索した結果、11件が該当したが、うち9件は「医療的ケア」、「医療ケア」と重複していた。

そして「養護学校」と「医療」、「吸引」、「経管栄養」、「医療的介護」の組み合わせで検索した結果、124件が該当したが、いずれも養護学校などにおける医療的ケアに関するものは「医療的ケア」、「医療ケア」と重複していた。「医療的ケア」、「医療ケア」、「養護学校」このキーワードから抽出された答弁は計26件であった。これを実践的取り組みの深化やその社会問題化の視点から検討した。

3.医療的ケアをめぐる国会審議の動向と施策展開

(1) 質問数の推移

国会での学校教育における医療的ケアに関する質問について、その数を年次別に質問数で整理した（図1）。養護学校における医療的ケアに関する最初の質問は1993年であった。その後、全国の養護学校における医療的ケアの実践的進展を受けて1994年から質問が増加し、

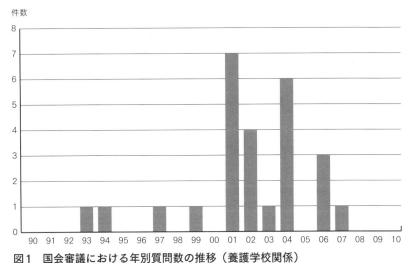

図1　国会審議における年別質問数の推移（養護学校関係）

文部省が21世紀の特殊教育のあり方に関する調査研究協力者会議を設置した2001年以降、活発化した。そして養護学校での医療的ケアについて、条件付きながら教員も含めて実施されることとなった2004年以降も質問が続いたが、2008年以降は見あたらなくなっている。

（2）国会で取り上げられた医療的ケア（1993年〜1998年頃）

国会で養護学校などにおける障害児者に対する医療的ケアに関する質問を最初に行ったのは、1993年4月の参議院決算委員会における下村議員の質問であった。

下村議員は東京都の報告書を取り上げ、養護学校において教師が医療行為を行いうるかとの質問をしている。これに対し、政府委員は「教師が医療行為を行うことには大変問題がある」とし、「医療機関との連携により対処することが適切」と答えている。それが困難な子どもについては、①「病院で治療に専念する」、②「病院内学級を設ける」、③「訪問教育を実施する」という3点の対処が必要であるとの認識を示している。

その翌年、第130回参議院決算委員会で同じく下村議員が学校における医療行為について、親や教師が行っている現実を指摘したうえでQOLの視点から現実的対応を考えるべきと国に問うている。これに対し、国の説明員は、そういう行為は、医師の医学的判断および技術をもってするのでなければ、人体に危害を及ぼすおそれがあるとし、看護婦免許をもった者による行為が適法であると考えていると答弁している。

また、1997年11月の第141回衆議院厚生委員会では、大口議員が重症心身障害児の教育現場での医療的バックアップについての具体的対応について質問している。これに対し、国側の辰野説明員は1993年の答弁同様、「基本的には病院等に入院して療養に専念しつつ病弱養護学校の教育を受けたり、あるいは訪問教育を受けることが適当」だとしたうえで、通学する場合でも手厚い医療的介護が必要な場合には、医療機関に併設もしくは隣接する学校へ通学させることが適当であると答弁している。

このように1990年代には、医療的ケアは医療行為であり医療職でない教員などが行うことは問題であると考えられていた。したがって、医療的ケアを要する児童生徒は地域の学校に通学するのではなく、入院などしながら教育を受けることが適当であり、通学する場合でも医療機関でのケアを前提にするというのが国の基本的な考え方であった。

　しかし、こうした答弁がなされながらも、東京都では、現実に医療的ケアを要する児童生徒の教育を円滑に行う観点から、医師の協力のもとで医療的配慮などをきめ細かに行うことを目的に、指導上必要な知識・技能を身につけるための教員向けのハンドブックが刊行され、吸引などの手順が紹介された（東京都教育委員会1993）。

　また、北住（1998）は全国の肢体不自由養護学校に対する医療的ケアの実施実態調査を行い、60校（約38％）の学校で教員などによる医療的ケアが行われている実態を明らかにするとともに、教員によるケアの積極的な意義を指摘している。障害児・者の療育・医療に関わる関東地区の医師グループからも、養護学校において現実のニーズに対応した教員による医療的ケアの実施を認めるべきとの要望書などが提出された。

　こうしたことを背景に、特殊教育の改善・充実に関する調査研究協力者会議（1997）は「特殊教育の改善・充実について（二次報告）」において、障害が極めて重度な重複障害児に対する学校教育の各段階における医療的ケアを含む適切な療育のあり方についての報告をしている。

　文部省はこうした動向を受けて1998年に「特殊教育における福祉・医療との連携に関する実践研究」を開催し、1998年度から2002年度にかけて、教育現場における医療的バックアップ体制などについての研究委嘱を行い、国による実践研究が推進されることとなった（飯野2006:31-41）。

（3）養護学校における医療的ケアの検討に向けて
　　（1999年〜2002年頃）

　養護学校における医療的ケアについて本格的に検討を進めるとい

う方針に転換していくのが、2000年前後からである。

1999年3月の第145回参議院文教・科学委員会で林議員は、全国の養護学校で医療的ケアを行えるようにとの要望にどのように考えるかと質問した。これに対し辻村政府委員は、医療との連携のあり方について研究してみたいと一歩踏み込んだ答弁を行った。

この方針転換の背景には、前項で述べたような調査の結果や医師らによる要望の広がりを受けて、特殊教育における福祉・医療との連携に関する実践研究が1998年から着手されていたためであると考える。

また、2001年6月の第151回参議院文教・科学委員会において、荒木議員が医療的ケアを必要としながら養護学校に通う子どものケアは、養護学校でやるべきとの立場から質問した。これに対し政府矢野参考人は「養護学校における日常的な医療的ケアの対応のあり方について、国としての考え方、国としての方針をまとめ、それにもとづく指導の充実を図っ」ていくと答えている。現実を踏まえた検討を始めると公式に答えた、これら一連の答弁は重要な出来事であったと考える。 こうした答弁に伴って、医療的ケアは医療行為であり、教師が医療行為を行うことには問題があるとの国の見解についても若干修正されることになる。

2002年10月の第154回決算委員会で篠崎政府参考人は、医療的ケアは基本的には医療行為に該当するもので医師または看護師などが行うべきものとしながらも、その範囲は幅があるとし、医行為のその範囲というのは、医学の進歩あるいは医療技術の向上といった医療を取り巻く環境の変化を受けて、変わり得るものとの見解を述べている。そして、教員が行う医療的ケアの内容や条件の検討を厚生労働省と進めており、早い結論を得るよう努力したいと、教員が行う医療的ケアの条件整備などについて踏み込んだ答弁をしている。

（4）国会における養護学校での医療的ケアの実施体制整備の議論（2002年〜2007年頃）

2001年には全国肢体不自由養護学校校長会が、医療的ケアの必要

な児童生徒の調査を行い、病院などに併設していない学校（単独校）に在籍している児童生徒の約14％が、何らかの医療的ケアを必要としている実態が明らかになった（飯野2002:177）。また2002年10月、学校での医療的ケアを支えてきた小児神経科医からは、養護学校における医療的ケアの制度化が提言されている（日本小児神経学会2003:191-194）。

こうしたなか、2002年11月の第155回参議院共生社会に関する調査会では、大野文部科学大臣政務官は医療的ケアの課題を取り上げ、いわゆる医療的ケアが必要な重度重複障害児が増加しているとの認識を示し、養護学校における医療的ケアの体制整備を図るとした。これまでの検討を進めるという立場から実施体制の整備を明言するに至っている。

そして、在宅および養護学校における日常的な医療の医学的・法律学的整理に関する研究会（2004a）は「盲・聾・養護学校におけるたん吸引等の医学的・法律学的整理に関する取りまとめ」を策定した。この報告は2003年から実施された「養護学校における医療的ケアに関するモデル事業」の評価を踏まえ、盲・聾・養護学校において医療ニーズの高い児童生徒に対し、たん吸引などを教員が実施することの医学的・法律学的な問題の整理を行い、結論を取りまとめたものである。

同報告では、たん吸引、経管栄養および導尿の標準的手順と教員が行うことが許容される行為の標準的な範囲を定め、その条件として、①保護者および主治医の同意、②医療関係者による的確な医学管理、③医行為の水準の確保、④学校における体制整備、⑤地域における体制整備の5点をあげ、これらの条件が満たされるならば実質的に違法性が阻却されるとしている。

その後、文部科学省（2004）はこの報告にもとづき「盲・聾・養護学校におけるたん吸引等の取扱いについて」を、厚生労働省（2004）は「盲・聾・養護学校におけるたんの吸引等の取扱いについて（協力依頼）」を通知した。この通知では、「医療のニーズの高い児童生徒等の教育を受ける権利や安全かつ適切な医療・看護を受ける権利

を保障する体制整備」は重要であるとの観点から、たんの吸引等について、医師または看護職員が行うことを原則としながらも、先の国が行ったモデル事業での整理を踏まえると、盲・聾・養護学校全体に許容することは、やむを得ないとの見解を示している。医療的ケアを必要とする児童生徒の教育権保障の観点から医療的ケアを教員が行うことを一定の条件のもとで認めた画期的な通知であるといえる。

2006年には、第164回衆議院予算委員会で、小坂国務大臣が医療的ケアの実施体制を図るための事業を推進するとし、さらに体制の整備に努めると明言した。

また、同じ年の第164回参議院厚生労働委員会では、初めて国会でおいて医療的ケアを要する児童生徒の在籍する養護学校数が500校と明らかにされた。2007年3月の参議院厚生労働委員会ではその数の詳細が示され542校と公表された。

4.医療的ケアの広がりと展望

（1）養護学校での医療的ケア問題の到達点

現在、教員による医療的ケアは全国的に行われている。医療的ケアを要する児童生徒も年々増加し、2003年に5279人であったものが2009年には6622人に達し、全養護学校在籍者の6.2％に達している（在宅および養護学校における日常的な医療の医学的・法律学的整理に関する研究会2004b、文部科学省2009）。

国は1999年以前、養護学校における医療的ケアは医行為であり、教員がこうしたケアを行うのは問題であるとしていた。しかし、養護学校義務化以降、増加した障害の重い児童生徒の教育権を保障するため、教員個人や学校単位での医療的ケアの実践的試行を行わざるを得なかった。それを肢体不自由養護学校校長会が教育の課題として取り上げ調査研究が行われたり、医学の進歩あるいは医療技術の向上といった環境の変化を背景に、医療的ケアを支援してきた医師たちが制度化要望を具申したりするなか、東京、大阪、神奈川など

第2節　養護学校における重症児の医療的ケア　71

の自治体教育委員会レベルでの制度化が行われた。

　そして、この問題が社会問題として国会で度々取り上げられるようになると、国はそうした現実に押される形で調査研究を進め、2004年の在宅および養護学校における日常的な医療の医学的・法律学的整理に関する研究会の報告を受けて、「医療行為」の概念を変化させ、教員が医療的ケアを行うことを追認するに至り、全国6.2％の在籍者の支援につながっている。

（2）医療的ケア問題の拡がりと通所施設の現状

　国は2005年にたん吸引を必要とする障害者の実情を鑑みれば、頻繁にたん吸引が必要な者に対しては、訪問看護で対応することは現実的に困難であるとして、医学的管理など一定の条件の下、ホームヘルパーによるたん吸引などの医療的ケアを許容している（厚生労働省2005）。

　また、2007年には東京都東大和市が気管切開した幼児の保育園入園を拒んだ事案の訴訟において、裁判所は市側の気管切開に対応する医療的ケアは保育士が実施できず、また、看護師を配置していてもその目的は利用者の健康管理や服薬の支援などであり、医療的ケアの実施が目的ではないため入園を拒むことは妥当であるとの主張を退け、幼児の入園を認める判決を出した（東京地裁2007:53-70）。

　加えて、2010年に国は「特別養護老人ホームにおける看護職員と介護職員の連携によるケアの在り方に関する検討会」を設置し、その報告にもとづき特別養護老人ホームに限定してではあるが、福祉職による医療的ケアについて実施を容認することとなった。

　このように医療的ケアの実施は、養護学校のみならずさまざまな福祉の現場にも拡大しつつある。その背景には現実に医療的ケアがなければ生活できない者の実態に応じて、国も医療行為の範囲やその実施者の範囲を拡大してきていることがあげられる。また、日本医師会は、子ども支援日本医師会宣言において「医療的ケアの充実」を明記し（日本医師会2006）、日本看護協会においても安全な生活を確保する観点から医療的ケア実施対応マニュアルを作成し、職種間連

携を進めようとしている（日本看護協会2005）。

　国会において、通所施設での医療的ケアの問題が取り上げられたのは、2007年の第168回衆議院厚生労働委員会の高島議員の質問が初めてである。高島議員は医療的ケアの必要な人への対応を今後どうするかと質問し、中村政府参考人はその重要性を示しながらも、どのような対応が可能か検討するとの答弁に留まっている。それ以降、通所施設にかかわる質疑は見あたらない。現在の国の見解や国会での審議を検討した場合、通所施設における医療的ケアは看護師が実施することは認められるものの、福祉職が行うことは認められていない。

　こうした国の対応は医療的ケアを要する重症児にとって、教育の権利は保障されながらも、卒業後の日中活動に困難をきたすことになり、乳幼児期から成人に至るまで、生涯をとおして地域で暮らし続けられる支援に制度的な矛盾が生じている。

（3）通所施設における医療的ケアに関する今後の展望

　医療的ケアは医療の範囲であるとして通所施設で家族が付き添い、その具体的内容を家族が行うとすれば、家族の介護負担は極めて深刻なものとなる。また、看護職が担おうとすれば、通所施設の医療職の大幅な増員などが必要になり、職員確保などが困難で現実には可能性は薄い。同時に通所者の日中の生活の中で、医療対応中心のものとなり生活支援が分離されるおそれがある。

　2004年の在宅および養護学校における日常的な医療の医学的・法律学的整理に関する研究会の報告によれば、養護学校での教員による医療的ケアの実施に関して違法性は阻却されるとしている。

　加えて、この研究会の委員であった樋口（2006:89-98）は、法学者の立場から、今日の医療技術の進歩と在宅療養の進展の中で、医師の指導の下、患者本人や家族による手技が認められている医療的ケアは、すでに医師によらないでも医師の指示や連携があれば安全に行えるから認められたものと考えるのが妥当である。まして養護学校において厚生労働省が定めた実施の諸条件を遵守するのであれば、

安全確保に対する信頼性ははるかに高いものとなると述べている。

　また、朝貝（2010:335-338）は医師の立場から「教員が医療的ケアを実施して事故が起きるリスクよりも、医療的ケアをしないことによるリスクのほうが大きいといわれている」と述べている。

　これらの見解は重症児の教育を保障し、地域生活を具体化する実践から導き出された知見である。その点から通所施設においても、養護学校と同様の条件整備が果たせるのであれば、医療的ケアの実施の妥当性の根拠を有すると考えられる。

　通所施設における医療的ケアに係る国会内での議論はその緒についたばかりである。

　一方で、先駆的に医療的ケアに取り組んでいる通所施設も徐々に増えており、東京都障害者通所活動施設職員研修会（2009）の調査では、回答のあった150施設中37施設が、医療的ケアに対応していると答えている。また東京都A区やB区、C市など市区町村が通所施設の医療的ケアを制度化している例もある。これらの施設は養護学校の手法に学ぶとともに、自治体が一定の条件整備を図っている。

　通所施設における医療的ケアを進めるためには、養護学校が築いてきた医療的ケアの取り組みに関する知見に学び、まず、各通所施設や自治体が障害者や家族のニーズに向き合い、取り組みを進めることが重要な鍵になる。そのためには、地域生活支援における基盤整備を行うべき市町村が、憲法第25条の理念を具体化する立場から、医療的ケアについて具体的な方針を明示し、そのうえで、通所施設が安全確実な取り組みを行うため、人的体制など諸条件の整備が必要である。こうした通所施設や都市自治体の取り組みが全国に広がることで、国が通所施設における医療的ケアを具体化する道につながると考える。

5. 養護学校の到達に学ぶ
通所施設の医療的ケア

　本節では、養護学校における医療的ケアの取り組みの経過と、そ

74　第1章　戦後日本の重症者問題

れに対応する国の考え方の変遷を国会での質疑などを通して考察した。その結果、次の点が明らかになった。

第一に、養護学校での医療的ケアの取り組みは、養護学校義務化以降、増加した障害の重い児童生徒の教育権保障に対応する教員や学校での試行的実践から始まった。こうした個別ニーズにもとづく実践を教育関係者や医師たちが取り上げ顕在化させることで、自治体の教育委員会レベルでの制度となり、医療的ケア問題が国会での審議の対象となるなど社会問題となりえたことが、国の調査・研究と制度改正につながるという一連のプロセスであったと考える。

第二に、養護学校における医療的ケアが認められ、医療的ケアを要する児童・生徒が自宅で暮らしながら通学することが一般化されるなか、ホームヘルプや保育園、特別養護老人ホームなどでも医療的ケアの問題が広がりを見せつつある。しかし、通所施設において国は、福祉職による実施は認められず、制度的矛盾が生じている。医療的ケアを要する重症児・者の生活の質の維持・向上を図るためには、教育の保障だけでなく、日中活動を含めた社会参加への保障が必要となる。通所施設における医療的ケアの現状はこうした生涯にわたる支援を困難にしているものと考える。

第三に、通所施設にかかわる医療的ケアの問題は、国会でもほとんど審議されておらず今後の課題であるといえる。しかし、重症者が通所するいくつかの施設では先駆的な取り組みが行われ、これを制度化する自治体も現れている。その点から通所施設での医療的ケアの取り組みの現状は、養護学校での医療的ケアが各都道府県で制度化され始め、国会でも取り上げられてきた1990年代後半の状況と類似していると考えられる。

養護学校での一連のプロセスを学ぶことは、通所施設が医療的ケアを進めるにあたって、利用者や施設、医師などとの連携を深めるなかで問題を顕在化させ、都市自治体がその取り組みを進めるなど、社会問題と位置づけるための示唆となる。

現在、医療的ケアの問題は広がりを見せつつある。医療的ケアを

要する重症者が、生涯にわたり社会参加を果たしながら地域で暮らし続けるためには、日中活動を円滑に送れるような基盤整備が求められる。そのためには養護学校において行われているような看護職、専門医の配置、研修体制の充実などのほか、一人ひとりの利用者の支援にあたる福祉職の手厚い配置を行う必要がある。このような基盤整備を進めるためには、通所施設が主体的に条件整備を図るとともに、支援の実施者としての都市自治体が、その支えを行いながら医療的ケアを社会問題として位置づけ、国に対し通所施設での医療的ケアの容認や制度化を求めて行かなければならないと考える。

　通所施設での医療的ケアを実現するための基盤整備のあり方およびその具体的方法の開発については、今後の研究の課題として位置づけ、先駆的自治体での実践例を分析しさらに検討を深める必要がある。

注————

1）この検索システムは国立国会図書館が運営しており、本項の引用はこのシステムから検索し引用したものである（http://kokkai.nedi.go.jp//、2010.5.20）

文献————

青木嗣夫（1972）「障害児教育義務制実施にともなう諸問題」『日本教育学会大会研究発表要項』31、日本教育学会

朝貝芳美（2010）「特別支援教育との連携」『総合リハビリテーション』38(4)、335-338

遠藤六郎（2004）「重症児施設が行うブランチ方式による通園事業の展開—滋賀県の場合」岡田喜篤他編『重症心身障害療育マニュアル』医歯薬出版、45-50

古川考順（2002）「社会福祉の制度運営と財政」三浦文夫ほか編『講座 戦後社会福祉の総括と二十一世紀への展望』ドメス出版

服部坦（1976）「重症心身障害児対策の問題二・三」『全国重症心身障害児施設総覧』、新国民出版社

樋口範雄（2006）「医行為・医業独占と業務の縦割り　医師法17条他」『法学教室』（314）有斐閣、89-98

平田永哲（2001）「特殊教育：21世紀への展望」『琉球大学教育学部障害児教育実践センター紀要』(3)、1-3

飯野順子（2002）「医療的ケアを必要とする児童生徒の実態」全国肢体不自由養護学校長会編『肢体不自由教育実践講座』ジアース教育新社、177

飯野順子（2006a）「エピローグ　障害の重い子どもをかけがえのない存在として」飯野順子／医療と教育研究会編著『生命の輝く教育をめざして』ジアース教育新社、220-222

飯野順子（2006b）「医療的ケアの課題　その社会的背景とひろがり」飯野順子／医療と教育研究会編著『生命の輝く教育をめざして』ジアース教育新社、31-41

井上英夫(1985)「てい談『臨調・行革』下の社会保障破壊の実態」『障害者問題研究』

伊藤周平（2007）『権利・市場・社会保障』青木書店、158-160

経済企画庁（1973）『昭和48年年次経済報告』

北住映二(1998)「全国の肢体不自由養護学校での、医療的ケアの実施状況と課題」『はげみ』（263）、14-19

北住映二（2006）「医療的ケアとは」日本小児神経学会社会活動委員会編『医療的ケア研修テキスト―重症児者の教育・福祉・社会生活の援助のために』クリエイツかもがわ、8

小林提樹（2003）「障害者に愛と医療を捧げて」社会福祉法人日本心身障害児協会島田療育センター編『愛はすべてをおおう』中央法規

厚生省（1962）『厚生白書』http://wwwhakusyo.mhlw.go.jp/wpdocs/hpaz198101/b0084.html

厚生省（1967）『厚生白書』　同上

厚生省（1970）『厚生白書』　同上

厚生省（1971）『厚生白書』　同上

厚生省（1973）『厚生白書』　同上

厚生省（1980）『厚生白書』　同上

厚生省（1982）『厚生白書』　同上

厚生労働省医政局長（2004）『盲・聾・養護学校におけるたんの吸引等の取扱いについて（協力依頼）』

厚生労働省（2005）『在宅におけるALS以外の療養患者・障害者に対するたん吸引の取り扱いについて』

厚生労働省（2010）『障がい者制度改革推進会議総合福祉部会資料』（http://www.mhlw.go.jp/bunya/shougaihoken/sougoufukusi/index.html、2010.9.10）

厚生統計協会（2006）「社会福祉の歴史」『国民福祉の動向』

黒川洋明、小沢浩（2012）「地域リハビリテーション―通所」『総合リハビリテーション』40(2)、125-130

茂木俊彦（2003）『障害は個性か』大月書店、13-7

三浦文夫（2002）「戦後社会福祉の総括に関連して」、三浦文夫ほか編『講座 戦後社会福祉の総括と二十一世紀への展望』ドメス出版

文部科学省（2004）『盲・聾・養護学校におけるたんの吸引等の取扱いについて（通知）』

文部科学省（2009）『特別支援学校医療的ケア実施体制状況調査結果（まとめ）』（http://www.mext.go.jp/a_menu/shotou/tokubetu/material/__icsFiles/afieldfile/2009/04/15/1260767_1.pdf#search='特別支援学校医療的ケア実施体制状況調査結果（まとめ）'、2010.6.25）

守屋光雄（1967）「まとめ　日本特殊教育学会第5回大会抄録」『日本特殊教育学特殊教育学研究』5(1)、57-58

村田茂（2006）「医療と教育の連携」飯野順子・医療と教育研究会編著他編『命の輝く教育をめざして』ジアース教育新社、36-38

日本医師会（2006）『子ども支援宣言』

日本看護協会（2005）『盲・聾・養護学校における医療的ケア実施対応マニュアル』

日本小児神経学会（2003）「日本小児神経学会からの『要望書』」『脳と発達』135(2)診断と治療社、191-194

岡田喜篤、吉永久子、倉田清子ほか「座談会　重症児・者の日常生活の実態と援助活動の課題」『地域保健』（24）11、38-68

岡田喜篤（1998）「重症心身障害児問題の歴史」岡田他編『重症心身障害療育マニュアル』、医歯薬出版

岡田喜篤（2003）「小林提樹その業績と思想の今日的意味」社会福祉法人日本心身障害児協会島田療育センター編『愛はすべてをおおう』中央法規

岡崎英彦（1976）「重症心身障害児と施設」『全国重症心身障害児施設総覧』、新国民出版社

大島一良（1971）「重症心身障害の基本的問題」『公衆衛生』35（11）医学書院、648-655

真田是（1994）「社会福祉の戦後過程をどう読むか」『現代の社会福祉論　構造と論点』労働旬報社

清水寛（1976）「戦後障害者福祉と発達保障」吉田久一編『戦後社会福祉の展開』ドメス出版、478-494

下川和洋（2002）『医療的ケア必要児の教育のあり方についての研究』2001年度東京学芸大学大学院修士論文、52-61

末光茂、刈谷哲博（1991）「重症心身障害児（者）地域医療福祉システム構築の現状と課題」『川崎医療学会誌』1、151-157

末光茂（2008a）『第37回社会保障審議会障害者部会』
http://www.mhlw.go.jp.shingi/2008/08/txt/s0820-1.txt

末光茂（2008b）「重症心身障害児・者を取り巻く社会的動向」『作業療法ジャーナル』42(5)三輪書店

杉本健郎（2008）「重症児者の地域で安全・快適な生活保障を」『厚生科学

研究子ども家庭総合研究』、http://web.kamogawa.ne.jp/~sugimoto/biwako.pdf#search'

田中昌人（1974）『講座　発達保障への道③』全国障害者問題研究会出版部

特別養護老人ホームにおける看護職員と介護職員の連携によるケアの在り方に関する検討会（2010）『特別養護老人ホームにおける看護職員と介護職員の連携によるケアの在り方に関するとりまとめ』（http://www.mhlw.go.jp/shingi/2010/03/dl/s0331-14a.pdf　2010.9.20）

特殊教育の改善・充実に関する調査研究協力者会議（1997）『特殊教育の改善・充実について（二次報告）』（http://www.nise.go.jp/kenshuka/josa/horei/b2_h090919_01.html　2010.7.10）

東京地裁判決（2007）『保育園入園承諾義務付等請求事件東京地裁判決』

東京都（2007a）『地域福祉の推進を基調とした障害保健福祉施策の新たな展開について』東京都障害者施策推進協議会

東京都（2007b）『在宅重症心身障害児（者）訪問事業ハンドブック』

東京都障害者通所活動施設職員研修会（2007）『医療的ケア導入のための基礎的事項』

東京都障害者通所活動施設職員研修会（2009）『医療的ケア導入のための調査研究及び基礎事項（改訂版）』

東京都教育委員会（1993）『健康・安全の指導ハンドブック』

豊川市（2010）『重症心身障害者（児）の今後の暮らしを考える総合アンケート調査中間報告結果』

読売新聞（1968）朝刊「ふと、この子を殺し‥‥」

在宅及び養護学校における日常的な医療の医学的・法律学的整理に関する研究会（2004a）『盲・聾・養護学校におけるたん吸引等の医学的・法律学的整理に関する取りまとめ』

在宅及び養護学校における日常的な医療の医学的・法律学的整理に関する研究会（2004b）『第1回資料』（http://www.mhlw.go.jp/shingi/2004/05/s0531-11.html.2010.7.10）

全国重症心身障害児（者）を守る会（1981）『両親の集い』301、5-6

全国重症心身障害児（者）を守る会（1982）『両親の集い』311、12

第2章

地域生活支援の現状と問題点
重症者および家族の生活実態の検証

大泉（1989:26-41）は、障害者の生活を考える場合に、日中活動の場や居住の場、余暇活動の場の3つの生活構造の視点から見ることの重要性を指摘している。しかし、第1章で明らかにしたように、重症者施策は人権無視の棄民政策として推移する一方、これを乗り越える生活の充実を求める人々と教員の運動や実践があった。そして、これと結びついた理論構築の積み上げによって、その矛盾を克服してきたことを示した。

　加えて、現行の障害者基本法が掲げる理念との矛盾を具体的に指摘し、障害者の自立や生活権保障を図る制度への改善・拡充について、自治体レベルでの主体的、能動的な取り組みをもとにボトムアップの施策形成が今日的な課題となりうることを示した。しかし、重症者においては、彼らの人生を視野においた日中活動や居住の場、家庭における介護、医療的ケアなど、地域生活支援の必要性が十分、明確にされていない。

　そこで本章では、先行調査（複数の全国調査および地域調査）をレビューしながら、重症者の日中活動や居住の場などの施策の実態について、重症者やその家族が何を望んでいるかを客観的環境条件との関係で検討した。

　重症者およびその家族のニーズは、他の障害者同様、住み慣れた町で暮らし続けたいというものである。しかし、そうできない要因として、その障害の重さに対応した通所施設や居住の場がないこと。加えて、医療的ケアなど障害の特性に応じた支援の枠組みも整備されていないことを推察した。

1. 重症者の地域生活支援の課題とニーズ

　1979年の養護学校義務化が実施されて以降、自宅から養護学校に通う重症児が徐々に増加したが、学校卒業後には行き場がなく、結局は自宅での生活を余儀なくされた。当時、重症者および児のうち重症心身障害児施設などの入所者は全体の3割程度に過ぎず、在宅者が多数存在することは福祉や施設関係者にすら知られていなかった（岡田 1993:8-19）が、重症者の家族らによる無認可の通所施設づくりなどの取り組みが拡がり、重症者問題の課題は在宅者への支援に移行せざるを得なくなった（岡田 1998）。

　国もこうした実態にもとづき1989年に重症心身障害児通園モデル事業を、1996年には重症心身障害児（者）通園事業を実施し、その数も、全国で245か所に増加している（内閣府 2007）。この事業をはじめ重症者施策は、児童福祉法にもとづき都道府県がこれを実施しており、市町村が直接重症者の支援を行い、制度を組み立てることはなかった。

　障害者の中でも少数でより手厚い介護や医療的ケアなど、支援に特殊性を有する重症者に対する施策は、国や都道府県によって行われるものだと市町村は考えがちで、通所施設や居住の場などの独自の在宅福祉施策については無関心だったと言えよう。

　2011年、障害者自立支援法（以下「支援法」という）の一部改正が行われ、市町村が重症者支援の主体と位置づけられた。その点から市町村が重症者のニーズを把握し、その障害の特殊性に応じた支援の枠組みを構築する必要に迫られている。しかし、市町村において、重症者がどのようなニーズを有し、どのように対応し、施策を構築すべきか理解しているとは言い難い。

　そこで、障害者基本法が掲げる、地域生活支援の理念を重症者にとっても具体化できるよう、日中活動の場や居住の場、余暇活動の場など生活構造の視点（大泉 1989）から今日の重症者およびその家族のニーズについて究明し、地域生活支援の必要性を明らかにする

ことが求められている。

2. 重症者の地域生活支援の
基盤整備をすすめるために

　重症者においては、彼らの人生を視野においた日中活動や居住の場、家庭における介護、医療的ケアなど地域生活支援の必要性の把握が十分明確にされていない。しかし、重症者であっても豊かな日中活動を送りながら地域で暮らし続けたいとのニーズを有していると考えた。

　そこで、本章では、先行調査（複数の全国調査および地域調査）をレビューしながら、重症者やその家族が豊かな日中活動を送りながら地域で暮らし続けたいとのニーズを有していることを明らかにしたい。そのうえで、そのニーズに対応する支援の必要性を検討するとともに、支援法の改正を踏まえ、誰がどのような地域生活支援の基盤整備をすべきかという課題についての示唆を得ることを目的とする。

3. 重症者のニーズに係る先行研究

　これまで、在宅重症者の実態や、介護者の介護負担や医療や看護、療育、福祉サービスについて、そのニーズを明らかにした調査・研究が行われてきた（表1参照）。

　山口ら（2005:41-48）の調査研究の結果では、重症者の主たる介護者は母であり、最も介護を要するのは入浴であった。そして、父が介護に協力する場合、母親の介護負担が軽くなる傾向を指摘している。

　久野ら（2006）も、東海地区の病院・施設（2施設）を利用している重症児の母親304名を対象に（回答率58.2%）調査を行い、4割弱が、重症児を育てることに対し重い負担を感じており、この「全体的養育負担感」と「社会的役割制限」「日常生活上の大変さ」で特に強い有意な相関が見られることを明らかにした。そして、重度の心身障害児をもつ母親の養育負担感が大きいことから、周囲からのサポー

84　第2章　地域生活支援の現状と問題点──重症者および家族の生活実態の検証

トや在宅支援サービスの充実の必要性を指摘している。

　また、根本ら（2009:93-100）の調査でも、主たる介護者は母親であり、年齢は50歳代が最も多く、保健医療福祉サービス利用状況と1日の介護時間との間には、有意な相関が認められたことを明らかにした。そのうえで、重症者と家族が共に在宅生活を続けていくためには、障害の程度に対応した保健医療福祉サービスのさらなる充実の必要性を指摘している。

　善生（2005:51-58）は通所更生施設への調査結果から、在宅介護ニーズの特徴は、⑴重症児・者の成長・発達に応じた介護・態度の指導、⑵急な用事等に応じた柔軟な在宅サービス提供・調整、⑶家族介護者の健康管理と健康づくり、⑷家族介護者への情緒的サポートの充実、⑸家族間の人間関係の調整、親子の自立等の発達心理・社会的側面の充足、の５点であることを明らかにし、重症児・者と家族の全体的な健康維持・向上には地域保健事業への位置づけやそれらを担う専門職・関係機関との連携・調整が必要であることを指摘している。

　また、立松（2012）は医療的ケアを実施する重症心身障害児施設および通園事業を対象に医療的ケアの実態と職員の不安等の状況を明らかにし、職員に対するメンタルヘルスや研修の重要性を指摘している。

　このように、重症者の調査・研究においては、介護負担に焦点化されたものが多く、地域生活の実態とその支援について、とりわけ、都市自治体における施策展開の観点から論じた研究は少ない。しかし、自治体やさまざまな団体において、重症児・者の実態調査が行われている（次ページ表1）。

　神奈川県では児童相談所で把握している重症児・者2584人のデータをもとに現況やサービス利用についての調査を行っている（神奈川県中央児童相談所2011）。それによれば、介護者の高齢化や、医療的ケアをより必要とする重度化の進行が指摘されるとともに、成人の通所率は7割となっており、在宅を支える重要なツールとなっている状況などが明らかになった。

　また、岐阜県（2011）では、県内の身体障害者手帳1、2級および

表1　主な重症児・者のニーズに関する調査・調査

調査・研究名	発行年	実施主体(個人・団体)	対象者(注記以外は重症児者)	回答率(%)
個人等による調査・研究				
在宅重症心身障害児(者)の介護者の精神的健康度と介護負担感を含む関連因子の検討	2005	山口里美、高田谷久美子、荻原貴子	49	67.3
重症心身障害児(者)と家族介護者の在宅介護ニーズと社会的支援の検討	2005	善生まりこ	19	42.1
在宅で重症心身障害児を養育する母親の養育負担感とそれに影響を与える要因	2006	久野典子、山口桂子、森田チヱ子	調査の了解を得た重症児の母親　304	58.2
重症心身障害者を取り巻く地域環境要因の分析と地域生活支援のあり方	2007	山岸吉広、高橋登	1,718	47.1
北海道内における在宅重症心身障害児(者)の実態調査	2009	根本和加子、北村久美子、家村昭矩	275	37.1
重症心身障害児(者)施設における医療的ケアの実態調査	2012	立松生陽、市江和子	看護、福祉、保育職　133	—
自治体・団体による調査・研究				
在宅重症心身障害児(者)の実態(医療的ニーズへの対応等)把握に関する調査研究	2005	財団法人こども未来財団	6,810	32.3
地域(家庭、グループホーム)で生活している重症心身障害のある人への医療の実態に関する調査	2007	愛知県	1,131	53.5
重症心身障がい児(者)の療育に関するアンケート調査報告書	2008	宮崎県	534	58.2
アンケートによる重症心身障害児(者)の生活実態調査集計結果報告『在宅編』	2008	東京都重症心身障害児(者)を守る会	422	58.5
重症心身障がい児(者)のサービス利用に関する調査結果	2010	新潟市	336	61.9
重症心身障害児(者)の今後の暮らしを考える総合アンケート調査中間報告結果	2010	豊川市	76	65.9
岐阜県における在宅で生活中の重症心身障がいを持つ方々の現況に関する調査結果	2011	岐阜県健康福祉部障害福祉課	1,041	71.9
重症心身障害児者実態調査報告書	2011	神奈川圏中央児童相談所	697	—
医療的ケアが必要な重症心身障がい児(者)等の地域生活支援方策に係る調査結果報告書	2011	大阪府	1,943	47.0
重症心身障害児者の地域生活の実態に関する調査について事業報告書	2012	社会福祉法人全国重症心身障害児(者)を守る会	2,003	49.6

療育手帳A1、A2の手帳を所持する者965人、障害福祉サービス事業所が重症心身障害と推定する者76人を対象に質問紙調査を行っている（回答率71.9%）。

　質問は就学状況や手帳所持状況、医療的ケアの実施状況、サービス利用状況、医療機関の受診状況等であった。調査結果によれば、B型通園を利用する成人は232人中31人いたが、他の通所施設の利用状況は聞いていなかった。また、医療的ケアを要する者は16.4%いたものの、そのなかには姿勢の修正や体位交換も含んでいた。

　大阪府では、医療的ケアが必要な重症心身障害児（者）に限定した質問紙調査を実施している（大阪府2011）。対象は府内の医療的ケアを要する者で、身体障害者手帳1、2級および療育手帳Aを所持する「大阪府重症心身障害児・者を支える会」もしくは「大阪府肢体不自由児父母の会連合会」の会員等1943人（回答率47.0%）を対象としている。

　また、障害福祉サービス事業所2870か所（回答率64.5%）、訪問介護事業所512か所（回答率55.3%）、ケアホームなど41か所（回答率39.0%）、重症心身障害児施設入所者568人（回答率100%）にも聞いている。質問内容は、個人には障害の状況や福祉サービスの利用状況、医療的ケアの実施状況を、事業所に対しては利用者への医療的ケアの提供状況や障害状況のほか、制度の改善要望などを聞いていた。その結果、相談から援助への一貫した支援の必要性や医療的ケアに対応できる通所施設や居宅介護事業所、訪問介護事業所などの不足が指摘されている。

　団体の調査としては、社会福祉法人全国重症心身障害児（者）を守る会や財団法人こども未来財団が行った調査のほか、訪問看護や重症心身障害児通園事業、生活介護の実態を明らかにする目的で実施された財団法人日本訪問看護振興財団（2009）による調査もある。本調査は重症児への訪問看護の実施状況やその内容、看護師が判断する重症児のニーズなどを問うものと重症心身障害者児（者）通園事業などにおける重症者の利用状況を調査するものとなっている。

　その結果、訪問看護事業所では8割が重症児の利用を可能としてい

るが、実際の利用者は事業所1か所あたり0.4人に留まっていた。その内容として直接的なケアを行う時間は全体のサービス提供時間の54.3％で、相談助言などの家族支援も18.5％あった。

　一方、生活介護事業所では、現行報酬額で重症者を受け入れることの困難さや医療的ケアを行う設備の必要性が、重症心身障害児（者）通園事業では、利用者送迎の体制や所要時間の問題が課題としてあげられた。

4．重症者のニーズの把握方法

　本節では、前述の先行研究を踏まえ、重症者の生活や医療に関し、一定数の調査がなされていること、対象が幅広いこと、通所施設など地域生活支援の実情に関する項目が含まれていることなどに着目するとともに、全国的なニーズと都市部におけるニーズの比較ができるという点で、表1に掲げた調査のなかから4調査を選定し、当該調査報告書をレビューし、居宅における介護者の状況、通所施設の利用状況や通所施設に関する要望・課題、親亡き後の住まいの場、今後、利用を希望するサービスなど地域生活支援に関わるニーズを抽出した。

　そのうえで、この4つの調査から共通する事項などを検討するとともに、その比較も行いながら、重症者のニーズとその解決の方向性を考察した。対象とした調査は次の4つである。

①在宅重症心身障害児（者）の実態（医療的ニーズへの対応など）
**　把握に関する調査研究（以下「未来財団全国調査」という）**
　ア）報告年度：2005
　イ）実施者：財団法人こども未来財団
　ウ）回答者数：2202人（対象者数6810人）
　エ）回答率：32.3％
　オ）主な質問内容：本人の障害状況、家族の状況、かかりつけ医、
　　　医療的ケアの必要性、通所している場合の日数、地域で実施

しているサービス、将来の生活支援についてなど

②重症心身障害児者の地域生活の実態に関する調査について事業
　報告書（調査５）（在宅重症心身障害児者アンケート調査報告）
　（以下「守る会全国調査」という）

ア）報告年度：2012
イ）実施者：社会福祉法人全国重症心身障害児（者）を守る会
ウ）回答者数：995人（対象者数2003人）
エ）回答率：49.6%
オ）主な質問内容：本人の障害・疾病状況、家族の状況、施設入所
　　の申し込み状況、福祉サービスの利用（通所、ホームヘルプ、日
　　中一時、短期入所、訪問看護）、困っていること、心配ごとなど

③アンケートによる重症心身障害児（者）の生活実態調査集計結
　果報告『在宅編』
　（以下「守る会東京調査」という）

ア）報告年度：2008
イ）実施者：東京都重症心身障害児（者）を守る会
ウ）回答者数：247人（対象者数422人）
エ）回答率：58.5%
オ）主な質問内容：本人状況、家族の状況、医療機関（通院状況、
　　入院回数、歯科治療の状況）、福祉サービス（通所している場
　　合の日数、給食の有無、医療対応、居住支援サービスの利用
　　状況、成年後見制度、親の老後における将来の生活支援など

④地域（家庭、グループホーム）で生活している重症心身障害の
　ある人への医療の実態に関する調査
　（以下「愛知県調査」という）

ア）報告年度：2007
イ）実施者：愛知県

ウ）回答者数：605人（対象者数1131人）

エ）回答率：53.5%

オ）主な質問内容：本人の状況、入院について、通院について、往診・訪問診療の状況、訪問看護の状況、福祉サービスの利用（居宅生活支援、日中活動）、介護者の状況、施設入所・グループホーム入居意向など

5.地域生活に対する要望と要求

（1）対象者、介護者（家族）の状況

　本節で対象とした調査（以下「対象調査」という）では、いずれも児童・成人共に調査対象となっていた。このなかで、未来財団全国調査では、とりわけ児童の回答が多く約62%を占め、守る会全国調査では約20%、愛知県調査では約半数、守る会東京調査では約22%となっていた。

　対象者はいずれも重症児・者であったが、まれに重症心身障害の概念とは一致しないと思われる障害程度区分1や2の者や身体障害者手帳、療育手帳の中軽度の者も数名いたが、全体の数から考えると考慮しなくてもよい数であると判断した。

　本人の身体状況に関し、移動の状況をみると、移動不可とした者は未来財団全国調査では53.5%、守る会全国調査では66.6%、守る会東京調査では67.9%、愛知県調査では89.1%となっていた。また、食事の状況では全介助である者がいずれの調査でも8割を超えていた。入浴では調査を行っていない愛知県調査を除き9割が全介助であった。

　一方、医療処置については、未来財団全国調査では80.8%が、守る会東京調査では74.1%が必要と答えていたが、その内容として、定期的服薬や体位の交換も含んでいた。そのうち吸引や経管栄養などのいわゆる医療的ケアの必要性について、守る会全国調査では48.5%、守る会東京調査では35.8%が必要となっていた。主たる介護者について、すべての調査で母親との答えが90%以上を占め、そのうち健康である

とする母親は守る会東京調査で19.8%に留まっていた。

　重症者は身体的介護度が高いだけでなく、医療的管理が不可欠な者が多く、日常生活の相当程度の支援を要することが推定された。また、そうした介護度の高い重症者の日常は主に母親が支えており、その疲労度も高いことが明らかになった。

（2）日中活動などの状況とニーズ

　利用している福祉サービスを見ると、日中活動系のサービスがいずれも高い率を示していた。守る会全国調査では72.7%であったが、利用していない者の理由として学校に通っているからとの回答が多かった。そこで、他の調査について学齢よりも上の世代に絞り込み検討した。

　守る会東京調査では未記入（児童であると推定される）の19.4%を除くと97.0%が、未来財団全国調査でも97.4%が日中活動を利用していた。しかし、愛知県調査では学校通学者を除いても48.3%に留まっていた。その理由として40歳代、50歳代以上で日中活動を利用している割合が極端に低い（40歳代が12.9%、50歳代が15.4%）ためであると考えられる。

　また、日中活動の利用日数について、守る会東京調査では週5日利用している者が60.3%あるのに対し、4日が22.2%、3日が8.2%、2日が4.6%、1日が1.0%あった。守る会全国調査では週5日程度利用している者が42.2%、週4日程度が15.7%、週2〜3日程度が14.6%となっていた。

　守る会東京調査では希望する通所日数を聞いており、週5日とするものが87%あることから、現状は週5日通えているもの以外の約3割の者は施設側などの都合で、通所日数が少なく留められていると推定できる。一方、同じく守る会東京調査では通所施設で「困っていること」について聞いており、「職員数が足りない」（37.1%）、「時間が短い」（22.7%）、「医療的ケアへの対応が不十分」（10.8%）などが上位を占めた。

（3）居住の場の状況とニーズ

　居住の場に関して、愛知県調査では、「今あるいは将来的に施設入所やグループホーム等」を希望するかとの問いに、「施設」が35.4％、「ケアホーム」が17.7％、「グループホーム」が7.8％、「わからない」は32.9％で、いずれも希望しないという32.9％を上回っていた。しかし、その時期は79.8％の者が「現在の介護者が介護できなくなった時」と答えていた。また、「入所をためらう理由」（複数回答）としては「家族だから一緒に暮らしたい」が66.4％と最も多く、「さびしがるのではと心配」が40.2％、「他人の介護は心配」が36.2％などが上位を占めた。

　守る会全国調査では、18.7％が入所施設の申し込みをしており、その時期として72.4％が「介護者の高齢化に備えて」という回答で「今すぐ」は4.4％に留まっていた。守る会東京調査では、親が介護できなくなった時どうするかとの点を聞いており、87.9％が「入所施設に託す」と回答していた。また、未来財団全国調査でも親亡き後のサービスとして入所施設を希望するものが81.4％となっていた。

　このように居住の場に関しては、家族で一緒に暮らしたいと思いながらも、介護ができなくなった場合の不安から入所施設への検討を考えていた。また、愛知県調査以外の調査では、グループホームやケアホームといった選択肢がなかった。これは、調査時点の状況から、重症者がグループホームやケアホームを現実の居住の場の選択肢としては考えていないためであると推定された。

（4）今後のサービスに関する要望

　今後どのようなサービスを使いたいと考えているかなど今後のサービスに対する意向を調べる設問に関して、守る会東京調査では「今後さらに利用したい公的サービスまたは充実してほしい公的サービス」を聞いていた。それによると、「緊急時に対応できる短期入所」（72.1％）、「通所施設での延長支援やナイトケア」（51.8％）、「入所施設」（48.2％）、「医療的ケアに対応できる通所施設」（41.2％）などがあげられた。

　また、愛知県調査では、自由記述で生活全般に係る「ご要望、ご

意見」などについて聞いている。その中では、医療機関に関する要望が多かったが、福祉施策に関するものとして「介護者の不調時や亡き後の不安」、「必要や希望に応じた入所・入居支援の保障」、「介護者の負担軽減」など介護者の介護が困難になった場合の支援に関するものが多くあげられていた。

　同じ調査ではサービスごとにも要望や意見を聞いており（自由回答）、日中活動では「通い先がない、少ない」といった場の確保の問題や、「通所日数を増やして欲しい」など基盤整備での要望があったほか、「人との交流や楽しい時間をもてるなどあたり前の経験ができる」や「医療的ケアへの対応」、「個別の希望や特性に応じた活動」など内容に関わる要望があげられていた。

　東京と愛知での調査ともに、親が体調不良や死亡時の対応などに不安を抱え、そうした不安に対する整備を願っている状況が明らかとなった。また、日中活動に関しては日中活動の利用率が少なかった愛知では基盤整備が求められているとともに、日中活動を行う場合、医療的ケアなどの重症化に対する対応が求められていた。

6. 重症者の生活ニーズ、その必要と要求

（1）地域生活の現状とニーズ

①重症者の介護

　重症者は一般に重度の身体障害と重度の知的障害が重複し、移動や排せつ、食事に介護を要するとともに、言語による意思疎通が困難な障害者と理解され、大島分類（大島 1971）などによって定義される。そのような心身の状況から日常的な介護を要し、その介護を主に担っている家族の負担は重い。

　加えて、吸引や経管栄養などのいわゆる医療的ケアを必要とする重症者が約35％から48％いたことは、重篤な介護に加え、健康状況を絶えず観察し、その時々に応じた適切なケアを要することを示している。しかも、こうした重症者の介護について母親を中心に行われ

ており、健康であるとする母親は、守る会東京調査で19.8%に留まっていたことは母親の介護負担の大きさを示していると考える。

③日中活動の現状と課題

　対象調査からは、全国的には概ね日中活動の場が確保されつつあることを示していた。しかし、愛知県調査などでは成人の重症者で日中活動に参加している者が約48%に留まっていた。このことは地域によっては重症者の日中活動の基盤整備が困難な場所もあることを示している。東京などでは比較的重症者の日中活動に関して基盤整備が進んでいる（山本2011:23-28）と考えられるにもかかわらず、毎日（週5日）通所できる施設は約6割に留まっていた。

　また、重症者がその障害が重いために必要となる医療的ケアへの対応について見た場合、対象調査では困っていることとして「医療的ケアへの対応が不十分」などがあげられ、また、今後のサービスの意向についても「医療的ケアに対応できる通所施設」（41.2%）などがあげられていた。

　通所施設は、移動やコミュニケーションに困難を有し、社会的交流機会の乏しい重症者にとって、日々の活動などにより充実した生活を保障する場であるとともに、生活のリズムを整え、健康や命を守る重要な場所である。それが、施設側の都合で、希望する日数は通えないことや医療的ケアを要するために使えない、または制限を受けることになれば、重症者が有する人間的な権利を保障し得ないことにもつながる課題である。

④居住の場の現状と課題

　対象調査からみた場合、ほとんどの介護者は、重症者だからといって直ちに入所施設を選択する意向はなく、家族で一緒に暮らすという選択が望まれている。しかし、その一方で、親が介護できなくなったら施設入所する選択をせざるを得ない状況であると言える。それは、親亡き後の暮らしへの保障だけでなく、年をとった親たちが、彼らに

必要な介護を提供できない不安からである。それが端的に示されているのが、未来財団全国調査の「将来の生活支援」に関する回答であった。

それは「親が介護できなくなったら」という想定で、「入所施設」、「親類に依頼」、「親と子が暮らせるケア付の家」、「その他」を選択するもので、施設入所が53.2％に上っているが、「親と子が暮らせるケア付の家」を求めている者も49.0％いた。現在の障害者、高齢者に対する公的サービス種別にはそうした「親子が暮らせるケア付の家」はなく、筆者の知る限りでは、民間施設でも現実的に同様の例は聞いたことがない。親の希望としてこのような実際にないサービスに対して高い要望が示されていることは、家族が介護できなくなっても重症者と共に暮らしたいとのニーズの表明であると考えられる。

一方、愛知県調査以外の3つの調査では、介護できなくなった場合の生活の場として、グループホームやケアホームなどの選択肢はなく、自宅か入所施設しかなかった。障害者基本法（2011）では、「すべて障害者は、可能な限り、どこで誰と生活するかについての選択の機会が確保され、地域社会において他の人々と共生することを妨げられないこと」が規定されている。しかし、現実には重症者の家族が介護できなくなった場合は、入所施設に頼らざるを得ない現状である。

重症者もグループホームやケアホームが現実的に利用できるようになったり、「親子が暮らせるケア付の家」が制度化されれば、その選択肢が拡大すると考えられる。その具体化が今後の課題である。

（2）重症者にとっての地域支援

2006年に施行された支援法においても、重症者が利用できる制度は限定的である。医療的ケアを要するものも含め、重症者は障害者のなかでもその数は少なく、障害の重さと支援の困難さから社会的な支援の対象とはなりにくい、または制度がありながらもこれを活用できない実情がある。地域での日中活動や家族介護支援、住まいの場の確保など生活に関わる問題については、今後の課題となっている（東京都2007）。

前項でも明らかになったように、重症者およびその家族は、過重な介護負担により健康を害しながらも、重症者の豊かで障害特性に対応したきめ細かなケアを備えた日中活動を願いながら、できうる限り家族一緒に暮らしたいと願っていた。それは、多くの障害者同様、住み慣れた地域で暮らし続けながら生活の豊かさをも求めているということである（鈴木1993）。しかし、居宅での介護が困難となった場合は入所施設しか選択肢はなく、それもすぐに対応困難であるという現実がある。そのため、そうした困難に対する不安を有しており、地域で暮らし続けられるための基盤整備が望まれている。

　これまで、重症者は学校を卒業したら行き場がなく、生きがいをもった生活も保障されず、また、それにより家族介護が重くなり、介護ができなくなるとやむをえず施設入所を選択してきたという経過がある（田中1974）。どれだけ障害が重くても、重症者が人として尊重され、生きがいをもってその障害特性に応じた暮らしを保障すること。それが重症者および家族のニーズであり、そのニーズと呼応して彼らの暮らしを公的に支えるのが地域生活支援の意義である。

（3）地域生活支援の主体としての都市自治体

　地域で暮らしながら、豊かな日中活動を行い、親亡き後や親が介護できなくなった後もグループホームやケアホームなどで暮らし続けることは、他の障害者のみならず重症者のニーズでもあることが対象調査から明らかになった。次にそのニーズを誰がどのように解決するのかが問題となる。

　重症者は、戦後ながらく福祉の対象とはなりえず放置されてきた。そして、重症者の家族や医師らの運動によって重症心身障害児施設の制度化に至ったが、国の財政支援は限定的でかつ入所対象者に限られており、多くは在宅放置に留めおかれる棄民政策というべきものとなっていた（田中1974）。

　その後、教育権保障などの運動が高揚し、国は養護学校を義務化し、入所施設や在宅者の福祉基盤整備についても、一定の整備はされた

ものの、数は少なく、養護学校を卒業しても、日中活動の場がない事態に至っていた。そのことから、重症者のなかには、どこにも行き場がなく在宅に留めおかれるものも出ていた。そのため、重症者の家族が共同作業所づくりの運動などにより日中活動の整備を行うなどの取り組みや、そうした施設を公的に保障させるための運動を経て、国が重症者通園事業を制度化したり、都市自治体が独自の通所施設を整備するなどの取り組みが進んだ。

　このように、これまでは重症者やその家族の運動によりそれが社会的な課題となり、国が一定の制度化を図るなどしながら、その不足する部分について都市自治体が補完的な役割を果たしてきた。支援法では、2011年の法改正によって重症者の支援の主体が市町村に移管された。このことから、重症者の地域生活に関わるさまざまなニーズについて、都市自治体の行政が解決すべき生活の課題として位置づける必要が生じている。

　住み慣れた地域で暮らし続けられるためにも、家族の介護負担を軽減し豊かな日中活動の保障や、グループホームやケアホームの活用、「親子が暮らせるケア付の家」の制度化など、都市自治体として位置づけるべき課題は多い。加えて、それが医療的ケアなど障害特性に対応したものとして行えるような配慮なども求められる。

　しかし、こうした生活の課題を単に都市自治体がすべきこととして位置づけるだけでは、現実的な基盤整備は困難である。支援の主体としての都市自治体が、こうした4つの調査から得られるニーズについて、それぞれの地域の現状を把握し、その解決方法を検討することが必要である。その際、新たな制度構築をはかるための財政基盤などについて、ナショナルミニマムの観点から国や都道府県への応分の責任を求めることも重要な視点となる。

7.障害特性に応じた暮らしの保障と
支援の主体としての都市自治体

　本節では、重症者およびその家族が日中活動や居住の場などに関し、何を望んでいるかを客観的環境条件との関係で把握して、生活要求と支援の必要性を明らかにするとともに、支援法の改正を踏まえ、その基盤整備を誰がいかにすべきかの方向性についての示唆を得た。その結論は次の点である。

　第一に、重症者の生活実態やニーズと制度のかい離である。重症者はその生活において手厚い介護が必要であり、加えてその三分の一から半数が医療的ケアを必要とする者であった。そしてその介護を主に母親が行っており母親の介護負担の重篤さが想定された。しかし、重症者の日中活動などについて、全国的にサービス項目としては整備が進んでいるものの、整備の進んでいない地域や、希望する日数を通所するには不十分な実態が見られた。一方、介護できなくなった場合の生活の場として、知的障害者などが活用するグループホームやケアホームなどがその選択肢に入っておらず、入所施設に頼らざるを得ないのが現状である。日中活動や居住の場の選択肢をどう拡充していくかが課題である。

　第二に、重症者やその家族は重症者であっても地域で暮らし続けられることを望んでおり、そのための仕組みの構築が必要である。どれだけ障害が重くても、重症者が人として尊重され、生きがいをもってその障害特性に応じた暮らしが保障されること。それが重症者および家族のニーズであり、そのニーズと呼応して彼らの暮らしを公的に支えるのが地域生活支援の意義であることが明らかになった。その際、都市自治体がその主体として、現状を把握し、その解決方法を検討するとともに、国や都道府県への応分の責任を求めることも重要である。

　以上のとおり、重症者およびその家族のニーズは、他の障害者同様、住み慣れた町で暮らし続けたいというものである。しかし、そうできない要因として、その障害の重さに対応した職員配置などが可能な

通所施設や居住の場がないこと。加えて、医療的ケアなど障害の特性に応じた支援の枠組みも整備されていないことが推察された。そして、そうしたニーズを解決するためには、支援の主体としての都市自治体の役割と都市自治体に対する補助主体である国の責任が問われざるを得ない。

文献————

愛知県（2007）『地域（家庭、グループホーム）で生活している重症心身障害のある人への医療の実態に関する調査』

岐阜県健康福祉部障害福祉課（2011）『岐阜県における在宅で生活中の重症心身障がいを持つ方々の現況に関する調査結果』

神奈川県中央児童相談所（2011）『重症心身障害児者実態調査報告書』

小谷裕美（2003）「思春期・青年期における重症児の発達と医療」『障害者問題研究』31(1)、30-38

久野典子、山口桂子、森田チエ子（2006）「在宅で重症心身障害児を養育する母親の養育負担感とそれに影響を与える要因」『日本看護研究学会雑誌』29(5)、59-69

宮崎県（2008）「重症心身障がい児（者）の療育に関するアンケート調査報告書」

内閣府（2007）『重点施策実施5か年計画について』（http://www8.cao.go.jp/shougai/suishin/d6/s1.pdf#search='重症心身障害児（者）通園事業 推移 2003年'2012.1.4）

根本和加子、北村久美子、家村昭矩（2009）「北海道内における在宅重症心身障害児（者）の実態調査」『紀要』3 名寄市立大学、93-100

新潟市（2010）『重症心身障がい児（者）のサービス利用に関する調査結果』

岡田喜篤（1993）「在宅重症心身障害児・者の現状と課題」『地域保健』24（11）、8-19

岡田喜篤（1998）「重症心身障害児問題の歴史」岡田他編『重症心身障害療育マニュアル』医歯薬出版

大泉溥（1989）『障害者福祉実践論』ミネルヴァ書房、26-41

大島一良（1971）「重症心身障害の基本的問題」『公衆衛生』(35) 11、648-655

大阪府（2011）『医療的ケアが必要な重症心身障がい児（者）等の地域生活支援方策に係る調査結果報告書』

社会福祉法人全国重症心身障害児（者）を守る会（2012）『重症心身障害児者の地域生活の実態に関する調査について事業報告書』

鈴木康之（1993）「在宅重症児・者の医学管理」『地域保健』24（11）、22

田中昌人（1974）『講座　発達保障への道』全国障害者問題研究会出版部

立松生陽、市江和子（2012）「重症心身障害児（者）施設における医療的ケアの実態調査」『日本小児看護学会誌』21(3)、64-70

東京都（2007）『地域福祉の推進を基調とした障害保健福祉施策の新たな展開について』

東京都重症心身障害児（者）を守る会（2008）『アンケートによる重症心身障害児（者）の生活実態調査集計結果報告「在宅編」』

山岸吉広、高橋登（2007）「重症心身障害者を取り巻く地域環境要因の分析と地域生活支援のあり方」『大阪教育大学紀要』第4部門 教育科学 56(1)、53-64

山口里美、高田谷久美子、荻原貴子（2005）「在宅重症心身障害児（者）の介護者の精神的健康度と介護負担感を含む関連因子の検討」『山梨大学看護学会誌』4(1)、41-48

山本雅章（2011）「重度重複障害者の通所施設における医療的ケア」『介護福祉士』18、23-28

善生まりこ（2005）「重症心身障害児（者）と家族介護者の在宅介護ニーズと社会的支援の検討」『埼玉県立大学紀要』7、51-58、

財団法人日本訪問看護振興財団（2009）『重症心身障害児者の地域生活に関する調査研究事業』

財団法人こども未来財団（2005）『在宅重症心身障害児（者）の実態（医療的ニーズへの対応等）把握に関する調査研究』

第3章

重症者の地域生活支援
通所施設・グループホームの実態調査から

第2章では、重症者が地域生活を送るためには、障害特性に応じた日中活動や居住の場などの条件整備が重症者および家族から求められていることがわかった。

　そこで、本章では通所施設およびグループホーム等の居住支援施策を対象として、重症者が通う、または住まうために必要な条件について、先駆的事例の検討をとおして、援護の実施者としての都市自治体の役割と施策の方向性を明らかにする。

　そのために、本章では、医療的ケアなど重症者の障害特性に応じた実践的手法などを手がかりに量的調査（通所施設やグループホームなどへのアンケート調査）および質的調査（通所施設への面接調査）を行った。

　その結果、公立通所施設では医療的ケアに対応する施設は年々増加し、2007年には36％を超えているが、全体からみると一部都市自治体の先駆的な例に留まっていた。グループホーム等は医療的ケアを要する者は利用ができなかった。

　これらの点からニーズと法・制度間のかい離があること。また、目の前の重症者のニーズに応じた試みが行われ、重症者が70％以上通所する施設もあったこと。これらの施設では都市自治体が1人あたり平均約362万円の財政支援を行っていたが十分でなく、職員配置の困難さが指摘されるなど、国の財政支援などの必要が示唆された。

第1節 重症者の通所施設における障害特性に応じた対応
——医療的ケアを中心に

1. 重症者の生活支援と
都市自治体の公的責任

　日本国憲法第25条の「国民の生存権」は今日「社会保障と税制の一体改革」として、全国民を巻き込んだ社会問題となっているが、これを福祉領域に引き付け、具体的に吟味する必要もあると考える。その課題のひとつが重症者の地域生活の問題である。

　1979年の養護学校義務化により、重症者が養護学校に入学できるようになるとともに、国が長期入院から在宅療養へと医療政策を転換したことから（厚生労働省2005a：7）、家庭や教育、福祉の場において医療や看護を要する人が急速に増加した（厚生労働省2005b）。学校においても、生活に欠かせないたん吸引や経管栄養など医療的ケアを要する児童生徒も増加してきた（飯野2002:177、2006:220-222）。

　国は医療的ケアについて、従来の医療関係法の抜本的見直しをしないまま、医療行為であることを前提にしながらも、特別支援学校における教員による医療的ケアを一定条件のもとで容認し、ホームヘルパーによるたん吸引なども「当面のやむをえない措置」として認めている（厚生労働省2004）。しかし、通所施設での医療的ケアについては、介護職による対応は認められず、重症者の地域生活での日中活動に困難が生じている。このような領域間での「ずれ」をいかに打開するかという方策が社会的に問われている。

　国の障がい者制度改革推進会議総合福祉部会においても、通所施設での医療的ケアを容認すべきとの意見が出されているが、その具体策はまとまっていない（厚生労働省2010c）。全国的に重度重複障害児は

増加しており（厚生労働省2008a）、医療的ケアを要する児童生徒も全特別支援学校在籍者の6.2％に達している（文部科学省2009）。しかも、特別支援学校の卒業生の進路のほとんどが、日中活動の場として通所施設の利用を希望している（東京都教育委員会2008）ことから、通所施設での医療的ケア実施が関係者の間では切実な問題となっている。

　そこで、本節では地域における在宅重症者の生活問題の視点から、実践現場の先駆的経験とそこで問題になってきた条件的不備や実践的困難の実態を分析することにより、問題解決の手がかりを得る。このことは障害者福祉行政の権限が都道府県から市町村に移管されたこととも関係して、障害者の地域生活に必要な社会的基盤づくりへの都市自治体の課題とそこでの公的責任のあり方を解明する一助となると考えた。

2. 都市自治体の公的責任と 公立通所施設の現状

（1）都市自治他の公的責任と実践の現状を検討する視点

　目の前の利用者の通所を保障するため、重症者がその障害特性に応じて生活上必要となる医療的ケアを実施する公立の通所施設の実践も報告されるようになった（直井2006:199-210）。

　本節では、これら実践が特殊的・例外的なものとしてではなく、公的責任性を具体化する先駆的取り組みであるととらえ、公立通所施設での医療的ケアに関する実践の現状に注目してその成果と教訓を明らかにすることが課題である。

　すなわち、①公立通所施設での医療的ケアの現状を明らかにし、条件の不備や実践的困難を打開する手がかりを得ること、②セーフティネットとしての公立通所施設の役割についての示唆を得ること、③そのうえで、障害者の地域生活支援に係る都市自治体の役割の一端を明らかにすること。これら3点が本節の課題である。

（2）都市自治体の公的責任と実践の現状を検討する方法

　筆者は、東京都障害者通所活動施設職員研修会医療的ケア研究会に加わり、2007年から2008年にわたって「通所施設等における医療的ケアに係わる実施状況等アンケート調査」（以下「都通研調査」という）を行った。この調査では東京都内の障害者通所施設646か所を対象に、医療的ケアの実情調査を行った。

　回答のあった150施設（23.1%）中、公立施設は79施設、民間施設は71施設であり、そのうち医療的ケアに取り組んでいるとした施設は、公立29施設（36.7%）民間8施設（11.2%）であった。それは民間施設が地域のニーズを柔軟に受けとめ対応しているにもかかわらず、医療的ケアといった困難度の大きなところには対応しにくいことを示している。

　日本訪問看護振興財団の生活介護事業所調査（日本訪問看護振興財団2009、対象の施設の9割が民間施設）においても、75%の生活介護事業所が医療的ケア実施者の受け入れが困難としていた。その理由として、障害者自立支援法（以下「支援法」）における報酬のみで運営されている民間施設は、医療的ケアの必要な者に対する十分な職員配置を行うためには、経営的な厳しさがあることなどが推定された。支援法施行に伴い特に通所施設では人件費総額を引き下げざるを得なかった（きょうされん2006）こと。2007年度以降は報酬額の上昇がみられるが、厚生労働省の調査でも生活介護の職員の常勤率は他の施設に比べ低く73%に留まっていること（厚生労働省2008b）などが背景として考えられる。

　都通研調査では公立施設と民間施設とを区別せず報告書をまとめていたため、都通研調査を予備的調査と位置づけて企画した。本節では、セーフティネットとしての公立施設の役割を再確認し、重症者の生活支援を行うべき都市自治体の責任について明確化する視点から、都通研の承諾を得て調査のデータを都通研の調査対象とした646施設中、公立施設156施設に絞った。そのうち回答のあった79か所の結果（回答率50.6%）を再集計し、医療的ケアの必要な者の受け入れ状況やそのことにより生じている課題などを検討した。なお、研究にあたって

は施設名などを特定できないよう倫理的配慮を行った。

3. 東京都における公立通所施設の医療的ケアの現状

(1) 東京都における公立通所施設の取り組みはどのような状況になっているか

①医療的ケアが必要な利用者の受け入れ状況

医療的ケアが必要な利用者を公立施設が受け入れているかどうかについては、回答した79施設中37施設（46.8％）が、「利用当初から必要な人を受け入れている」「利用途中で必要な人について対応している」と回答している。また、この37施設中29施設（76.3％）は受け入れにあたって施設関係者が医療的ケアの対応をしていた。

②医療的ケアの対応についての、各施設の実情

回答のあった79施設に対し、医療的ケアの必要な利用者への対応について、どのような方針をもっているかを聞いた。その結果を4区分した（図1参照）。

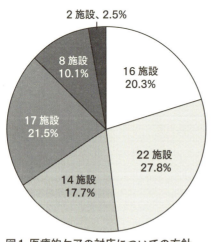

図1 医療的ケアの対応についての方針

A群：「今後も継続して受け入れ、対応する」と回答した施設が16施設（20.3％）であった。現に医療的ケアを要する利用者を受け入れ、施設関係者が対応している施設が29施設あるにもかかわらず、今後も医療的ケアの取り組みを継続する方針を明確にした施設は16施設に留まった。

B群：「当初ではなく途中から必要になった利用者へ対応する」および「当初からの受け入れ・対応について検討している」など、受け入れの方向を明示した通所施設は22施設（27.8％）であった。

これらの通所施設に、医療的ケアの実施を検討する場合に、どのような不安や課題を感じているかをあげてもらったところ（複数回答）、「人員体制」が最も多く19施設（86.4％）、次に「医療機関との連携」で17施設（77.3％）であった。

また、「法的解釈」は11施設（50.0％）、「研修体制」が12施設（54.5％）であった。「特にない」という施設はなく、受け入れの必要は示しつつも、医療的ケアの実施に不安や課題を感じている実情が明らかとなった。

C群：「受け入れ・対応について必要性は感じているが、現状では困難と考えている」とした施設は14施設（17.7％）であった。その理由（複数回答）として一番多かったのが、「人員体制」とするもので9施設（64.3％）であった。

また、「経費の面での条件整備」との答えが8施設(57.1％)あった。「施設内部で方針としてまとまっていない」との回答も7施設（50.0％）、「看護師の確保」や「医療的ケアの法的解釈」も各々3施設（21.4％）あった。

基盤が未整備のまま受け入れることは困難であると考えていることが明らかになった。

D群：「今後とも受け入れ・対応の予定はない」と答えた施設は17施設（21.5％）であった。その理由（複数回答）として一番多かったのが「必要とする利用者がいない」で13施設（76.5％）であった。

これは主に知的障害者を中心に受け入れている施設のためと推定された。また、「人員体制」や「経費の面での条件整備」との回答も8施設（47.1%）あった。法制度をあげるものも6施設（35.3%）あった。

また、不安や課題について回答の多かった人員配置について検討した（必要とする利用者のいないD群は除く）。A群では職員1人あたりの利用者数は2.6人、B群では2.7人であったが、C群では4.0人であった。また、1施設あたりの平均看護職員配置数を見た場合、A群では1.81人、B群では1.42人であったが、C群では0.92人であった。C群の職員配置に明白な差異があり、困難さの要因に人員配置が影響していることが推定された。

(2) 医療的ケアに取り組んでいる公立施設に関する状況

医療的ケアを要する利用者の受け入れ状況にかかわらず、現在、「施設職員が通所施設で医療的ケアに取り組んでいる」と明確に回答した公立施設（以下「実施施設」という）は29施設（36.7%）であった。この実施施設のみを対象として医療的ケアを行っている職員の職種、などに関する結果をまとめた。

①医療的ケアに取り組みはじめる公立施設が1990年から年々増加

医療的ケアに取り組み始めた時期を図2に示す。この図からも明ら

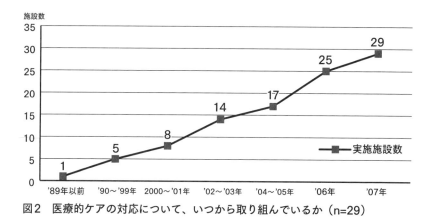

図2　医療的ケアの対応について、いつから取り組んでいるか（n=29）

かなように、1989年以前から取り組んでいると答えた施設が1施設
存在するが、多くは1990年代以降からの実施となっており、年々そ
の数が増加している状況である。特に、2006年、2007年からの2年
間で実施した施設が12施設を数えている。

②医療的ケアを実施している職員の職種

　29の実施施設に医療的ケアを実施している職員の職種を聞いた。
「医療職に限定している」施設が14施設（48.3％）、「ケアの内容に
よっては医療職が連携のもと介護職等が実施」しているところも9施
設（31.0％）あった。つまり、実際の場面での医療的ケアは介護職な
どにも広がっている状況があることが明らかとなった。

③医療的ケアの要綱やマニュアルの作成状況

　29の実施施設に医療的ケアを実施するにあたって要綱や基準を作
成しているかを聞いたところ、「作成している」と答えた施設が16施
設（55.2％）あるものの、「作成していない」施設も12施設（41.4％）
あった。また、「作成している」と回答した施設では、「施設独自に作成」
が8施設（50.0％）と最も高く、他に、「自治体が作成」が5施設（31.3％）、
「運営法人が作成」が1施設（6.2％）であった。

４. 重症者の地域生活支援における公的役割

（1）ライフステージを見とおした一貫した支援

　国は医療的ケアについて医療行為であることを前提にしながらも、
特別支援学校での教員による医療的ケアを一定条件のもとで容認し
ている（厚生労働省2004）。しかし、通所施設では介護職による医療
的ケアは認められず、国は「今後の検討課題」と回答しているに留まっ
ている（衆議院2007）。

　医療的ケアを医師の指示の下に看護師が行うことは適法であるが手数
を要するため、配置数の少ない看護師だけでまかなえる業務量ではない

第1節　重症者の通所施設における障害特性に応じた対応　109

ことは、特別支援学校の実践からも明らかである（山田2008:147-160）。

　加えて、支援法上の生活介護では看護師は必置であるが、その目的は健康管理であり、介護職は医療的ケアを行えないと解されることから、多くの施設では医療的ケアを業務とはみなさず、医療的ケアを要する者の受け入れを想定していない。このことは、東京都Ｈ市での気管切開した幼児の保育園入園訴訟における市側の論拠と同様である（東京地裁判決2007:53-70）。

　特別支援学校では看護師の指導や指示の下、教員による医療的ケアが許容されているにもかかわらず、障害者の通所施設では、特別支援学校と同様の行政的判断はない。そうした制度上の矛盾があるために、本調査では医療的ケアを要する利用者が通所する施設が37施設（46.8％）あるにもかかわらず、医療的ケアの必要な利用者を当初から受け入れまたは対応する方針を明確にしている施設は16施設（20.3％）に留まっている。

　つまり、医療的ケアを要する重症者が日中活動を阻害され、ライフステージを見とおした適切な支援が受けられず、社会から排除され孤立することになりかねないのである。

（2）医療的ケアの現実的要請の高まりと公的責任

　調査の結果、約65％の施設が医療的ケアの必要性を感じており（Ａ群、Ｂ群、Ｃ群の合計）、医療的ケアの実施または対応を模索していた。また、介護職による医療的ケアが許容されていない現状にもかかわらず、医療的ケアに取り組む公立施設が現に存在し、1990年以降、徐々に増加していることは、医療的ケアの現実的要請の高まりを示すものである。

　本調査において明らかとなったように、人員体制や経費の面での条件整備などに不安や課題を感じながらも、民間施設での受け入れが困難な状況下にあって、重症者や家族からの現実的な要請にもとづくセーフティーネットとしての役割を果たすために、公立施設が医療的ケアに取り組まざるを得ない状況が推察される。

　通所施設職員１人あたりの利用者数を比較してみると、医療的ケア

に対応しているＡ群およびＢ群では、職員１人あたりの利用者数は約2.6人から2.7人であったが、対応できていないＣ群では4.0人であった。

医療的ケアを要する重症者の豊かな日中活動を保障するためには、通所施設が公的な役割を自覚し、熱意をもって支援するだけでなく、通所施設が困難を感じている支援職員などの「人員体制」や「経費の面での条件整備」などを解決する必要があり、通所施設の設置主体である都市自治体としての課題となっている。

（3）現実問題と実践の蓄積を踏まえた都市自治体と国の役割

憲法に定める「健康で文化的な最低生活保障とすべての生活部面における社会福祉の向上増進に努める」という規定の中には、施設設備の最低基準の保障だけでなく、個人の尊厳にふさわしい援助過程の保障まで含まれると考えるのが妥当（河野2003）である。医療的ケアを要する重症者が、他の障害者同様に日中活動を行えるようにするためには、一人ひとりの特性に応じた施策やその実践が必要である。

本調査では、医療的ケアを実施している公立施設で、要綱や基準を作成している施設は６割近くあるが、都市自治体が作成している施設は約３割に過ぎなかった。この割合は、比較的、財政的条件がよく、都市環境整備の進んだ東京都の場合であり、他の都道府県との格差を考えると直ちに一般化すべきものではないが、重症者の日中活動への要求の強さとそれに応えようとする通所施設の先駆的知見を示す例として重要である。とりわけ公立施設の設置主体である都市自治体が、重症者の特性に応じた施策やその実践を具体化するためにも、基盤整備と併せて医療的ケアの指針を示す必要に注目したい。

国では2010年に介護職員などによるたん吸引等の実施のための制度の在り方に関する検討会が、福祉施設の介護職員などによるたん吸引などを容認する方向を示した（厚生労働省2010b）ことから、介護職員を対象にした医療的ケア研修費を2011年度予算に計上し、福祉施設分野での医療的ケアに踏み出している。

学校と卒業後の通所の場で生じている矛盾をなくし、市町村が示

す指針の作成や人員などの基盤整備を支援し、重症者の生活の質を確保するためには、国は研修体制の整備に留まらず、医療的ケアに係る法制度の見直しや医療的ケアを要する重症者に対する支援法上の報酬などの抜本的見直しなどを行う必要がある。

5.公立施設における
医療的ケアを含む地域生活支援の構築

　本節において明らかになったことは、

　①医療的ケアを要する利用者の受け入れ、または対応する方針を明確にしている公立施設は約2割に留まっており、医療的ケアを要する重症者が、社会から排除され孤立することにとなりかねない。

　②しかし、民間施設での受け入れが難しい医療的ケアが必要な者を受け入れている公立施設が増加し、人員体制や経費の面での条件整備などに不安や課題がありながらも一定の手厚い人員を配置していることは、重症者や家族の卒業後の通所先の確保を図り、障害特性に応じた支援を受けたいというニーズにもとづき都市自治体が援護の実施者として、セーフティーネットの役割を果たそうとしている先駆的取り組みとして位置づけられる。

　③医療的ケアを要する重症者が他の障害者同様に日中活動を行うためには、障害特性に応じた施策やその実践が必要である。都市自治体が医療的ケアの指針の作成や基盤整備などで、障害特性に応じた施策やその実践を進めるためにも、国は法解釈や報酬などの見直しなどを行う必要がある。以上の3点である。

　本節では、地域において、これまで受け入れが難しかった医療的ケアを要する重症者の通所を保障するという、公的なセーフティーネットの役割を果たそうとしている公立施設の先駆的取り組みでの経験と、そこでの条件不備や実践的困難を打開するのに必要な手がかりを得ることができた。しかし、彼らのライフステージにも視点をおくならば、在宅サービスや重症心身障害児施設の地域ケアを含め

た地域福祉支援システムの構築を検討する必要があり、行政的権限・責任をもつ都市自治体行政の可能性をどのように具体化するかという点も検討する必要がある。

第2節 重症者の日中活動における条件整備

1.重症者の日中活動をどう通所施設が支えるか

今般、障害者基本法が改正され、また障害者自立支援法（以下「支援法」という）も障害者総合支援法に改められるのを契機に、特に障害の重い人たちの生活支援のあり方が問われている。

今日、重症者は年々増加し、特別支援学校に通う者も増えている。そして、その卒業生のほとんどが進路として通所施設の利用を希望している（東京都教育委員会2008）。これに伴って、吸引や経管栄養などの医療的ケア（以下「医療的ケア」という）を含めた重症者の障害特性に対応する通所施設整備が要望されている。

加えて、2012年に施行された支援法一部改正において、重症心身障害児者通園事業は児童発達支援と生活介護に分離され、重症者を含む障害者の支給決定や基盤整備など支援の主体は市町村に位置づけられたことから、重症者および家族のニーズと現実の通所施設の整備状況との矛盾は、都市自治体施策の問題として顕在化したものである。

憲法第25条の「健康で文化的な最低生活保障とすべての生活部面における社会福祉の向上増進に努める」という規定の具体化には、医療的ケアを含めた障害特性による特別な条件整備を確保したものでなければ、彼らは取り残されざるを得ない（河野2000 46-53）。そ

うした障害の個別性への対応に加え、従来の「児者一元化」の見直しを含めて、人間らしい生活を支えるケアの必要にどう対処するかが、問われている。その点から、重症者が通所できる条件を整備するためには、支援の実施主体である都市自治体が、重症者に必要な介護の質の向上を含む地域生活の基盤づくりにどのように向き合い、具体的な対応を果たしていくのかが問題となる。

2. 重症者の日中活動を支える条件を 明らかにする視点

　本節では、居住の場、日中活動の場、余暇の場という障害者の生活構造（大泉1989：26-41）にかかわって、特に日中活動の場について焦点化し、重症者が特別支援学校卒業後にも通所施設で介護を受けながら、充実した生活を送るための都市自治体の役割について示唆を得ることを目的とする。

　重症者問題では直接的なケアのあり方に研究の関心が向きがちだが、地域に存在しない施設は利用できず、いない専門職の支援は受けられない。したがって、少し視野を広げ、質の高い介護活動の基盤を生み出す可能性を、通所施設の実情に即して明らかにすべきであろう。介護など生活の支援に手厚い配慮を要する重症者が、質の高い日中活動を行うためには、通所施設職員の熱意や努力だけでは困難であり、手厚い人員配置を行える財政的裏づけなどの条件を確保しているのではないかと考える。そこで、次の点を具体的課題とした。

　第一に、支援の実施者としての公的責任を問う観点から、重症者が日中活動を行うため、都市自治体が公立施設だけでなく民間施設をも含め、どのような関与を行っているのかを通所施設の財政状況から明らかにする。

　第二に、医療的ケアを要する者を含めた重症者が通所する施設の実情から、国が介護職による医療的ケアを容認した施策について批判的に検証し、日中活動の保障をすべき都市自治体の役割を問い直

すとともに、それを支える国の責任についても重症者の障害特性に
対応する報酬単価などの所与条件などから明らかにする。

　第三に、2010年の支援法の改正において、これまで都道府県の施
策であると位置づけられていた重症者施策が市町村に移行された点
を踏まえ、重症者の日中活動を保障する都市自治体の関与が、国の
制度につながる可能性について問い直す。

3. 重症者の日中活動を支える条件を 明らかにする方法

　本節では、重症者の生活を支援するために必要な医療的ケアを含
む介護などの実践が、どのように可能となりうるのかという視点から、
こうした実践を支える地域の基盤を整備する都市自治体行政の役割
を問い直すことを本節の枠組みとし、総合的に課題の究明を行うこと
とした。そこで、次の2つの方法を用いた。

（1）質問紙調査

　本調査では、都内の医療的ケアに対応している施設が、都市自治
体からどのような支援を受けながら、または支援なしに重症者の生活
に対応しているかを調査することとした。その際、施設の運営形態
や財政状況などと配置職員数や重症者の受け入れ数、医療的ケアの
実施状況などが異なっているかどうかを客観的に明らかにし、当該
施設が所在する都市自治体の役割について比較できるよう質問紙に
よる調査を行った。

　東京都通所活動施設職員研修会医療的ケア研究会または東京都市
町村公立施設協議会に所属し、施設を利用する重症者の医療的ケア
に対応しているとした通所施設20か所を対象に、各施設の利用者お
よび職員の状況や医療的ケアを行うに至った経過、運営形態、財政
状況、国や施設所在地の区市（以下「都市自治体」という）への要
望等を問うため12ページの質問紙により郵送調査を行った。調査期

第2節　重症者の日中活動における条件整備　115

間は2010年12月から2011年4月までである。

　本調査では、16施設から回答があった（80.0％）。そして、その結果について、職員数、重症者の割合や医療的ケアの実施状況、公設公営・公設民営・民設民営の運営形態区分、財政力指数などを指標として比較検討を行った。なお、公になりにくい財政状況については記入しづらいとの理由から当該欄が空白になっている施設もあった。また、公設施設では報酬が直接所管部署に歳入されるため施設では回答できないところもあった。そこで、当該施設については調査票回収後、再度、電話調査を行い、できるかぎり回答を収計した。

（2）ヒアリング調査

　上記調査で回答のあった施設のうち、重症者の受け入れが多い公設公営施設1施設、民設民営施設3施設の長を対象に、質問紙調査の結果をもとに、重症者の受け入れの考え方や受け入れている場合の課題、職員配置の現状と問題点、都市自治体による財政的支援の課題などについて、半構造化面接により聞き取りを行った。

　調査期間は2011年4月から5月の間で、1施設の所要時間は約90分であった。そのうえで、重症者の通所を可能とする通所施設の役割と都市自治体の関与（受委託の関係や独自補助など）などについて検討した。

（3）倫理的配慮

　質問紙調査およびヒアリング調査にあたっては、調査の目的、概要等を明示するとともに、事業所の法人名や事業所名等が特定できないよう処理する旨を記載した文書を同封し、倫理上の配慮を行った。

4. 重症者の日中活動を支える
通所施設の現状と問題点

（1）調査対象施設の概要
①施設の種別および重症者の利用

　回答のあった16施設中、都市自治体が設置運営している施設[注1]は3施設（以下「公設公営施設」という）で、指定管理者制度により都市自治体から管理運営を受託している施設（以下「公設民営施設」という）は6施設、社会福祉法人が設置運営している施設は7施設（以下「民設民営施設」という）であった。

　施設種別は14施設が生活介護、1施設が知的障害者通所更生、1施設は都市自治体が設置した重症心身障害者通園事業B型の施設であった。これらすべての施設では重症者が通所しており、施設利用者の平均障害程度区分（旧法施設1か所を除く）は5.3であった。また、1施設あたりの一日当たりの平均利用者は31.7人で、そのうち重症者の数は12.9人（40.6％）であった。

②職員配置状況

　職員配置を見ると利用者1人あたりの直接職員配置は1.49人であった。常勤の医師が配置されている施設はなく、看護師の配置は1施設あたり常勤換算で平均2.1人、うち正規職員の看護師配置は平均1.3人であった。

（2）施設の運営形態と財政状況

　施設の財政状況について回答のあった施設は13施設（回答施設のうちの81.3％）で法定の報酬以外に都市自治体から委託料の超過や補助等（以下「法定外超過額」という）を得て施設運営を行っていた。その施設を運営形態によって区分し、その財政状況について比較した。運営形態は公設公営施設、公設民営施設、民設民営に分けた。なお、収入において利用料および実費負担収入は除外し検討した。

第2節　重症者の日中活動における条件整備　117

回答施設13施設では、いずれの施設も運営経費は国が定めた報酬
額を上回っており、法定外超過額は所在地都市自治体が負担してい
た。報酬は国が2分の1、都道府県と市町村が4分の1ずつ負担し
ているが、その報酬額全体を上回って都市自治体が所要額を負担し
ていたのである。

　その額は、1人あたり年額61万円から577万円とばらつきがあっ
たが、全施設の平均法定外超過額は1人あたり年約258万円であった。
その法定外超過額を運営形態ごとに比較すると、公設公営施設では
1人あたり年間約492万円、公設民営施設では年間約154万円、民設
民営施設では年間約221万円となっていた（表1参照）。

（3）施設の財政状況と重症者数および職員数との比較

　法定外超過額と重症者の支援の関係を明らかにするため、施設類型
ごとに一日あたりの重症者通所者の割合、職員の配置状況などについ
て比較するとともに、重症者率の高い施設の法定外超過額を比較した。

　全通所者に対する重症者の割合では（有効回答15施設）、10％未
満が2施設、10％から29％が3施設、30％から69％が4施設、70％以
上が6施設と差異があった。運営形態別の重症者の割合では、公設公
営施設88.2％、公設民営施設35.5％、民設民営施設22.6％と、公立
施設で高かった。

　重症者比率と財源、運営形態の関係を検討するため、前項で回答の
あった13施設のうち、重症者率が70％を超えている5施設の1人あた

表1　施設運営形態別超過負担と重症者の比率、正規職員比率等

	1人あたり法定外超過額（年額、平均）	重症者割合	重症者中の医療的ケア必要者割合	正規職員比率
公設公営	4,924千円	88.2%	21.9%	83.8%
公設民営	1,543千円	35.5%	3.8%	76.5%
民設民営	2,214千円	22.6%	18.1%	65.6%

り法定外負担額を比較すると、年約154万円から約577万円、平均で1人年約362万円であった。また、この5施設中3施設は公立施設であった。

　一方、重症者比率が70％以下の施設では、年約60万円から416万円、平均で1人年約163万円であった。後述するヒアリング調査の結果も含めて考えると、公設公営が医療的ケアを含む重症者の受け入れを施設の役割として位置づけ、民設民営施設では、所在地都市自治体からの補助を条件に医療的ケアを要する者を受け入れているためであると推定できる。したがって、前項に掲げた13施設の1人あたりの法定外超過額において、公立公営施設が重症者の割合が多いため1人あたりの超過負担額も大きく、次いで民設民営施設が位置づいたと考えられる（表1参照）。

　次に、利用者を直接支援する介護職等の数と利用者数の関係に注目した。「障害者自立支援法にもとづく指定障害福祉サービスの事業等の人員、設備および運営に関する基準」（厚生労働省2011、以下「国基準」という）における生活介護の人員に関する基準を見ると、利用者1人あたりの職員配置は平均障害程度区分が5以上の場合は、利用者の数を3で除した数以上であることが最低基準となっている。しかし、本調査における職員1人に対する1日あたりの利用者数を見ると、多い施設では2.42人であったが、少ない施設では0.86人となっていた。

　運営形態別にみると公設公営施設では平均1.30人、公設民営施設では1.89人、民設民営施設では1.38人と公立公営施設における割合が高かった。いずれの施設においても国基準を大きく上回っていた。

　民設民営施設においても公立公営施設とほぼ同様の法定外超過額であり、かつ職員配置も公設公営同様の施設が2施設あった。これをグラフにして検討したところ、職員1人あたり利用者数が0.86人である施設は512万円の法定外超過額がある一方、2.42人の施設は156万円となっているなど、法定外超過額が多い施設は、介護職員数に対する利用者数が少ないという相関関係があることが明らかとなった（次ページグラフ1参照）。

第2節　重症者の日中活動における条件整備　119

(4) 医療的ケアに対する対応

　回答のあった16施設における医療的ケアを要する重症者人数の平均は4.8人で、1日あたりの通所人数は平均で3.2人となっていた。また、通所している者に対する医療的ケアを必要とする者の割合は、公設公営21.9％、公設民営施設3.8％、民設民営施設18.1％、平均12.2％であった。

　医療的ケアに対応している職種で見ると、看護職はすべての施設で対応していたが、介護職も対応していると答えた施設が9施設（56.2％）あり、日常的に介護職も吸引や経管栄養等の医療的ケアに対応していた。一方、看護師配置数との関係で見た場合（回答は15施設）、医療的ケアが必要な重症者が3人以上いる施設は5施設あり、うち4施設で看護師が複数以上配置されていた。

(5) ヒアリング調査の結果

　ヒアリング調査では、重症者の受け入れの考え方や受け入れている場合の課題、職員配置の現状と問題点、都市自治体からの財政的支援の課題など設問ごとに聞いた。

グラフ1　1人あたり法定外超過額に対する職員1人あたりの利用者数の関係

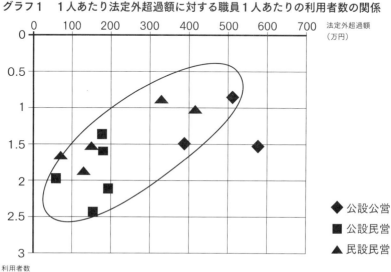

重症者の受け入れの考え方について、公設公営施設では当該施設が重症者の受け入れを主たる目的として運営されており、受け入れは当然と考えていた。民設民営施設では、3施設とも都市自治体から補助を条件に受け入れを依頼されていると回答した。

　また、施設の課題としては、どの施設も、重症者は一人ひとりに応じた支援を図る必要があり、とりわけ医療的ケアへの対応を行う場合は、吸引時の吸引場所や経管栄養時の経管の長さなど個人に応じた対応が必要なため、そのマニュアルをつくるなど個別対応を徹底する必要があげられた。

　個々の利用者の日常の変化を見逃さず、心身に変化のあった場合は、看護師などと連携しながらその対応を図る介護職員の力量形成も重要である。それを可能にしているのが介護職員1人に対し利用者が1人に近い体制であることが共通して指摘された。この裏づけとなっているのが都市自治体からの財政的支援であり、こうした介護職員配置が職員同士の職種間連携を可能にし、ひいてはそれによる職員の力量形成が可能となっていると考えられる。

　しかし、都市自治体財政の厳しさが増しており、これまで通りの法定外の超過負担ができるかという不安を感じていた。とりわけ、民営施設では、補助が削減された場合、医療的ケアへの対応だけでなく、重症者の受け入れすら困難となる事態も想定されるなどの危機感を抱きながら、重症者の受け入れを図っている状況が明らかとなった。

5.重症者の日中活動における
困難の打開方向

　本節の目的からすれば、特別支援学校卒業後の進路状況や在宅生活の実態を一般的に把握するだけでなく、その実態の内容を問い、日中活動の場を得ることの困難や通所施設の実践的困難を明らかにするとともに、それらの困難を打開していく可能性を究明する必要がある。このような問題意識の下に、今回の調査結果の意味するところ

について以下の3点を考察した。

（1）重症者が通所施設に通うための都市自治体の関与

①人員配置と財政支援

　回答のあった13施設では法定外超過額を都市自治体から得ており、その額は利用者1人あたり平均約258万円である。この法定外超過額について東京都の民間福祉施設（公設を除く）に対する独自のサービス推進費補助制度は、定員1人に対し年間約24万円程度であることから、超過負担の大部分は都市自治体による負担であると推定された。

　本調査における平均障害程度区分（旧法施設1か所を除く）は5.3で、職員1人あたりの利用者数は1.49人と国基準の配置人数を大きく上回っていた。また、看護師の配置も国基準では1人と定められ、週に1日（時間数は不問）でも在職していればよいこととなっているが、本調査では1施設あたり常勤換算で平均2.1人、正規職員の看護師配置は平均1.3人となっていた。また、1人あたりの介護職員に対する利用者数が少ない施設ほど法定外超過額が多いことが明らかとなった。すなわち、法定外超過額があるから国基準を上回る人員配置が可能となっていることが推定される。

　重症者は言語や行動による意思表示が難しいため、その介護では表情などを読み取りながら十分な注意を払う必要がある。また、早期に始まる身体機能の退行に応じ、嚥下状態を把握した食事介護や、座位保持、拘縮予防のための介護においても障害特性を理解し、リラックスして生活できるように環境を整えることが必要である（小谷2003:30-38）。そうした日常の実践で得た知見を通所施設職員全体のものとし、丁寧なコミュニケーションを媒介として、一人ひとりに応じた支援をつくり上げていくことは、通所施設の介護職員にとって重要な役割となる（峰島2007:146-147）。調査対象施設では法定外超過額による職員配置により、丁寧な対応が可能となっているからこそ、40％もの重症者の通所が可能となる実践ができていると考えられる。

②施設種別類型による通所者の状況

設置主体と運営主体の差異が、通所者の状況にどのように影響するか検討した。

重症者が全利用者に占める割合は、公設公営では88.2%、医療的ケアを必要とする通所者の割合でも公設公営は21.9%といずれも高かった。このことは公立施設が地域のセーフティーネットとして、心身の状況から支援に人手のかかる重症者を受け入れているためであると考えられる。財政状況との比較で考えれば、1人あたりの法定外超過額の多い公立施設だからこそ、比較的多くの重症者を受け入れられているとも言えよう。

他方で、公設民営施設と民設民営施設では、必ずしも超過負担額と重症者の割合の相関関係は見いだせなかった。これは、市区が一定の法定外超過額を出しながらも、通所者に占める重症者割合および、その中での医療的ケアを要する者の割合も低かった。これは、知的障害者を中心とした施設に一部重症者も通所しているという実態があるためであると考える。

しかし、一方で、こうした施設でも重症者が2割以上通所していることは重い事実として受けとめる必要があると考える。

(2) 医療的ケアを要する重症者をも支える財政支援

医療的ケアを要する重症者は増加する傾向にある（飯野2002:177）。しかし、重症者は地域で生活し続けたいと希望しても、通所施設での医療的ケアは容認されず（下川2003:40-41）、低い報酬金額とも相まって日中活動の場が十分保障されないという実情があった（東京都2007）。こうした実情が、障がい者制度改革推進会議総合福祉部会などでも議論され（厚生労働省2010a）、障害者施設での医療的ケアの必要が高まると、国はようやく2011年に「社会福祉士・介護福祉士法」の一部改正を図り、介護職員による障害者施設の医療的ケアの実施を容認することとなった。

2011年度の国予算では、介護職員等医療的ケア研修予算を計上し、

2012年の障害福祉サービスの報酬改定では、「医療連携体制加算」など医療的ケアに関し報酬上の配慮[注2]を行った。しかし、看護師2人分を算定した場合、1施設あたりの増収は年間約250万円となり、調査対象施設の平均利用者数を勘案すると1人あたり7.8万円の増収となるだけである。

　医療的ケアを要する重症者の介護には看護職と介護職が連携し、一人ひとりの利用者の心身の表現をわかりながら（高谷2011:93-99）介護の質の向上に対応することが不可欠である。本調査対象施設では多くの施設で重症者を受け入れ、介護職や看護師が連携し医療的ケアにも対応していた。ヒアリング調査からもこれを可能としているのが、都市自治体からの財政支援であった。

　本調査対象施設の平均法定外超過額とこの報酬改定による増収額を比較しても、現状の支援法上の報酬単価が、重症者の支援に足るものとなっていないことは明らかである。一人ひとりを観察することが可能な介護職員の配置や看護職員の複数配置などの支援がなければ、重症者の介護の質の向上どころか受け入れすら図れない。これはヒアリング調査でも各施設で強調された点である。重症者の日中活動を可能とする環境整備を図り、どんなに重い障害があっても地域で暮らし続けることを保障するため、医療的ケアにも対応し得る給付費算定の見直しが必要である。

　本調査からは、重症者が70％以上通所する施設の法定外超過額は1人あたり平均362万円であった。これを240日の通所日数を想定し、1日の加算額として報酬算定するならば、1日約1万5千円となる。国が憲法第25条に掲げる責任を果たすためには、これらの都市自治体の取り組みに見られる法定外超過額を実践にもとづくひとつの指標とし、重症者加算などの方法で次期の給付費報酬改定に反映することが必要であり、そのことにより、重症者の地域生活の拡充に大きく寄与すると考える。

　鈴木（2011:332-342）は、福祉制度の制度設計と運営においても、障害者のニーズから出発する「サービスのオーダーメイド方式」への

転換が求められていると指摘している。こうした財源保障は重症者支援を公立施設だけのものとはせず、重症者のニーズに柔軟に応えようとする社会福祉法人や民間非営利法人などにも重症者の支援を担う道を開き、医療的ケアなどその障害特性に応じた重症者の地域生活支援におけるオーダーメイド方式にも道を広げることになる可能性がある。

（3）都市自治体支援が国制度に広がる可能性

　本節では東京都を研究のフィールドの中心とした。東京都は、全国の1割を占める人口を擁していること。重症者を受け入れている身体障害者や知的障害者を主な対象とした通所施設が多く存在していること（東京都通所施設職員研修会2007）から、その動向は全国的な典型事例となり得る。また、都内の都市自治体は比較的財政状況が安定しているといわれているものの、実際の財政状況は多様であり全国の市町村を取り巻く状況と類似している。

　総務省の2010年の調査によると、16施設の所在地13都市自治体（重複する都市自治体を除く）の財政力指数は1.31から0.35で差異がみられた。また、その数値を全国の都市自治体の財政力指数を上位から20％ごとに区分し5のグループに分け、当該所在地都市自治体がどのグループに位置づくか調べたところ、1位グループが5都市自治体となったが、2位グループが2都市自治体、3位グループが1都市自治体、4位グループが4都市自治体、5位グループが1都市自治体となった（総務省2010、次ページグラフ2参照）。その点から、調査対象施設所在地の都市自治体すべての財政状況が特段良好であるから法定外の超過負担が可能となった訳ではない。財政力が高くなく人口の少ない市町村であっても、個別給付である報酬への市町村独自の上乗せ補助などの手法をとれば、支援は可能であることになる。

　2011年の支援法の改正では、これまで都道府県の施策であると位置づけられていた重症者の通所施策が市町村に移行された。具体的には、重症心身障害児施設において児童は児童発達支援に、成人は施設入所支援と重度包括支援、生活介護などに移行し、同一施設に

異なる法体系が併存する二重制度としたほか、重症心身障害児（者）通園事業は、成人を対象とする場合、生活介護に移行することとなり、成人である重症者の支援はすべて支援法に規定されることとなった。

加えて、末光（2008）が重症心身障害児（者）通園事業は、在宅重症者の約20％程度しか整備されていないと述べたとおり、東京都などでは、これらの旧重症心身障害児（者）通園事業だけでは重症者のニーズは満たせず、通園日数の制限や待機者が生じていた。

東京都Ａ市では、全障害者7550人（手帳所持者）のうち重症者は80人いるが、施設（療養介護や施設入所支援）入所している者は34人で、在宅障害者は46人いた。そのうち、どこにも通所していない者9人を除く37人を調べたところ、旧重症心身障害児（者）通園事業に通所しているものは7人しかおらず、残り30人は法改正前から生活介護事業所として運営していた事業所に通所していた。また、そのうち21人は当該所在地市が財政的な支援を行っている施設に通っていた（9人は主たる障害が知的障害で移動が可能なことから、知的障害者が通所する施設に通っていた）。しかも、旧重症心身障害児（者）通園のうち5人が通所する施設は、法改正前の生活介護と一

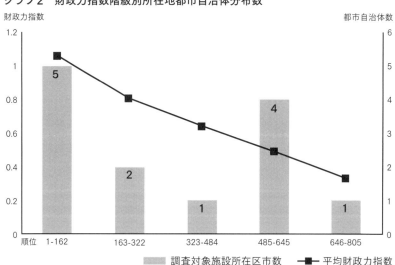

グラフ2　財政力指数階級別所在地都市自治体分布数

体的に実施していた施設併設型の事業であった。

　第2章でも明らかにしたように、重症者およびその家族からは、重症者の障害特性に対応できる通所の場の確保が求められており、そのニーズに応える形で重症児（者）通園事業だけでなく、既存制度を活用して重症者の通所先が確保されていた。いうまでもなく、支援法に定める支援の実施者は市町村である。改正された同法では重症者のサービスの支給決定や生活介護など福祉サービスの基盤整備も市町村が担わざるを得ないことになった。その点から法改正以後、重症者が通所する施設のなかで生活介護の役割は重くなり、支援主体としての都市自治体の役割もその比重を増すものと考えられる。

　都市自治体は、憲法第25条の規定を具体化する市民の命と暮らしを守るという役割を有し、障害者基本法に定める「相互に人格と個性を尊重し合いながら共生する社会」を実現するという理念の具体化が求められる。そして、それを可能ならしめる社会的共同業務を担う地方政府としての固有性がある注3)。支援法が改正され市町村の役割が拡大するなか、都市自治体が財政的に支援し、重症者の日中活動を保障しているという本調査の結果は、国へと拡がる可能性を有するものである。事業者が独自に重症者を受け入れるだけではなく、それを普遍的な仕組みとして継続させるためにも、事業者と都市自治体の共同した取り組みが重要である。これを明らかにした本節の意義は無視できないものがあると考える。

　障害者制度の歴史を振り返っても、当事者や家族の運動や要望、実践現場での試行などが都市部での制度化につながり、それを国が制度化した例が数多くある。その一つが京都府や東京都などで実施され、国が1979年に制度化した養護学校義務化である（青木1972、平田2001:1-3)。また、福祉分野でも東京都や横浜市で先駆的に実施されたケアホーム制度（中島2005:8-31、角田2009:201-212)や大阪府枚方市で実施され全国に広がった知的障害者ガイドヘルプ制度（古井2005:265-285)など、都市自治体が住民のニーズにもとづき先駆的に実施した制度が各地に広がりを見せ、国が制度として定着させた例は数多

第2節　重症者の日中活動における条件整備　127

い。その点から、重症者の日中活動を保障する都市自治体の通所施設
への支援も国の制度化を展望できるものとして位置づける必要がある。

6. 通所施設と都市自治体職員との
共同の取り組みの必要

　重症者は少数で特殊性をもつがゆえに、福祉施策においても顧みられることが少なかった。国の重症者施策も、入所施設や医療施設を中心に展開され、市町村の関与の余地は少なかった。その研究も主に医療や看護、国の福祉政策、入所施設での実践を中心に行われてきた。その意味から、都市自治体の障害者福祉行政において、重症者ケア施策は新しい課題である。彼らが質の高いケアを受けながら個人として尊重され生活できる地域をつくるためには、これまでの中央集権的な施策に対し、一人ひとりのニーズに応える地域での基盤整備が必要となる。

　本節では、これまで知り得ることの難しかった重症者が通所し、医療的ケアにも対応している施設の財政状況等を調査し、通所施設の試行とこれを財政的に支えている都市自治体の共同の先駆的な取り組みを明らかにした。そして、重症者の福祉施策を実現する実践的プロセスとそこで果たすべき都市自治体の役割を地方自治との関係から構造的に把握して、実施主体である都市自治体の役割と固有性を明らかにした。その結論は次の点である。

　第一に、財政的支援の役割と所要人員の確保の重要性である。調査対象施設では所在地の都市自治体が財政的支援を行うことにより、重症者の通所が可能となるよう国基準を上回る人員の配置や複数職種の配置などの環境整備を図っている実態が明らかとなった。特に公立公営施設ではそれが顕著となる例があった。国は福祉職による医療的ケアを容認したが、国基準を上回る介護職の配置がなければ、医療的ケアなど重症者のニーズに見合った支援が困難である。その点から、本調査で明らかになった実態がもつ意味は大きい。

第二に、都市自治体が財政支援を行いながら重症者の通所を確保している施設では、医療的ケアにも対応しながら重症者の日中活動を確保していた。この実践例から必要とされる報酬基準の額の指標を明らかにした。本調査からは、重症者が70％以上通所する施設の法定外超過額は1人について1日あたり約1万5千円となる。これを一つの指標とし、国が重症者加算などの方法で次期報酬改定に反映すれば、医療的ケアを要する者も含めた重症者の地域での生活の拡充に大きく寄与できると考える。

　第三に、重症者の日中活動を保障する都市自治体の通所施設への支援は、国の制度化を展望できるものとして位置づける必要がある点である。本調査で明らかになったように財政力が高くない都市自治体であっても、社会的共同業務を担う地方政府としての役割を果たすため、現実に重症者の日中活動を保障する財政支援を行っており、個別給付への上乗せなどの手法をとればその普遍化は可能である。

　2011年の支援法の改正において、これまで都道府県の施策であると位置づけられていた重症者施策が、市町村に移行され支援の主体となった。これまでの障害者福祉の歴史を考えた場合、本調査で明らかとなった都市自治体による通所施設への財政支援という施設と都市自治体共同の取り組みは、実践現場と支援主体との共同の取り組みとして先駆的なものであり、他の市町村に重要な示唆を与えるものである。さらには、国制度への展望につながるものであると考える。

注
1）2003年の地方自治法の改正により、地方公共団体の出資法人等に限定して委託できる「管理委託制度」が廃止され、企業など民間事業者等を含む指定管理者に管理を代行させる「指定管理者制度」が創設された。この法改正に伴い、公の施設の運営は直営施設または指定管理者の2区分とされた。法改正前、管理委託制度を採っていた公設民営施設は、直営に戻すか指定管理者に委託するかを選択することになったが、支援業務を法人に委託し施設管理や利用者決定、利用料徴収を市町村が行う施設は、直営施設として位置づけられることになった。本調査ではこの施設も公設公営施設として類型した。

2) 2012年の報酬改定では、「重度障害者支援加算(2)」の算定要件の見直しとして、「特別な医療が必要であるとされる者、または腸ろうによる経管栄養、もしくは経鼻経管栄養が必要とされる者が、利用者の数の合計の100分の20以上であること」が規定され加算要件が緩和された。また、看護職員が介護職員等にたんの吸引等に係る指導を行った場合に「医療連携体制加算」が設定されたが、「重度障害者支援加算(2)」は1人あたり181単位、「医療連携体制加算」は看護職1人に対し1日500単位に過ぎない。

3) 都市自治体の役割については、芝田（1985:30-38）が公務労働について、統治組織管理の側面と福祉や生活基盤整備などの市民との社会的共同業務を担う側面の二面性を指摘している。重森（2002:7-25）は、この理論の成果を継承させるべきものとしながら福祉国家型公共性の危機といえる状況の中、公共性がもつ意味について住民自治と住民協働を重視する柔構造型分権システムの構築による市民的公共性再生を展望している。

一方、槌田（2004:256-267）も社会的共同業務を理論的基盤とし、市町村を市民生活から生じるさまざまな領域での協働性を基盤とした公共圏の結節点と位置づけなおすことに必要を論じている。

本書ではこれまで都市自治体が自らの業務としてとらえきれなかった重症者の命と暮らしを守ることを当事者や事業者など地域のさまざまな者との共同の中で、豊かな日中活動を保障する業務を担うことが主体的な市町村の役割であり、公共性＝公的責任であると考える。

第3節 重症者の地域での居住支援
——グループホームのあり方をめぐって

1. 重症者の住まう場の確保とその責任

支援費制度や障害者自立支援法（以下「支援法」という）、障害者総合支援法においては、地域で暮らし続けることが施策的な目標として掲げられているものの、重症者など障害の重い人は障害の重さと支援の困難さから通所系サービスにおいて、その障害特性に対応した制

度は限定的で、生活ニーズに応じた対応は不十分である（山本2011）。

　一方、地域で暮らし続けてきた重症者を介護する家族の高齢化や介護負担なども切実な問題となっている（善生2005、山口、髙田谷、萩原2005）。岡田ら（2005：31-35）の調査では、重症者の介護者のうち健康であるとする者は48.9％に留まっており、疲労を訴えていたり、通院していたりするものも多い。

　重症者の暮らしの場に焦点をあてた場合、現在の制度では、家庭以外の住まいは重症心身障害児施設か入院しか選択肢がない。しかも、自宅介護が困難となった場合ですら、入所が極めて困難な状況である。仮に、施設入所できたとしても重症者が長年築いてきた地域での人間関係や生活のパターンが途切れ、地域でのライフステージをとおした支援は途絶えざるを得ない。

　障害者権利条約では、居住の場の選択やどこで誰と生活するかを選択すること、特定の居住施設で生活する義務を負わないことなどが規定されている（外務省）。インクルーシブな地域社会の構築が求められるなか、重症者であっても、生活の重要な構成要素である居住の場をどのように提供するかが問われている。この点では、大泉（1981:212-213）が障害者の生活拠点として居住の場、課業の場、余暇活動の場の３つを提示しているのは、生活構造のとらえ方として留意すべきであろう。

　支援法では知的障害者や精神障害者が利用できるケアホームやグループホーム（本調査時は支援法上の居住支援は、これら両制度が混在していた。本節ではより重症者が利用することを想定し、重い区分の者を主な対象としたケアホームを調査対象とした。しかし、総合支援法ではグループホームに一本化された。本節では調査対象を明確化するため、調査に関しては「ケアホーム」という用語を用い、一般的な論述においては「グループホーム等」という用語を用いる）が制度化されており、2009年からは身体障害者も利用できることとなった。しかし、日常生活のあらゆる場面で「合理的な配慮」[注1]を要する重症者が、これらグループホーム等を利用することは、報酬

の面からも人員・設備・運営に関する基準からも想定されていない。

　一方で、東京都では重度身体障害者グループホーム（以下「重度ホーム」という）や支援法上の地域生活支援事業に位置づけられている福祉ホームも市町村によっては制度化されているが、重症者がどのような形で入居しているか、その運営実態も含めた報告は少ない。どんなに重い障害があっても地域で暮らし続けるためには、居住の場の選択肢が他の障害者と同様に確保される必要がある。その点から、日中活動の場などの他、住まう場の確保をどのように具体化するかが都市自治体の課題となっている。

2.重症者の住まい（グループホーム等）に関する課題

　本節では、重症者が地域で排除されず、暮らし続けるための居住の場の支援のあり方についての示唆を得、新たな暮らし方を提示することを目的とする。そこで、従来、社会的に排除されがちだった重症者の住まいに焦点をあて、重症者が入居することのできるグループホーム等や自治体独自施策である重度ホーム、福祉ホーム（以下これらを総称して「小規模共同住居」という）の実情について調査・分析するとともに、その結果について受け入れ困難の規定要因を含めて批判的に検討することによって、重症者が地域で暮らし、日中活動や余暇を活用する生活を保障する施策の可能性を究明する。

　具体的には、次の三点を検討課題とする。①東京都内の小規模共同住居における重症者の利用の実情を明らかにする。②重症者が地域での住まいを確保し、安心して暮らし続けるための諸条件（人員配置と外部資源の導入、医療的ケア等）を明らかにする。③重症者の障害特性に応じた対応を具体化する施策として小規模共同住居を整備するための手法を検討する。

3. 重症者の住まい（グループホーム等）を
検討する視点と方法

　筆者の所属するＡ市地域自立支援協議会事務局では、重い障害があっても地域で暮らし続けられる施策について協議している。そこで、法の基準にもとづく多様なグループホーム等が存在し、かつ都市自治体独自の制度による居住の支援策が展開されている東京都をフィールドとして、重症者が地域で生活し続けるための小規模共同住居の実情を明らかにするため、次の(1)から(3)の調査を行った。調査期間は2011年1月から6月までである。

(1) ケアホームに対する重症者の入居の有無に関する
####　　予備調査（電話調査）

　知的障害者を主たる対象とする支援法にもとづくケアホームを運営する東京都内の178法人（事業所数288か所、定員3060人）を対象に、電話により重症者の入居の有無について聞き取り調査を行った（回答率98.3%）。調査の結果、27法人（15.2%）28事業所（9.72%）で、重症者が入居するケアホーム等を設置していることがわかった。

(2) ケアホームに対するアンケート調査

　(1)で重症者が入居していると回答した28事業所を対象に、人員配置、入居している重症者の身体状況、財政状況、外部資源の導入状況、運営上困難を感じている点、医療的ケアの実施の有無などについて、8ページ程度の質問紙を郵送し調査を行った。

　本調査では、20事業所から回答があった（71.4%）。本調査の予備

表1　調査対象数

単位＝事業所

種別	調査対象数	重度者等入居事業所（電話）	回収数(率)	重症者入居事業所	集計対象事業所
ケアホーム	288(178法人)	28	20(71.4%)	17+1(重度ホームから移行)	18
重度ホーム	17		14(82.4%)	9	9
福祉ホーム				4(重度ホームから移行)	4

調査（電話調査）で重症者が入居していると回答した3事業所は、アンケート調査ではこれに該当していないことが判明したため、有効回答を17事業所とした。

（3）重度ホームに対するアンケート調査

　東京都が独自の施策として重度身体障害者を対象とする居住施策である重度ホームについて「社会福祉の手引」2009年版に掲載されている17事業所を対象に、(2)と同様の調査用紙を郵送し、14事業所から回答を得た（82.4％）。しかし、内容を精査すると14事業所中1か所は支援法上のケアホームに移行しており、4事業所は支援法上の地域生活支援事業の福祉ホームに移行していたため、有効回答を9事業所とした。

　以上3点の調査をもとに、(2)のケアホーム17事業所に重度ホームからケアホームに移行した1事業所を加えた18事業所、(3)の重度ホーム9事業所、また、重度ホームから福祉ホームに移行した4事業所、合計31事業所のデータを集計した。この集計結果を比較検討し考察した。

（4）倫理的配慮

　アンケート調査にあたっては調査の目的、概要等を明示するとともに、法人名や事業所名等が特定できないよう処理する旨を記載した文書を同封し、倫理上の配慮を行った。

4.重症者の住まいの現状と問題点

（1）入居者の状況等
①定員と入居率

　重症者が入居しているとした31の事業所の96.6％は民間福祉法人が設置運営しており、公設民営は1か所（3.3％）だけであった。また、1事業所あたりの平均の入居定員は7.3人で、現在の利用人員は7.2人（入居率は98.8％）とほぼ定員を満たしていた。

また、ケアホームの1事業所あたりの平均定員は10人、重度ホームは4〜7人、福祉ホームは8人であった。いずれの施設も、重症者を含めて少人数の障害者が共同して暮らす場所となっていた。

②入居者に占める重症者人数および割合

　本調査において重症者が入居しているとした31の小規模共同住居を利用する重症者の数は、定員229人中92人（40.2%）で、そのうち常時車いすを利用している者は69人（30.1%）であった。その内訳として、ケアホームにおける重症者の人数は定員154人中38人（24.6%）であり、そのうち常時車いすを利用している者は19人（12.3%）であった。

　また、重度ホームでは定員43人中36人（83.7%）、常時車いすを利用している者は34人（79.0%）、福祉ホームでは定員32人中18人（56.2%）、常時車いすを利用している者は16人（50%）であった。重度ホームや福祉ホームでは重症者の比率が高かった。

（2）運営にかかる経費の状況

　運営に要する経費については、場所や建物による差異の大きい家賃等を除き検討した。ケアホームは主に国が定める報酬等が運営の原資となっており、1事業所平均の年間報酬総額は29,292千円、利用者1人あたり3,695千円であった。また、重度ホームは東京都事業として区市からの補助金で運営されており、1事業所平均15,195千円、利用者1人あたり3,533千円であった。

　福祉ホームは市町村事業として区市からの補助金で運営されており、1事業所平均23,802千円、利用者1人あたり2,975千円であった。

　ケアホームおよび重度ホームには大きな差異はなかったが、利用者1人あたりでみると、福祉ホームはケアホームの80%程度の水準であった。福祉ホームでは1人あたりの運営費が、国の制度や東京都の制度に比べ低い水準となっていた。

（3）支援体制

①職員数と外部資源の活用

　小規模共同住居1事業所あたりの平均職員数は7.9人で、そのうち常勤の専従職員は平均3.6人であった。種別ごとに見た場合、ケアホームの平均職員数は1事業所あたり8.9人で、常勤の専従職員は4.1人。重度ホームは6.9人で、常勤の専従職員は2.9人。福祉ホームは7.7人で、常勤の専従職員2.7人であった。利用者1人あたりの職員配置を比較した場合、ケアホーム1.03人、重度ホーム1.46人、福祉ホーム0.78人で、重度ホームが比較的手厚い配置が行われていた。

　一方、小規模共同住居における重症者の日常的な支援について聞いた。ホームヘルパーや訪問看護、移動支援など何らかの外部資源を導入していた事業所が、ケアホームでは12事業所（有効回答14事業所、85.7％）、重度ホームでは8事業所（有効回答9事業所、88.8％）、福祉ホームでは4事業所（有効回答4事業所、100％）であった。特に、支援法上の居宅介護（ホームヘルプ）や重度訪問介護に関して、ケアホームは3事業所（21.4％）の活用に留まっているのに対し、重度ホームでは7事業所（77.7％）が、福祉ホームでは4事業所（100％）が活用していた。

　この差が生じた理由として、第一に、ケアホームにおいて居宅介護等を利用した場合、報酬は入居者の障害程度区分が高くても区分2～3と同程度の収入となることから、減収を避けるため居宅介護は利用していない。

　第二に、重度ホームや福祉ホームは重症者の割合が高く、支援に要する人的配置がより必要になるものの、運営費はケアホームと同等もしくは80％程度の水準であり、ケアホームに比べ介護などの支援体制の不足をヘルパー等で補う必要があるため、の2点が考えられる。

②医療的ケアに対する対応状況

　吸引や経管栄養など医療的ケアを必要とする重症者は増加する傾向が認められる（文部科学省2009）。そこで、こうした者の入居と対応について聞いた。

ケアホームでは2事業所（11.1％）がケアホームでの医療的ケアを行っており、その対象者は2人いた。双方とも対応方法は薬液の吸入で週に数回というものであった。対応者は1事業所では世話人が対応し、1事業所では訪問看護により対応していた。また、重度ホームでは1事業所1人が対象となっており、週に数回訪問看護により浣腸を実施していた。福祉ホームでは2事業所が対応し、2人が対象となっていた。2事業所とも経管栄養を実施しており、1事業所は毎日数回、世話人と居宅事業所のヘルパーが実施していた。もう1事業所では週に数回、世話人、ヘルパー、訪問看護師が共同して実施していた。

　本調査で日々吸引や経管栄養などを必要とする者のケアホームへの入居は1例のみであり、医療的ケアを要する者のなかでも常時必要とする利用者の入居は極めてまれな例であることがわかった。

（4）小規模共同住居での重症者支援について現場で感じている課題

　小規模共同住居を運営する事業者として感じている課題をあげてもらった（選択肢から3つまでの複数回答、有効回答14事業所）。ケアホームでは「介護体制の維持など財政的に厳しい」とするものが一番多く8事業所（57.1％）あった。次に「休日・夜間の介護体制が不十分」とするものが7事業所（50.0％）、次に「世話人などによる介護体制が不十分」で4事業所（28.6％）であった。

　また、重度ホームでは（有効回答8事業所）、「休日・夜間の介護体制が不十分」とするものが一番多く5事業所（62.5％）、次に「介護体制の維持など財政的に厳しい」とするもので4事業所（50.0％）あった。「日常的な医療的ケアの体制が取れていない」とする事業所も3事業所（37.5％）あった。

　福祉ホーム（有効回答4事業所）では、3事業所（75.0％）が、「緊急対応の体制不備」をあげ、2事業所（50.0％）が「休日・夜間の介護体制が不十分」としていた。

　いずれの事業所も、財政状況に起因して人的体制を整備することが難しく、十分な介護体制が取りづらいという点が課題となっている

状況が示唆された。

自由記述で問題と感じている点を聞いた。「全体的に少ない補助金運営では満足できるサービスを提供することができない」とする意見や「加齢や疾病がきっかけになり、医療的ケアが必要になった者が住み続けることができるのか、支援できるのか大きな不安がある」など、財政面の脆弱性から生涯を通した支援に課題を有していた。

（5）重症者を受け入れることに関する国や東京都、
区市に対する要望

事業者として小規模共同住居で重症者を受け入れるにあたっての国や東京都、区市に対する要望について、自由記述により18事業所から回答を得た。

国に対する要望で一番多かったのが、「重度の身体障害を伴う場合の給付費の増額」など、障害状況に応じた介護や支援の体制がとれるような財源保障であった。また、「防災対策やエレベーター設置への助成の創設」や一人ひとりのニーズに応じた支援をするために「重度重複障害者のケアホーム制度」創設を求める意見もあった。

一方、東京都に対しては、ケアホームからは「東京都加算制度の存続と増額」といった自治体独自制度に対する期待が複数事業所から聞かれた。また、重度ホームからは「重度身体障害者グループホーム制度の存続」といった意見が大半を占めた。区市に対しては、独自助成制度に感謝する意見や身近な存在として、入居者のニーズにもとづくサービスが提供できる独自施策の充実などといった意見があった。また、ホームヘルパーやガイドヘルパーの派遣数を増やしてほしいなどの意見が見られた。

支援法においては重症者の入居を想定しておらず、その報酬額も低額なためケアホームにおいては厳しい財源の中、自治体の独自加算を頼りにしつつ運営している状況が示唆された。また、都や区市が独自に実施している居住施策に対していっそうの充実を図ってほしいとの期待も示された。

138　第3章　重症者の地域生活支援——通所施設・グループホームの実態調査から

5. 地域で暮らし続ける
可能性とその条件

（1）小規模共同住居における重症者の現状と
地域で暮らし続けられる可能性

　重症者にとっての福祉制度上の住まう場は、重症心身障害児施設しか選択肢はない。障害者自立支援法におけるケアホームの制度は、知的障害者、精神障害者が利用することを前提としており、これにもとづき報酬や人員配置基準が定められている。2009年には身体障害者も対象としたが、それにもかかわらず、入所施設での重症者の利用はそれほど増えておらず、重症者は依然実質的に除外されている。結局は法の谷間が深く広がってしまっていることになる。

　本調査において、ケアホームや重度ホームなど31の事業所で、92人の重症者が生活していることがわかった。その31事業所のうち30事業所が民間の法人が設置運営していた。その結果が何を意味するのかが問われなければならない。

　口分田（2009: 62-63）は、重症者のケアホームの必要性の背景について、①地域で社会参加しながら暮らしたいとする本人や家族の思い、②家族の高齢化などにより困難となる在宅生活、③重症者でも入院という形態をとらなくても生活できる人がいる、④大規模集団より個別の生活を望む人がいる、⑤健康が比較的安定した重介護型重症者の生活の場としての選択肢、の5点をあげている。これを裏づけるものとして、愛知県心身障害者コロニー（2007）の調査[注2]では、地域で生活している重症者の17.7％が、今すぐあるいは将来的にケアホームへの入居を希望しており、施設入所（35.4％）に次ぐ高い要望を示していた。重症者であっても自宅居住だけに満足せず、ケアホームが将来的な居住の場として必要とされている状況の広がりを示唆するものとなっている。

　本調査結果はこのような必要性を背景に、重症者が地域に住まいを得ながら生活拠点を築く民間法人での試行が行われ、一方で区市

でも重度ホームなどを中心に独自の財政支出による取り組みも行っているという、先駆的な共同の取り組みが行われていることを示していた。そのなかで、国制度であるケアホームにおける重症者の入居率が24.6％であるのに比べ、重度ホームおよび福祉ホームにおいては、入居率が高いこと（平均72.0％）は注目に値する。これらは民間事業所の実践を財政的に支援する自治体独自制度によるものである。それは、重症者やその家族による私的努力の限界を背景とする現実的要請に応える形で、区市が補助等をせざるを得なかったためであると考える。

（2）重症者が小規模住居で暮らすための諸条件
①人員配置と外部資源の活用

　支援法上のケアホーム制度では、ケアホームにおいてはサービス管理責任者（兼務可）1人以上のほか、常勤換算方法で利用者6人に対し1人以上の世話人の配置や、障害程度区分に応じて利用者2.5人から9人に対し、1人以上の生活支援員の配置が定められている（厚生労働省2011）。例えば、区分4の利用者7人がいるケアホームの場合、サービス管理責任者（兼務可）1人、世話人を1.2人、生活支援員1.2人をおけばよいことになっている。

　しかし、本調査において小規模共同住居の平均定員は約7.2人で、これに対する職員数は7.9人、そのうち常勤の専従職員は3.6人配置され、国基準を上回る配置がなされていた。これは今回、調査対象としたケアホームについて、東京都制度にもとづき所在地都市自治体が独自の加算を行っていることや、重度ホームが自治体の補助にもとづくものとなっていることから、非常勤職員の加配などが可能となっているものであると想定される。

　同時に、国基準よりも多い職員配置に加えて、ホームヘルパーなど外部資源を導入している小規模共同住居が24事業所（88.8％）、なかでも、支援法上の居宅介護などを導入している事業所が14（51.9％）に上った。支援に人手を要する重症者の生活を維持するには、当該住居の職員だけでは不足であるという実情を反映したものであると

考える。現行制度では、外部資源の活用なしに小規模共同住居で重
症者が生活していくことは難しく、生活上必要な介護の外部委託化
に支えられて、重症者の生活が可能となっている現状を示している。

　小谷（2003:30-38）は思春期以降の重症者にとって早期に始まる身
体機能の退行に応じ、微細な変化も見逃さず、重症者にとっての大
切な一日をリラックスして生活できるように環境を整えることが必要
であると指摘している。そのうえで、生活が豊かになることを願い、
教育や医療、地域福祉が一体となって連携し、保護者のみに支えら
れていた軸足を社会にシフトすることの必要性を論じている。その点
から重症者の生活支援においては、支援する職員が重症者一人ひと
りを社会的人格として存在価値を認め、それぞれの具体的状況や生
活の変化に気を配りながら支援することが求められる。

　加えて、それを小規模共同住居全体のものとするために、入居者
の生活の困難や必要について対応する職員が、議論したり情報を共
有したりするなど、共同の体制や過程をつくっていくことが必要であ
る（峰島2007:146-147）。したがって、生活上必要な介護に関し、職
員が不足するために外部委託化してこれにあたれば事足りる訳では
なく、生活の基本を支えるための専従の常勤職員が配置される必要
がある。その上に立ってヘルパーなどの外部資源は、重症者の生活
の質を高めるために活用する方策が求められると考える。

　②医療的ケアを要する重症者にとっての条件整備とは
　利用希望者の受け入れでネックとなりがちな医療的ケアなどの条
件整備を問題とする。本調査では医療的ケアを要する人が入居する
事業所は、調査対象301事業所（ケアホーム288事業所、重度ホーム
9事業所、福祉ホーム4事業所）中5事業所(1.7％)、利用者は5人であっ
た。また、常時、医療的ケアを必要とする者は1人に留まっていた。
2009年のグループホーム学会の調査（2009）でも、経管栄養、吸引、
気管切開の管理、人工呼吸器の管理、胃ろうによる食事管理を必要
とする者のケアホーム利用者の割合は0.73％に留まっており、いずれ

の調査でも低い割合であった。

　このことは重症者がグループホーム等の小規模共同住居を利用できるようになりつつあるとはいえ、医療的ケアを要する等の困難の大きな重症者には、対応できないという現時点での限界を示している。憲法第25条における「健康で文化的な最低生活保障とすべての生活部面における社会福祉の向上増進に努める」という規定は、個人の尊厳にふさわしい援助過程の保障をも含むものであると考えられる（河野2003）。その点からすれば、グループホーム等は社会資源に他ならず、重症者の場合、医療的ケアなど個人が必要とする援助過程をも保障できる仕組みとならざるを得ないはずである。小規模共同住居においてもその支援員や世話人が、医療的ケアを実施できるような体制整備や医療・保健機関との連携、研修体制の整備、緊急時の対応方法の確立などが必要な条件としてあげられる。

（3）重症者の障害特性に応じた生活の社会化を可能とする
小規模共同住居の制度化

　本調査において、小規模共同住居に入居している重症者は国が施策化していないなか、31事業所に92人（うち車いすを利用する者は69人）いたが、常時医療的ケアを要する者は1人のみであった。しかも、介護など支援に要する人員は小規模共同住居の職員だけでは担うことができず、多くはヘルパー等外部資源によるところが大きいことが明らかとなった。このことは、現行制度上のさまざまな小規模共同住居の支援機能だけでは、重症者の入居が極めて困難であるとともに、その困難を介護の分業化によってしのごうとしている現状があるといえる。

　ところが、国のケアホーム制度では区分4以上の入居者がヘルパー等を利用した場合でも、当該利用者は区分2〜3と同額の水準とされ、事業所の収入は減算となってしまう。そのため重度ホームなど自治体独自制度に比べ、国制度のケアホームでの重症者の入居率が低くなっていると考えられる。その点から事業所は「全体的に少ない収入では満足できるサービスを提供することができない」、「医療的ケアが必

要になった者が住み続けることができるのかの不安」など生涯を通した支援に課題を感じていると考えられる。

　大泉（1989:26-41）は障害者にとって住まいは適切な支援のもと社会生活の主体者としての拠点となり得る場であるとし、快活、快食、快便、快眠、たしかな人間関係の5つが実生活において堅持すべき原則であるとしている。加えて、住まいの機能には、住まいを拠点とし社会を構成するメンバーとして、地域住民とのかかわりなども必要となる（朝日2011:70-71）。

　小規模共同住居においてこれを具体化するために、介護や支援などにおいて十分な専門的専任職員を配置し、たしかな人間関係を築きながら個別的かつ柔軟な対応を行うことが不可欠である。そのうえで、入居者の日々の体調の変化や意思や感情を感じ取りながら、その人の快適な生活を提供したり、地域住民との交流をしたりしながら、社会との包摂関係をつくりあげる必要がある。

　それは生活の社会化であり、重症者にとって地域で住まう場合の最低限の必要である。必要な支援が障害特性に応じたものでなくてはならないのは当然であり、憲法第25条に定める個人の援助過程をも保障する仕組みの具体化としての重症者の問題解決の合理性に他ならない。

　2009年に身体障害者の利用が認められたとはいえ、現在のグループホーム等制度は実質的に医療的ケアを要する重症者など多様な障害者が入居することは想定していない。多様な障害者の生活を個別に保障することが、施策に求められる障害者の生活の社会化につながるものであり、重症者にとっての合理性である。すなわち、医療的ケアへの対応も含め、重症者も安心して生活できる環境整備を図ることが「合理的配慮」としてとらえられる必要がある。

　そのためには、大塚（2009：9）が指摘するような重症者のための小規模共同住居などの新たな制度を構築していくか、あるいはグループホーム等制度について、外部資源を利用した場合の減算措置を廃止するとともに、現在、東京都が行っている加算制度を上回る重症者加算や看護師等の配置加算などの新たな加算制度を設け、重症者

の支援にふさわしいグループホーム等制度への抜本的改編を図る必要がある。そのうえで医療的ケアを要する者も含めた重症者が、入居しやすいグループホーム等の小規模共同住居施策をつくりあげることが必要であると考えられる。

6.重症者が地域で暮らし続けていくための 小規模共同住居のあり方

　本節は東京都内の小規模共同住居調査の結果から、重症者の利用の実情や安心して暮らし続けられる諸条件を明らかにし、重症者が地域で排除されず、暮らし続けるための居住の場のあり方について示唆を得ることを目的とした。教育と福祉の施策のずれ、法制度の谷間に放置された重症者が少なくない事実に着目し、それに対処してきた取り組みのもつ意味と実情に即して検討したもので、その要点は次のとおりである。

　第一に、本調査において、31の事業所で重症者が生活していることがわかった。この事実は重症者やその家族の要望に応える形で、施設や病院ではない場所に自分の住まいを得ながら生活拠点を築く試みが拡大していることを示していると考える。その試みには自治体の独自施策が寄与している実態も明らかになった。

　第二に、重症者が入居している東京都内の小規模共同住居では、都市自治体の財政支援などを背景に国基準を上回る職員配置がなされると同時に、ホームヘルパーなどの外部資源を活用しているところが多く見受けられた。同時に、常時医療的ケアを必要とする者の入居は1人に留まっており、困難度の高い人には対応できていなかった。介護に要する人手不足を外部資源に頼るのではなく、介護の困難度の高い重症者が入居できる制度の充実を図りながら、生活の主体者の拠点たる役割を事業所が担う必要が示唆された。

　第三に、居住施策において重症者に対する障害特性に応じた生活の社会化（＝合理的配慮）を行いうるためには、手厚い専門職の配置など安心して生活できる環境整備が必要であり、重症者小規模共

同住居の制度化あるいは現行グループホーム等制度の抜本的改革が求められる。以上の３点である。

本調査によって、これまで、制度の対象外として十分検討されてこなかった重症者のグループホーム等の小規模共同住居について、事業所での先駆的実践と東京都制度にもとづく補助が行われる一方、重度ホームや福祉ホームなどでは、所在地都市自治体が補助をしながら重症者が暮らす実践が拡がっていた。こうした取り組みは重症者の居住の場を確保する小規模共同住居の事業者と都市自治体の共同の先駆的な取り組みと位置づけられることが明らかになった。

同時に、憲法第25条に定める個人の援助過程をも保障できる仕組みを具体化するには、障害者権利条約に定める「合理的配慮」を障害特性に応じた生活の社会化として理解し施策に位置づける必要があることも指摘した。

国の障がい者制度改革推進会議では、医療的ケアを含め重症者が地域で暮らせる仕組みのあり方が議論されている。本調査からは、ケアホーム等や都市自治体が独自に支援してきた重度ホームや福祉ホームの実践を生かし、その問題点を克服する小規模共同住居の制度化が重症者の新たな暮らし方として提示できると考える。その際、医療的ケアを要する重症者も安心して暮らせるなど、個別の障害特性に応じた支援環境が必要であり、そのためにも一人ひとりの支援内容を共有できる専任職員の十分な配置や専門的人材の確保など運営基盤の安定が国に求められる。

本調査の結果は、重症者が地域で暮らし続けていくための生活支援の一方法としての小規模共同住居のあり方を解明し、憲法第25条の生存権保障の理念を具体化する居住の場の制度的保障の一助になるものであると考える。しかし、東京都という財政的に比較的豊かな地域に限定した量的調査の結果から得られたものである。今後、入居している重症者一人ひとりの事例検討などにより質的側面も問いながら、さらに検討を深めたい。

注───────

1) 障害者の権利条約における「合理的配慮」について、川島（2010:399）は形式的な同一対応だけでなく、インペアメントと環境との相互作用から生まれるニーズを充足する個別的な対応を必要とする概念であるとする。そしてそれは、労働・雇用の分野を超えて幅広く適応されることが求められるものであり（高嶺2008）、居住の場での必要な支援も障害特性に応じたものでなくてはならないのは当然である。

2) 愛知県心身障害者コロニーの調査名は「地域（家庭・グループホーム）で生活している重症心身障害のある人への医療の実態に関する調査」となっており、グループホーム入所者も対象となっているが、主たる介護者を問う質問では、無回答を除くと98.7%が父母、兄弟、祖父母等であり0.5%がヘルパーであった。その点から実際の調査対象は家庭に居住する者であることが推定された。

文献───────

愛知県心身障害者コロニー（2007）『地域（家庭・グループホーム）で生活している重症心身障害のある人への医療の実態に関する調査』

青木嗣夫（1972）「障害児教育義務制実施にともなう諸問題」『日本教育学会大会研究発表要項』31、日本教育学会

朝日雅也（2011）「障害のある人の「住まう」を考える」『社会福祉研究』(110)、70-71

古井克憲（2005）「知的障害のある人へのガイドヘルプにおけるコーディネイターの活動」『人間社会学研究集録』1 大阪府立大学、265-285

外務省「障害者の権利に関する条約」http://www.mofa.go.jp/mofaj/gaiko/treaty/shomei_32b.html、2011.7.10）

グループホーム学会（2009）『グループホーム全国基礎調査』

平田永哲（2001）「特殊教育：21世紀への展望」『琉球大学教育学部障害児教育実践センター紀要』(3)、1-3

飯野順子（2002）「医療的ケアを必要とする児童生徒の実態」全国肢体不自由養護学校長会編『肢体不自由教育実践講座』ジアース教育新社、177

飯野順子（2006）「エピローグ 障害の重い子どもをかけがえのない存在として」飯野順子ほか著『生命の輝く教育をめざして』ジアース教育新社、220-222

川島聡（2010）「障害者権利条約と『既存の人権』」『発達障害研究』32(5)、399

小谷裕美（2003）「思春期・青年期における重症児の発達と医療」『障害者問題研究』31(1)、30-38

河野正輝（2000）「社会福祉の権利」佐藤進、河野正輝編『新現代社会福祉法入門』法律文化社、46-53

厚生労働省（2004）『盲・聾・養護学校におけるたんの吸引等の取扱いについて（協力依頼）』

厚生労働省（2005a）『医療制度構造改革試案』、7

厚生労働省（2005b）『在宅におけるALS以外の療養患者・障害者に対するたんの吸引の取扱いについて』

厚生労働省（2008a）『平成18年身体障害児・者実態調査結果』

厚生労働省（2008b）『平成20年度障害福祉サービス等経営実態調査結果』

厚生労働省（2010a）『障がい者制度改革推進会議総合福祉部会資料』

厚生労働省（2010b）『介護職員等によるたん吸引等の実施のための制度の在り方について　中間まとめ』http://www.mhlw.go.jp/stf/shingi/2r9852000000yreb-att/2r9852000000yrid.pdf

厚生労働省（2010c）『第6回障がい者制度改革推進会議総合福祉部会議事録』（http://www.mhlw.go.jp/bunya/shougaihoken/sougoufukusi/txt/0831-01.txt 2012.210）

厚生労働省（2011）『障害者自立支援法にもとづく指定障害福祉サービスの事業等の人員、設備および運営に関する基準』

きょうされん（2006）『障害者自立支援法にともなう影響調査』

峰島厚（2007）『障害者自立支援法と実践の創造』全障研出版部、146-147

文部科学省（2009）『特別支援学校医療的ケア実施体制状況調査結果（まとめ）』

中島直行（2005）「精神障害者グループホームの現在」『東京家政学院大学紀要』45、8-31

直井誠（2006）「重度障害者の地域生活支援を支えるための医療的ケア〜通所施設での取り組み〜」飯野順子／医療と教育研究会編著『生命の輝く教育をめざして』ジアース教育新社、199-210

日本訪問看護振興財団（2009）『重症心身障害児者の地域生活支援に関する調査研究事業報告書』

岡田喜篤（1998）「重症心身障害児問題の歴史」岡田他編『重症心身障害療育マニュアル』医歯薬出版

岡田喜篤、平元東、西郷千郷ほか（2005）『在宅重症心身障害児（者）の実態（医療的ニーズへの対応等）把握に関する調査研究』こども未来財団、31-35

大泉溥（1989）『障害者福祉実践論』ミネルヴァ書房、26-41

大泉溥（1981）『障害者の生活と教育』民衆社、121-213

大塚晃（2009）「発達障害者の地域生活を支えるケアホームの現在、日本の障害者福祉制度におけるケアホームの意味」『発達障害研究』31(5)、9

衆議院（2007）『第168回衆議院厚生労働委員会』議事録、http://kokkai.nedi.go.jp/

芝田進午（1985）『公務労働の理論』青木書店、30-38

下川和洋（2003）「医療的ケアを必要とする子どもたちの教育権保障とその展望」『障害者問題研究』31(1)全国障害者問題研究会、40-41

総務省（2010）『平成22年度　地方公共団体の主要財政指標一覧』http://www.soumu.go.jp/iken/zaisei/H22_chiho.html　2012.2.1

末光茂、刈谷哲博（1991）「重症心身障害児（者）地域医療福祉システム構築の現状と課題」『川崎医療学会誌』1⑴、151

末光茂（2008a）『第37回社会保障審議会障害者部会』
http://www.mhlw.go.jp.shingi/2008/08/txt/s0820-1.txt

重森暁（2002）「市民的公共性の再生と公務労働」『大阪経大論集』55⑵、7-25

鈴木勉（2011）「社会福祉実践と公的責任」鈴木勉、田中智子編著『現代障害者福祉論』高菅出版、332-342

口分田政夫（2009）「重症心身障害の人たちのケアホームによる地域生活の実際と課題」『発達障害研究』31⑸、62-63

高嶺豊（2008）「批准に向けての課題─「合理的配慮」と「国際協力」」『ノーマライゼーション』28⑴、24 〜 25

高谷清（2011）『重い障害を生きるということ』岩波書店、93-99

田中昌人（1974）『講座　発達保障への道』全国障害者問題研究会出版部

東京都（2007）『地域福祉の推進を基調とした障害保健福祉施策の新たな展開について』

東京地裁判決（2007）「保育園入園承諾義務付等請求事件・東京地裁判決」『賃金と社会保障』(1441)、53-70

東京都（2007）『地域福祉の推進を基調とした障害保健福祉施策の新たな展開について』

東京都教育委員会（2008）『特別支援学校（高等部）進路別卒業者』
（http://www.kyoiku.metro.tokyo.jp/toukei/20sotsugo/toppage.htm、2011.12.10）

東京都障害者通所活動施設職員研修会(2007)『医療的ケア導入のための基礎事項』

槇田洋（2004）『分権型福祉社会と地方自治』桜井書店、256-267

角田慰子（2009）「日本の知的障害者グループホーム構想に見る『脱施設化』の特質と矛盾」『特殊教育学研究』47⑷、201-212

山田美智子（2008）「医療的ケア」岡田喜篤ほか編『重症心身障害通園マニュアル第2版』医歯薬出版、147-160

山口里美、高田谷久美子、萩原貴子（2005）「在宅重症心身障害児（者）の介護者の精神的健康度と介護負担感を含む関連因子の検討」『山梨大学看護学会誌』、41-48

山本雅章(2011)「重度重複障害者の医療的ケアに関する研究」『社会福祉士』(17)、25-31

善生まり子（2005）「重症心身障害児（者）と家族介護者の在宅介護ニーズと社会的支援の検討」『埼玉県立大学紀要』、51-58

在宅及び養護学校における日常的な医療の医学的・法律学的整理に関する研究会（2004）『盲・聾・養護学校におけるたん吸引等の医学的・法律学的整理に関する取りまとめ』

第4章

重症者の地域生活支援における都市自治体の現状と問題点

重症者にとっての生活は、日中活動や住まう場、余暇の場の３点を中心に、医療、保健福祉の総合的な支援が連携して提供される必要がある（日本訪問看護振興財団2009）。その際、重症者施策をどのように展開するかが支援の実施主体である市町村、とりわけ一定の財政規模を有する都市自治体に問われている。しかし、そうした障害の個別性への配慮を含む柔軟性のある施策が必要だが、これを具体的に行っている都市自治体は少ない。

　そこで、本章では、重症者に対する施策に関し、市町村や国、都道府県の役割を批判的に検証するとともに、その役割と方向性を明らかにすることを目的とした。

　そのために、日中活動や居住の場の整備において、先駆的な試みが拡がりつつある東京、愛知、大阪の全区市（政令市を除く）を対象に重症者の福祉施策に関するアンケート調査を行った。加えて、重症者に関わる医療・保健・福祉の基盤整備と障害者のニーズを発見、解決する仕組みとしての３市の地域自立支援協議会についての実情を訪問調査した。

　その結果、約87％の区市では重症者支援を図る要因として当事者の要望をあげ、現実的必要から通所施設等を整備していたが、多くは重症者支援を都道府県の課題ととらえ、自らの課題として認識している区市は12.3％に留まっていた。その背景には財源などの課題があるが、実施状況と財政力とは相関せず、役割の自覚の問題であることが示された。協議会では職員と当事者、事業者などが議論し重症者支援が具体化されていた。都市自治体が重症者のニーズを解決するためには、協議会等の仕組みを活用し先駆的取り組みを普遍化する必要があり、施策形成の新たな視点となるとの示唆を得た。

第
1
節

重症者の地域生活支援施策に係る現状
——三大都市における自治体実態調査から

1. 都市自治体が重症者の支援を
どのようにとらえ整備しているか

　国民の人間らしい暮らしは、居住の場、課業の場、自主的活動の場という3つの生活拠点から構造的に理解される（大泉 1989:42-53）が、障害者、特に重症心身障害者（以下「重症者」）においてもその例外ではない。しかし、障害による諸事情、とりわけ重症者のたん吸引や経管栄養などの医療的ケアを含め、障害特性に応じた特別な条件整備が確保されなければ、彼らは取り残されざるを得ない。

　重症者の福祉サービスの主体は、これまで都道府県であったが、2010年の障害者自立支援法（以下「支援法」という）一部改正において、他の障害者同様、支給決定や基盤整備などは基礎的自治体といわれる市町村の業務として制度的に位置づけられ、支援主体として明確化された。

　しかし、地域生活の基盤整備をどのように進めるかなど、その具体的方策をもっている市町村は少ない。重症者が地域で暮らすため、障害の個別性への配慮を含む柔軟な施策が求められるが、その具体的対応ができていないという実態と行政施策とのかい離がある。

　重症者問題では従来、直接的なケアのあり方に研究の関心が向きがちであったが、地域に存在しない施設は利用できず、いない専門職の支援は受けられない。重症者が特別支援学校卒業後に質の高い地域生活を営むためには、通所施設や居住施設などさまざまな社会資源を活用し、その特性に対応する支援が必要である。そのためには、支援法に定める支援主体としての市町村について、とりわけ都市自治体に焦点化し、その責務（特に支援条件や内容）や国の役割を問

い返す必要がある。

　従来この分野の研究では、重症者の地域生活支援を扱うものは多少あっても、都市自治体としての役割や地域生活支援施策の具体化については、実情の紹介に留まりがちであった。2010年改正の支援法で重症者支援の実施主体とされた市町村における障害者施策のあり方も実証的に検討する必要がある。

　本節では、重症者の障害の特殊性を踏まえて直接的な支援実践の面からだけでなく、障害者自立支援法の改正によって、支援の主体となった都市自治体がこうしたニーズを自らの問題としてどのようにとらえ、重症者の生活基盤整備をどのように具体化しようとしているかの実情を明らかにし、都市自治体がこれを施策として普遍化する際の果たすべき役割についての示唆を得るために次の2点を目的とした。

　第一に、現段階の都市自治体における重症者の支援方策の実情や、それを支える重症者支援の考え方について明らかにする。

　第二に、重症者の地域生活の拡充について、当事者・家族の要望する基盤整備などの施策の具体化を図る視点から2011年の支援法の改正を踏まえて、今後の都市自治体での通所施設や居住の場などの生活拠点整備の課題を究明する。

2.都市自治体での重症者支援のあり方を
検討する方法

（1）研究の対象

　これまでの養護学校やグループホーム・ケアホーム、ガイドヘルプなど障害者福祉制度の成立経過を振り返ると、大都市部での取り組みが、全国的な制度化に大きな影響を与えていた。重症者に関わる福祉施策の動向を考える上でも、法改正に伴い支援の主体となった市町村、なかでも大都市部の都市自治体の方向性が今後に示唆を与えると考えた。そこで、本節においては、三大都市圏と言われる東京都、愛知県、大阪府の市（政令指定都市を除き東京都の場合は

区を含める）の116区市（以下「自治体」という）を対象にした。

（2）研究の方法と内容

本節では、各自治体の重症者支援の実情や考え方、今後の方向性等を把握するために質問紙を当該自治体所管課長宛に郵送し、課長または担当者に回答を求めた。

主な質問内容は、①重症者数の把握状況、②日中活動の場およびケアホーム（調査時点ではグループホームとケアホームの両類型があり障害程度区分の重い者の利用はケアホームが想定されたため、ケアホームを対象とした）の整備状況、③自治体の重症者施策に影響を与えると考えている要因、④重症者の実施主体はどこが担うべきと考えているかなどである。

調査期間は2012年2月から4月までである。そして、調査の結果を単純集計するとともに、全国の市および東京23区を財政力指数の上位から5つに区分し、回答のあった73自治体の財政力指数（総務省2010）がどの位置に位置づくかを示した。

（3）倫理的配慮

本節における調査の実施にあたっては、筆者の所属する日本社会福祉学会の研究倫理指針にもとづき、調査の目的、概要等を明示し、回答者の自治体名等を特定しない旨を記載した文書を同封し、回答をもって本調査への協力に同意したものとした。

3. 都市自治体での重症者支援の実情

（1）回答数

集計の結果、73自治体（62.9%）から回答があった。その内訳は東京都では調査対象49区市中35区市（71.4%）から回答があり、愛知県では36市中20市（55.6%）、大阪府は31市中18市（58.0%）であった。

（2）重症者の把握

重度肢体不自由と重度知的障害が重複した者の数の把握状況について、把握できている自治体が有効回答73自治体中43（58.9%）、できていない自治体が30（41.1%）であった。

一方、大島分類（大島1971:4-11）による重症者の人数把握ができているか聞いたところ、把握できている自治体は3（4.1%）に過ぎず、それも「児童相談所や学校との連携により把握」など推計の域を出ないものであった。

表1 「重症者の日中活動およびケアホームに関する設問と回答数（複数回答）」(n=73)

	設問及び回答項目	自治体数	割合
	(1)重症者の日中活動の場の種別（複数回答）		
	生活介護	69	94.5%
	重症心身障害児（者）通園事業	43	58.9%
	その他（就労継続支援,地域活動支援センター等）	17	23.2%
	ない	0	0%
	(2)市民からの新たな通所施設整備の要望		
	ある	47	64.4%
日	ない	21	28.8%
中	わからない	5	6.8%
活	**(3)通所施設で医療的ケアに対応することへの要望**		
動	ある	50	68.5%
	ない	14	19.2%
	わからない	9	12.3%
	(4)重症者が通所する施設の整備要望に対する方針		
	現状で充足	8	11.0%
	民間法人を支援	32	43.8%
	自治体として整備	6	8.2%
	検討中	17	23.3%
	(5)重症者が通所する施設を整備するうえでの課題（複数回答）		
	医療的ケアに伴う財政負担	56	76.7%
	国の報酬を超えた超過負担が必要	36	49.3%
	(1)自治体での設置状況		
	ある	19	26.0%
ケ	ない	54	74.0%
ア	**(2)ケアホームの必要性の認識**		
ホ	必要性がある	30	41.1%
ー	必要性は少ない	19	26.0%
ム	わからない	24	32.9%
	(3)ケアホームが必要だとする理由（(2)で「ある」とした区市,n=30,複数回答）		
	家族等からの要望	23	76.0%
	重症者の地域生活支援が施策的方向	15	50.0%
	施設入所が難しいから	15	50.0%

（3）通所施設およびケアホームの整備

　重症者の日中活動場所について聞いた（複数回答、表1参照）。すべての自治体で重症者の通所施設が整備されていた。また、市民からの新たな通所施設の設置については47自治体（64.4％）で、吸引や経管栄養などのいわゆる医療的ケアへの対応についても50自治体（68.5％）で要望が「ある」と答えた。そうした要望に対し「民間法人の整備を支援」するなど整備の方向を示した自治体が多かった。しかし、56自治体（76.7％）で「医療的ケアに伴う財政負担」が課題としてあげられていた。

　特別支援学校を卒業する重症者が増加し、通所施設の需要や要望はあるものの、通常の障害者施設に比べて人的配置等が必要な重症者への対応のため、多くの自治体では財政負担に苦慮していることが明らかになった。

　一方、重症者が暮らすケアホームは26％の自治体で設置されていた。特に大阪府では10自治体（55.6％）で「ある」と答えており拡がりを見せていた。4割を超える自治体では重症者が暮らすケアホームの「必要性がある」と考えていた。その理由として（複数回答）、「家族等からの要望」とした自治体が最も多く、「重症者の地域生活への支援が政策的方向」とした自治体も半数あった。ケアホームなども重症者が活用し得るものとすべきだという認識が拡がっていた。

表2　「担当者が考える重症者へのサービスを充実させる要因（複数回答）」(n=73)

要因	自治体数	割合
調査に基づくニーズの増加	19	26.0%
当事者・家族からの要望	64	87.7%
地域自立支援協議会の要望	23	31.5%
特別支援学校からの要望	11	15.1%
施設や法人からの要望	22	30.1%
議会からの要望や質問	18	21.9%
その他	7	9.6%

第1節　重症者の地域生活支援施策に係る現状　155

（4）重症者のための地域生活支援の方向性と課題

　重症者の通所施設やケアホームの新たな整備計画などについて、16の自治体（21.9％）が「ある」と答えていた。また、調査書を記入した自治体の担当者が考える重症者の福祉サービスを充実させる要因として（複数回答、表2参照）、高い回答を得たのが「当事者や家族からの要望」で64自治体（87.7％）であった。その他「地域自立支援協議会の要望」（23自治体、31.5％）や「施設や法人からの要望」（22自治体、30.1％）などがあげられた。

　「当事者・家族からの要望」や「地域自立支援協議会の要望」、「施設や法人からの要望」などが、重症者という自治体にとって新たな支援対象となる者のサービス基盤整備に大きな影響を与えていた。

　一方で、自治体が重症者の実施主体は、どこが担うべきだと考えているかを聞いたところ「都道府県」との回答が一番多く40自治体（54.8％）。次いで、「国」が10自治体（13.7％）、「市町村」は9自治体（12.3％）あった。

　支援主体としてニーズに応じた整備の必要は認識しつつも、多くの自治体では依然、都道府県が担うべきと考えており、その背景には地域でのケアを行うためのノウハウが蓄積されていないという問題や、財政負担を回避したいとの考えがあると推定された。

（5）財政指数別分布の状況

　全国の自治体の財政力指数を上位から20％ごとに5つのグループに区分し、本調査の73自治体がどのグループに位置づくか調べたところ、財政力の豊かな1位グループが34（46.6％）、2位グループが21（28.8％）、3位グループが8（10.9％）、4位グループが8（10.9％）、5位グループが2（2.8％）自治体であった。その点から調査対象自治体の多くは比較的良好な財政状況であるものの、中位グループ以下も4分の1近くあったことは特筆してよいと考える。

４. 重症者支援の実際と都市自治体の役割

（1） 三大都市圏における重症者支援の実情

　本調査では約62％の自治体から回答があった。回答を寄せた自治体からは、今後の当該市の施策に生かすため、今回の調査結果がまとまり次第、教えてほしいとの依頼が複数あるなど、積極的に重症者施策に取り組んでいる自治体からの回答は多く、消極的なところからの回答は少ないと推定された。この点は回収データのもつ性質として集計結果の考察で留意すべき事項だと思われる。

　そのような自治体すら大島分類による重症者の人数把握はできておらず、その対象者の実態が明確化されていなかった。自治体の施策を考える場合、その対象者の数や状況を客観的に把握し、その上で具体的な方策を検討することが必要である。しかし、各自治体では、重症者の概念は使われておらず、その数も把握の必要がないと考えられていた。自治体の重症者施策の現状を端的に示すものと考える一方で、現実の必要性からすべての自治体で通所施設が確保されていた。また、6割以上の自治体で、市民から新たな施設整備の要望が出され、7割近い自治体で施設での医療的ケアへの対応も要望されていた。

　また、重症者が利用するケアホームの先駆的な試みが拡がっている実態が明らかになり、特に3割を超える自治体で重症者ケアホームの設置要望が出され、自治体もその必要性を認識していた。これらの結果は、特別支援学校を卒業する重症者のための一定の基盤整備をせざるを得ない現実的必要性とともに、その量的確保や障害特性に対応したきめ細かなケアの保障が自治体に期待されていることの証左といえる。

　重症者の福祉制度の歴史は、彼らの生活実態と制度の矛盾が社会的な問題となる機運が高まると、政策側は一定の対応は行うものの形式的に留められたり、変質してしまったりするという矛盾をいかに止揚するかが問われてきた歴史であった（田中1974）。

　本調査結果は、当事者・家族のニーズを明らかにしながら、これにもとづく障害特性に対応したきめ細かな一貫した制度構築が、新

たな自治体の課題として提起されていることを意味している。

（2）重症者の地域生活の拡充と自治体の役割

　重症者は、医療的ケアなど特別な支援とともに、生活の豊かさも求めている（鈴木1993:22）。支援法がめざす共生社会の意味するものは、障害のある人もない人も、また、どんなに障害が重い人でも多様な人が住む「ふつうのまち」を創出することであり、その基礎として福祉が存在する（高谷2011:192）のである。

　支援法改正により、重症者の支援の主体は市町村に位置づけられ、共生社会をつくる役割を住民に身近な市町村が担うのだとすれば、障害者支援の主体としての市町村は重症者も安心して豊かさを感じる環境を福祉・保健の両面から構築しなければならないはずである。そのためには、通所施設やケアホームなど生活の拠点を整備しながら、医療や保健、福祉などのネットワークの構築とその円滑な活用のためのマネジメントが必要である（厚生労働省2005）。

　公務労働は、地域・住民の共同利益を担い福祉国家的公共圏を構成するものである（二宮2011:251）。本調査の結果からも、自治体は当事者や家族、福祉・保健等の関係機関の要望に向き合い、地域・住民の共同の利益として、重症者を含めて誰もが安心して生活できるよう、通所施設やケアホームなど生活拠点の整備とマネジメントシステムを主体的に整備していくことが、社会的共同業務（芝田1985:30-38）を担う自治体の役割であることが指摘できる。

　本調査で自治体担当者は、重症者へのサービスを充実させる要因として、当事者・家族や法人、施設など重症者の関わる市民・団体の要望などをあげていた。自治体の取り組みをさらに拡げるには、当事者・家族または福祉・保健関係者が直接、あるいは地域自立支援協議会などを通して自治体に要望するとともに、自治体が共生社会の創出を自らの役割であることを自覚しつつ、自立支援協議会など市民との協働の取り組みを図るなかで、その要望を具体化し施策化を図ることが必要である。

　一方、そのための国や都道府県の役割も問われざるを得ない。調

査対象自治体の多くが比較的良好な財政状況であった。しかし、7割以上の自治体は重症者の支援は依然、国や都道府県が行うべきだと考えていた。その理由として、自治体では医療的ケアなど重症者の支援のノウハウがないことや、自治体での障害福祉サービス給付費が急増傾向にあるなか、高額の費用を要する重症者の福祉サービスの拡充に慎重になっているためだと推測できる。

これらの点から、重症者支援の主体として自治体が役割を発揮するためには、これまで都道府県が担ってきた重症者支援の手法を自治体に周知するほか、都道府県が所管する医療・保健機関と地域の福祉機関との連携や、重症者の障害特性に応じた支援が構築できるような国からの財源保障が課題である。

5. きめ細かな制度構築と連携、財源保障の必要

本節の主な結論は次の2点である。

第一に、本調査では重症者の人数把握はできておらず、その実態が明確化されていなかった。このことから自治体の重症者施策を方向づけるためには、まず重症者の数や実態把握が必要である。そのためにも、当事者・家族の要望に耳を傾け、医療的ケアへの対応など障害の特殊性に着目し、その実態やニーズを明らかにしながら、これに対応する一貫したきめ細かな制度構築が、新たな自治体の課題として提起されていることが示唆された。

第二に、本調査では多くの自治体で、新たな施設整備の要望や医療的ケアへの対応が要望されていた。このことから重症者を含めた誰もが安心して生活できる通所や居住の場など生活の拠点と、その質を主体的に整備していくことが、社会的共同業務を担う自治体の役割であることが示唆された。

同時に、未だ重症者支援は国や都道府県が担うべきとしている自治体が7割近くを占めていることからも、自治体が重症者支援の基盤

整備を進めるためには、国や都道府県からの支援ノウハウの提供や医療・保健・福祉機関の連携、財源保障などの支援が必要であることが明らかになった。

なお、本節では大都市部での重症者施策に関する地域生活支援の実態と課題等を明らかにしており、その成果は無視しえないものがあると考える。しかし、各自治体の財政規模別の基盤整備状況などの検討や、山間部等の過疎地域の自治体についての検討はされていない。今後の課題としたい。

第2節 地域生活支援における地域自立支援協議会の役割
——重症者の生活要求と支援施設の実情とのギャップとその克服の方向

1.重症者支援に対する自立支援協議会の役割

1990年代からの地方分権の流れとも相まって、福祉サービスの主体は徐々に国や都道府県から市町村に移行する。2006年の障害者自立支援法（以下「支援法」という）においても、市町村がサービス提供の主体と位置づけられたものの、児童福祉法に規定される重症者の支援の主体は都道府県のままとなっていた。

2010年の支援法改正においては、これまで児童福祉法に位置づけられてきた重症心身障害児施設や重症心身障害児（者）通園事業が、児童福祉法にもとづく児童発達支援と支援法にもとづく障害福祉サービスとに分離され、成人の重症者は市町村がその支給決定や基盤整備を担うことと位置づけられた。重症者の福祉サービスをどのように創出していくかが、市町村とりわけ一定の財政規模が確保できる

都市自治体に問われることになった。

　しかし、これまで重症者の支援の主体は都道府県が担っており、法が改正されたからといって直ちに都市自治体がそれにとってかわる状況ではない。加えて、この法改正では、児童施設の再編・体系移行とともに、身近な地域での生活を可能にする支援の体制を整備するため、地域自立支援協議会（以下「協議会」という）の設置が法定化された。この協議会においては、相談支援におけるケアマネジメント機能の推進や就労支援の促進、施設や病院からの地域移行などを目的に社会資源の開発等を具体化する役割をもつものとされている（佐々木2008:9-23）。支援法がめざす共生社会が、障害者を含め誰もが安心して暮らし続けられる社会のことであるとすれば、協議会は重症者のさまざまなニーズ（生活課題）を解決し、地域生活を保障することをも基本的な機能とせざるを得ない。

　その際、支援の実施主体である都市自治体が、重症者およびその家族、相談支援専門員[注]や事業者、市民など地域社会の構成員とともに、重症者の生活から生じる課題を解決するしくみをどうつくり上げるかが問われることになる。市町村における協議会の設置率は90％を超えているものの（厚生労働省2010）、重症者のニーズを取り上げて協議している都市自治体は少ない。そこで、協議会を重症者のニーズを解決する施策形成システムとして自治との関係でとらえ直し、障害者のなかでも少数で当事者からの意見の発信が困難な重症者の生活に視点をあてながら、これに従事する相談支援専門員や都市自治体の役割を含めて協議会の役割を再検討する必要があると考えた。

2. 地域自立支援協議会が果たすべき
重症者の生活支援への課題

　本節では、協議会が相談支援におけるサービスの適切な利用を支えるだけではなく、重症者に対する福祉の取り組みを地域社会の問題として広げ、ニーズを解決する機能を有するのではないかとの観

点から（谷口2007:150-157）、具体的に次の3点を目的とする。

第一に、重症者が地域で暮らし続けるための基盤整備にとって、協議会がどんな役割をもつかを検討する。

第二に、協議会の運営の中心を担う相談支援専門員の役割とこれを果たすための所要条件について問い直す。

第三に、重症者の生活支援に寄与するのに不可欠な都市自治体の役割を問い、都市自治体が協議会の機能を有効にするうえで、どんな役割を担うべきかについて実証的に明らかにする。

以上の点をとおして、重症者の生活を支援する基盤づくりに資するボトムアップの施策形成のあり方の示唆を得る。

3.地域自立支援協議会に関する 先行研究の概要

障害者自立支援法では、相談支援体制の構築として、相談支援事業の実施やサービス利用計画の作成などのほか、協議会の設置が位置づけられていた。この協議会は「地域で障害者の生活を支えるシステムをつくっていく」ため、「オープンな議論を通じ、相談支援体制の中立・公平性を確保すること、困難ケースへの対応について調整すること、社会資源の開発に向けた協議を行うことなど、中核的な役割を果たすこと」が期待されている（横幕2006）。

佐々木（2008：9-23）はこの協議会の機能として、情報機能、調整機能、開発機能、教育機能、権利擁護機能、評価機能の6つをあげ、地域の支援レベルの向上が図れるとしている。また、谷口（2007）は協議会が障害者福祉の取り組みを地域社会の問題として広げる可能性を指摘し、高橋ら（2009:255-263）は個別の課題を集約し、地域の共通の課題として共有することで、相談支援体制の構築に貢献できるとする。いずれも、協議会が地域課題の解決手法としての機能を有する点を示唆する指摘として重要であると考える。

一方、国は2010年の障害者自立支援法の一部改正では、協議会の

設置を市町村の責務として定めた。しかし、一方で十分機能が果たせない、すでに形骸化しているなどの声も聞かれる。この点について、松川（2011）は、協議会の運営において、障害者を権利の主体者として理解し、地域を支える義務があることを再確認する必要を指摘している。それは、隅河内（2013）が指摘する、関係者を含めた地域住民が政策形成の場として協議会を意識し、実践と政策を結びつけることが必要だという指摘とも重なり、実践と政策の関連を示唆する重要な指摘である。

4. 重症者支援に対する地域自立支援協議会の課題を 検討する視点と方法

（1）検討の視点と方法

　本節では、重症者の地域生活のニーズ（生活課題）を解決するためのしくみとしての協議会に着目した。そこで、重症者の問題を取り上げた協議会の実例を検討するため、厚生労働省資料や筆者の所属する東京都障害者通所活動施設職員研修会での情報等から重症者に関わる問題を討議する課題別分科会やワーキンググループなどが設置されている協議会の情報を収集した。

　そのうえで、インターネット等で該当する市の協議会の情報を検討し、明確に重症者問題を課題として取り上げていた5例を抽出し、さらに電話により概要を聴取し、単に重症者の議論が行われているだけではなく、具体的な取り組みが進行している3例を選定した。その調査対象は東京都A市、神奈川県B市、埼玉県C市の3市である。そして、3市の協議会の市主管課担当者と相談支援専門員の双方それぞれに半構造化面接を行った。

　主管課担当者には、協議会の目的や構成、その形態（全体会と部会構成等）などの概要を聞いた他、重症者に関する討議の目的、支援方法・資源の開発、市における協議会の位置づけ、市からみた重症者支援の課題を聞いた。一方、相談支援専門員には協議会に対す

る相談支援事業者のかかわり、相談支援専門員から見た協議会の評価、役割、相談支援専門員から見た課題などについて聞いた。

調査は2012年1月に筆者と調査協力者2名で各市を訪問し、主管課担当者と相談支援専門員にそれぞれ個別に面接を行った。各インタビューの時間は約60分から90分であった。不明な点は後日、電話調査を行い補強した。インタビュー記録は調査協力者が行った後、抄録を作成したうえ、結果を一覧にまとめ比較検討を行った。

（2）倫理的配慮

インタビュー調査にあたっては調査の目的、概要等を明示するとともに、回答した個人名等が特定できないよう処理する旨を伝え了承を得たほか、論文作成後、インタビュー調査に応じた市所管課担当者および、相談支援専門員に記載内容の確認を取り公表することの同意を得、倫理上の配慮を行った。

5.重症者支援に対する地域自立支援協議会の実情

（1）3市の協議会の概要

A市では協議会を2007年3月に設置した。協議会は全体会と課題別分科会に相当するワーキンググループ（以下「WG」という）から構成され、全体会は福祉、医療、教育、障害者団体等から32人が参加し、年3回実施している。WGは3つ設置され、それぞれ市内3か所の相談支援事業所等が運営を担当している。WGでは相談支援事業者が相談支援から見出されたニーズにもとづき課題を設定しており、2011年は「障害者の家族が倒れた場合の緊急対応」、「障害者の地域生活を支える方法」などについて検討した。そして、障害者のニーズを明らかにするとともに、解決のための調査や議論を行った。

また、WGで議論した課題の具体的解決を図るため、プロジェクトチーム（以下「PT」という）も設置できることとした。協議会は市が設置し、その運営は市職員と相談支援専門員、事業者代表からな

る幹事会が行っているが、その中心は、市職員と相談支援事業者に1名配置した協議会専任の相談支援専門員が担っていた。

B市では隣接するD町、E村と共同で2007年3月に協議会を設置した。協議会は代表者会議と部会で構成され、代表者会議は県や医療、教育、就労、障害者団体などの団体から26人が参加し、年3回程度開催している。代表者会議の下に各団体の委員が参加する部会を設置し、ライフステージごとの課題に応じて「発達支援」「進路・就労支援」、「生活支援」「相談支援」の4部会を設置し、各々年3回開催している。また、各部会にはWGを設けている。協議会はB市、D町、E村の共同で設置しているが、各部会は市が委託した相談支援事業者の合同体であるG事業所が開催している。

C市では、F地域の8市町村による共同で相談支援事業所に委託し、その枠組みのなかで協議会が設置されているほか、C市独自の協議会も設置している。C市独自の協議会は全体会とPTから構成され、全体会は年2回開催し、福祉、医療、教育、地域団体、障害者団体などの機関から32人が参加している。その下にテーマに応じて随時編成するPTを設置した。

現在「地域の住まいの場を確保するPT」「障害のある子どもの放課後および長期休業期間の居場所検討PT」「重症心身障害児・者の生活を支えるPT」の3つのPTが活動している。PTは当初の設置目的を達成した場合、それに代わる「連絡会議」を設置し継続的に取り組んでいる。その後、必要に応じて新たにPTを設置している。協議会は市が設置しているが、運営は関係機関の相談支援事業所やサービス事業所の実務者および市からなる幹事会が担っている。幹事会は月1回開催し、課題への対応の協議や各種の調査、議事録作成などの実務を担っている。

各市の協議会では、国の例示に即し、全体会と課題別分科会に相当する部会やWGを設置していた。全体会ではいずれの市もさまざまな機関により構成され、部会やWGでは障害者の生活に直結した課題が議論されていた。協議会は市が設置しているが、その運営は

市職員と相談支援専門員が主な役割を担っているところ、相談支援事業者が主体的に行っているところ、相談支援事業所とサービス事業者が主に担っているところとさまざまであったが、いずれも相談支援専門員が中心的な役割を果たしていた。

（2）重症者のニーズに関する成果事例

　A市では、身体障害者を主な対象とする相談支援事業者が運営するWGで、重症者の親から、重症者であっても親亡き後も地域で暮らし続けることへの要望が語られた。これを受けてWGでは、重症者のケアホーム活用の可能性を討議し、それをPTで具体化することとした。そして都内のケアホーム等へのアンケート調査や重症者が入居するケアホームを訪問調査し、その結果にもとづき市内にも重症者ケアホームが必要との意見を市に具申した。市では障害者計画および基本計画に位置づけた。そして議会も承認し予算化される成果を得た。

　B市では、B市自閉症児・者親の会から重症者の家族が、緊急の場合に一時保護等の預け先がない現状をどうにかしてほしいとの提起を受け「発達支援」部会の中での課題として位置づけ、この要望にどのように応えるかを協議した。部会では協議会のネットワークを活用し、重症者の障害理解を促し、既存の知的障害者施設等でも重症者の受け入れを図るよう呼びかけを行い、これを理解したいくつかの施設では重症者の日中一時支援を受け入れるようになった。

　C市では、重症者の一人ひとりの存在価値が認められ、彼らも地域社会に貢献できるための手法をPTで協議している。具体的成果としては、通所施設等での重症者の受け入れ状況等についてアンケート調査を実施し、医療的ケアなどへの対応状況を調べる取り組みを行った。

　調査の結果、医療的ケアを必要とする者の受け入れ条件を明らかにし、事業所スタッフが知識・技術の習得を図ることで、通所先の拡大をめざすことが必要であることが判明し、そのためのセミナーを実施した。また、重症者本人の意向をどのようにくみ取るかという実践的なプロジェクトでは、市内の事業者で活用できるような重症者の

ための「個人総合計画」の共通様式の検討も行っており、間もなく
その成果が公表される予定であるとのことであった。

　いずれの市においても、重症者のニーズを当事者・家族や事業者
が、協議会に課題として提起し検討されている。そして、A市やC
市では、調査などにより実態をつかみながら具体的な取り組みにつ
なげている。A市ではそれを市が施策として取り上げ具体化していっ
た。B市やC市などでは協議会が自らのネットワークを活用し、事
業者が重症者の生活支援を自らの問題としてとらえ直す取り組みを
行っていた。

（3）市が考える協議会の位置づけと評価

　A市では、市は「協議会と市は施策推進の両輪である」と考えて
いた。そして協議会の具体的な目的の中に障害者総合計画などとの
連携を位置づけている。例えば、重症者ケアホームについては、P
Tの成果を受け事業実施を計画化した。市では、協議会を施策立案
のパートナーとして考えており、「市職員と当事者や事業者がともに
障害者のニーズや課題解決のあり方を学びあうことが大切」だと考
えていた。それにより施策立案の論拠を担当部署がもてることが、庁
内の予算交渉にも有効だと考えていた。

　B市では、協議会の機能について、「民間事業者相互がネットワー
クを構築していくことで、情報機能や調整機能を果たしていくことが
重要である」と考えていた。市としては協議会を事業者間のネット
ワークの推進機関として位置づけている。今後も各機関との連携を
図りネットワークの構築に向けた体制の充実強化を考えていた。

　C市では、地域課題を一緒に解決する推進機関として協議会を位
置づけている。「市だけでは解決できないものを民間事業者と一緒に
議論することで、新たな展開も生まれる」と考えていた。その点から
市では障害福祉計画にも協議会の推進を位置づけるとともに、同計
画の評価も協議会の機能としている。しかし、「基幹相談支援事業や
虐待防止センターの設置など、その他の行政課題で業務量が手いっ

ぱいになっている」ため、新たな課題を設定し、これ以上協議内容を広げると過重な負担になると考えていた。

（4）相談支援専門員から見た協議会の評価

　A市の相談支援専門員は、協議会では調査したり議論したりしながら、課題を鮮明にすることが大切だと考えていた。課題の具体化については、市と共に考えることで新たな展開が生まれている。また、成果につながることで、「たいへんだけどやりがいも感じられる」と答えていた。「協議会の議論と歩調をあわせ、市が施策の展開を図っていることはA市の良さである」と感じていたが、「国の制度の壁もあり、さまざまな課題にどこまで踏み込んで議論すべきか悩んでいる」との意見もあった。

　B市の相談支援専門員からは、障害者の相談は相談支援事業者が共同で設置するG事務所に集中しており、そのなかでさまざまなニーズが出ている。そのニーズを「議論し、課題を共有する点で協議会の意義を感じている」。しかし、「新たな制度など社会資源の創出については、協議会だけで解決できるものではない。特に、重症者のニーズについてはこれまで県が担ってきた経過もあり困難を伴うものであり、行政機関と連携し取り組んでいくことが必要である」と考えていた。

　C市の相談支援専門員からは「協議会では幹事会を中心に民間法人等が協力できる関係性がある。したがって市に期待するだけではなく、ニーズを把握している事業者自身が創意工夫をしながら事業を組んでいく姿勢が大切」だと考えていた。「業務量は多いが、やりがいもあり現状に留まらず、どんな方法であれば新たな課題に取り組めるか考えている」とのことであった。重症者の本人の意向をどうくみ取るかについて援助技術の視点からの取り組みから始まったが、医療との連携や一時帰宅のサービス利用、「お休みマップ（ユニバーサルマップ）」にも取り組んでいこうと考えていた。

　これら3市に共通して言えることは、相談支援事業者では相談を通じた当事者ニーズが集中しており、そのニーズを出発点に新たな

地域の取り組みが生まれていることがわかった。当事者・家族のニーズを解決していくことが、相談支援専門員や事業者の協議会に対する参加意欲につながっている状況も明らかになった。

6. 地域自立支援協議会における
相談支援専門員や都市自治体の役割

(1) 重症者のための政策立案主体としての協議会

　井岡（2002:210-229）は福祉の市場化・商品化などの今日的危機的状況に対抗し、住民の参加・参画と自治に根ざした福祉のまちづくりの重要性を指摘している。

　協議会は国の例示に即し市が設置しているが、各市とも市の特性に応じながら柔軟に対応していた。特に、専門部会等の設置にとどまらず、PTなどを設置することにより専門部会で議論し明らかになった課題をより深め、課題を解決する手法を採っていた。また、A市とC市の協議会では、障害者福祉計画など行政計画への反映を意図したものとなっていた。

　障害者のニーズを出発点に、とりわけ相談支援専門員など障害者の相談に応じる立場の専門職が、参加する当事者や市民（民生委員、商工会代表など）、他の専門職、行政と議論し共に学ぶことができていた。そして、ニーズを解決する必要性を共感し理解しながら、一人ひとりに必要な支援をつくりあげる役割を自覚し、A市などでみられた重症者のケアホーム整備など、重症者のフォーマルな生活基盤整備につなげることができていた。また、C市のように、アンケート調査から重症者の通所先を拡大する必要性を明らかにし、そのためのセミナーなども実施するというインフォーマルな取り組みも行っていた。

　一方、地域のネットワークを活用して、日中一時支援の枠組みを活用したB市の事例なども、既存の制度の運用を充実させた点で具体的成果となっている。協議会が相談支援や当事者・家族のニーズ

第2節　地域生活支援における地域自立支援協議会の役割　169

を踏まえた取り組みを行い、手つかずであった重症者の福祉サービスの拡充に寄与したといえよう。

その手法は、第一に、相談支援専門員がケアマネジメント実践をつうじて明らかになった重症者一人ひとりのニーズを議論の出発点にしたこと。

第二に、抽出された重症者のニーズについて、調査などにより客観的にその実情を明らかにしつつ、市民参加を基本に据え（参加）、多様な専門職と市民が自由な議論をとおしてそのニーズに共感し、その実現の必要性や実現の困難さなどを理解し（共同学習）、その学びをつうじて生活の主体者として、互いが重症者のニーズを発見するとともに、それを実現する役割を自覚し、その方法をつくりだせるようになったこと（主体形成）。

第三に、課題を施策化できるように市と市民が協議し、基本計画や障害福祉計画などに反映し、行政内部の理解と議会の同意を得（公論形成）、新たな施策につながるしくみをつくったこと（施策化）など3点であった。

協議会のこのような手法は、共生社会の実現をめざしたボトムアップの政策形成の実践として、福祉のまちづくりに寄与するもの（松川2011:5-11）であった。それは、市町村が市場原理とは異なる共生と互助の原理をもつ社会的共同性（芝田1985:30-38）を内発的に再建するための、行政と住民との協治を前提とした協働組織（横倉2005:13-22）として、協議会を評価し得るものであり、重症者のための政策立案主体としての役割が示唆された。

（2）相談支援専門員の役割

ソーシャルワークは障害者一人ひとりの生活支援を指向しながら、地域をも変え得る機能を有するもの（佐々木1999:205-211）である。協議会におけるしくみのなかで相談支援専門員は、実践をとおしてソーシャルワークの具体化を図ったものだといえよう。

A市では、個別支援から抽出されたニーズを議論することで施策

につながり、相談支援専門員が「たいへんだけどやりがいを感じる」協議会になっていた。また、C市でも相談支援専門員らの「やりがい」をあげ、さらなる課題に向けた取り組みを方向づけていた。

B市でも議論する意義を感じ、課題が鮮明となっているため、それを社会資源として具体化していく必要性を感じていたと考えられる。これらのことは、障害者ケアマネジメントを行う相談支援専門員がニーズへの向き合い、議論をとおして専門職としての自覚を強めたためであると考えられる。

この理由として第一に、相談支援専門員が重症者の生活上の課題について直接支援し、その困難を実感、共感するとともに、協議会参加者との議論の中で解決の必要性が共有できたこと。

第二に、親亡き後などに象徴される重症者の生活の場の選択の少なさや、緊急時の保護システムの脆弱性、医療的ケアへの対応など、重症者が地域で暮らし続けるための生活上の課題に気づき、そのことが障害者問題の普遍的な課題となる可能性を認識できたこと。

第三に、相談支援専門員が協議会に主体的にかかわることで、ネットワークの活用や市との協働により施策の実現をとおして、障害者のニーズ解決の道筋と方向を明らかにできたこと。以上3点があげられる。

換言すれば、相談支援専門員が市民や関係機関とのコミュニケーションをとおして、支援する重症者の個別のニーズを鳥瞰的にとらえ、地域課題へと昇華させ、その課題を市や地域社会全体に働きかける役割があることを自覚したから可能となったのではないかと考える。

辻（2008:194-195）は住民と自治体労働者のつながりの必要性について、「単に住民の要望を聞くだけではなく、1人の住民の願いと他の住民の願いを関係づけることや、その過程で自らも不断に成長しようとすることによって、関係性を持続する」ことの重要性を指摘している。これは相談支援専門員においても同様である。協議会は相談支援専門員が重症者問題を学びあい、新たな知恵や力を獲得し、ソーシャルワーカーとして成長することで地域を変え、重症者の生活

を支え得る役割を果たすことが示唆された。

（3）協議会と都市自治体の役割

　都市自治体は、住民の暮らしを守り発展させるべき役割を担っている。その点から、地域で障害者が暮らしていくための主体的な地方政府としての公的責任が改めて問われている。

　朝倉（2010:4-5）はケアを「支える人」、「支えられる人」との対立した関係ではなく生活のなかで営まれている「相互行為」であるとし、その「相互行為」は、当事者の生活の場である地域で、ともに暮らす人々との共同やまちづくりという自治をめざした関係と位置づける必要があると指摘している。

　障害者福祉施策が利用者の自己選択や自己決定を促し、主体性にかかわる力を引き出し、障害者があたり前の生活を送れるよう発達や自立に向けた支援（清水2007:213-214）を行うためのものであるとともに、重症者を含めて個々人の生活を支える実践をシステム化したものであるべきであり、その実現には支援法上で支援の主体として位置づけられる都市自治体における自治の力が問われることになる。その点から、協議会が重症者の生活を支えるシステムとして有効に機能するために都市自治体が果たすべき役割は次の2点であると考える。

　第一に、都市自治体が協議会を当事者や相談支援専門員、事業者、市職員等との協働の場と位置づけ、政策形成機能を明確化しサービスのあり方を変革していくことである。障害者を含めた市民一人ひとりが尊厳をもち、自立した生活が可能な社会を実現するためには、多様な価値観をもつ市民の参加を図りながら、限りある財源の考慮と法体系にもとづいた政策を決定する必要がある（草平2001:32）。

　本調査対象の3市では、市民参加を図り、相談支援実践から抽出されたニーズを当事者や相談支援専門員、事業者、市民、市職員等が共に検討し、学ぶなかで具体的な対応を図っていった。A市の協議会では、個別課題を普遍化し障害者計画や障害福祉計画等へ反映させた。B市やC市でも障害福祉計画に協議会の充実を位置づけ、

市が地域のネットワーク構築を図るなかで、医療的ケアを要する重症者の生活の場の拡充を図った。このような障害者のニーズから地域課題を設定し解決する協働の組織として、障害者福祉行政上に位置づけることの必要性が示唆された。

　基礎的自治体における協働は、会議等への形式的出席だけで完結するものではない。高橋（2009:48-51）は、住民自身が学び主体的な動きをつくりながら行政に参加していくことを実践的住民自治と呼んだ。協議会も相談支援専門員を中心に当事者や市民、行政が重症者のニーズを解決する実践的住民自治の場として位置づけられることである。

　第二に、都市自治体が協議会の運営に係る基盤整備を図ることである。協議会での議論を進め、まとめる相談支援専門員の負担は重い。A市では相談支援事業所のうち1か所に協議会専任職員を配置し、円滑な協議会運営を確保した。また、B市では相談支援事業所を市の施設に集中させ、相互連携が図れるように整備した。また、C市では月1回の「幹事会」に市も参加し、運営の下支えを図っている。

　このような人的配置や場の確保などの仕組みがなければ、相談支援専門員が互いに学びあい、普遍的な地域課題を見出すことは難しい。こうした基盤整備も協議会を効果的に運営する鍵となる。

　二宮（2000）は、現在の公共性を決める基準は、人間的なよい暮らしを実現する多様・無限の諸能力の発達保障であるとし、これを住民の発達保障と規定している。重症者が地域で暮らし続けられる地域の創造、それは重症者だけの要求ではない。障害が重く社会の本流から排除され、困難を有する重症者の生活権と発達権保障は障害者福祉の到達点を示すメルクマールともなり得るものである。だからこそ、都市自治体は地域で暮らす重症者のニーズを解決し、ひいてはそれが市民全体の発達保障に貢献するものとして協議会を運営する必要があると考える。

7. 公論形成による
ボトムアップの地域づくり

　本節では、協議会が障害者福祉の取り組みを地域社会の問題として広げ、重症者のニーズを解決する機能を有するのではないかとの観点から、A市、B市、C市の協議会を取り上げ、その実践経過に即して検討してきた。その要点は次の3点である。

　第一に、協議会が重症者のための政策立案主体としての役割が示唆されたことである。3市では相談支援実践から抽出した重症者のニーズを出発点とし、参加者の協議によりそのニーズの普遍化とその解決の道筋を明らかにした。そして、A市の取り組みに見られるように、市の施策につなげたり、B市やC市のように事業者の取り組みを支援したりする機能をもつ協議会となった。協議会は重症者のニーズを基盤に地域に必要な社会資源の創出主体としての役割を有することが示唆された。

　第二に、相談支援専門員が市民や関係機関とのコミュニケーションをとおして（参加）、支援する重症者の個別のニーズを鳥瞰的にとらえ（共同学習）、地域課題へと昇華させ自分たちが解決すべき課題と認識し（主体形成）、その課題を地域社会全体に働きかけ、市民との合意形成と庁内での了解を得るとともに議会の議決を得て（公論形成）、具体化すること（施策化）の重要性である。

　3市の協議会では相談支援専門員がニーズを提示し、参加者は障害者のニーズの困難さに共感するとともに、協議会をつうじてそのニーズを普遍化することで地域課題となり得ることを学び合えた。さらに、A市やC市の相談支援専門員や協議会参加者は、その解決の道筋を検討する過程で、自らが地域のあり方を変える役割があることを自覚するという変化を生じた。そして、協議会は相談支援専門員が障害者問題を学び合い、新たな知恵や力を獲得し、ソーシャルワーカーとして成長することで、具体的な解決方法を探り障害者計画や障害福祉計画などに反映させることで、地域を変え得る協議会とな

ることが示唆された。

　第三に、協議会が重症者の生活を支えるシステムとして有効に機能するために、都市自治体が果たすべき役割への示唆を得た。まず、政策形成機能を明確化し、サービスのあり方を変革していくことである。そのためには協議会を障害者ニーズの抽出と地域課題を設定し解決する組織として障害者福祉行政上位置づけることが必要である。そして、協議会も相談支援専門員を中心に当事者や市民、行政が障害者のニーズを解決する実践的住民自治の場と位置づける必要がある。加えて、協議会が円滑に運営できるためには、協議会専任職員の配置や相談支援が有効に機能できる場の設定などの取り組みが求

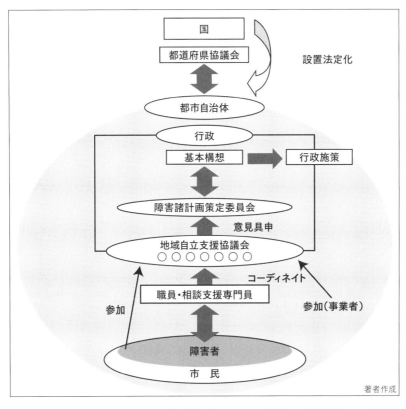

図　市民協働のボトムアップの政策形成主体としての地域自立支援協議会の構造図

められる。

　従来、国はサービスの効果的配分を図るため、ネットワークづくりによる相談支援体制の構築を確保することを協議会のねらいにし、これをさらに進めるため2012年4月に施行された支援法の改正で協議会の設置を法定化した。しかし、法に規定しただけでは社会的共同性を再建する実践的住民自治の場としての位置づけはもち得ない。

　本節では、各市の実践事例の検討をとおして、住民の暮らしを守り発展させるべき主体的な役割を担っている都市自治体が、協議会を障害者福祉における市民協働のボトムアップの政策形成主体としての役割を明確化することで、社会資源の創出機能が発揮され、地域を変え得ることが明らかになった（図参照）。このことは、少数で特別な配慮を要する重症者の生活を支えるための原動力となり得るものである。その点から、重症者に対する福祉の今日的課題が単なる「脱施設化」や「地域移行」ではなく、新しい地域づくりであることを明らかにしたことになる。

　本節では、関東圏の3事例を取り上げ、重症者の地域生活支援基盤に果たす、地域自立支援協議会の役割を普遍化しようと試みたものであり、公論形成によるボトムアップの地域づくりが重症者の地域生活にとっても重要であるとの示唆を得る成果があった。今後、さまざまな地域の協議会の比較検討やその類型化などを行うことにより、協議会の役割に関する考察をさらに深めるとともに、重症者の地域生活支援の充実に向け研究を深めたいと思う。

注———————————————————————————————————————

　　障害者自立支援法および同法施行令において、相談支援事業者には相談支援に従事する相談支援専門員を置くことが規定されている。この相談支援専門員はケアマネジメントのプロセスとシステムを活用して利用者のニーズにもとづく課題解決を図っていくことが主要な役割とされている（厚生労働省2005）。また、地域自立支援協議会について、その運営を相談支援事業者に委託することができるとされ、多くの市町村では委託している。その点から、同協議会における相談支援専門員の果たす役割は大きいと考える。

文献—

朝倉美江（2010）「地域ケアシステムづくりへの挑戦」太田貞司編『地域ケアシ
　　ステムとその変革主体』光生館、4-5

井岡勉（2002）「在宅福祉サービスの政策的展開」三浦文夫ほか編『戦後社会福
　　祉の総括と二十一世紀への展望』ドメス出版、210-229

厚生労働省（2005）『相談支援の手引き』

厚生労働省（2010）『障害者自立支援法における障害者相談支援事業の実施状
　　況 等 に つ い て 』http://www.mhlw.go.jp/bunya/shougaihoken/toukei/dl/h21-
　　syogaisoudansien_a.pdf 、2009年

草平武志（2001）「市民参加による地域福祉計画策定過程における市町村の役割」
　　『都市問題』95(7)、財団法人東京市制調査会、32

松川敏道（2011）「自立支援協議会とは何か」『地域自立支援協議会活性化のた
　　めの事例集』北海道地域ケアマネジメントネットワーク、5-11

二宮厚美（2011）「いまなぜ福祉国家型地方自治と公務労働を問うのか」二宮厚美、
　　田中章史著『福祉国家型地方自治と公務労働』大月書店、251

二宮厚美（2000）『自治体の公共性と民間委託』自治体研究社、47-48

大島一良（1971）「重症心身障害者の基本問題」『公衆衛生』(35) 11、4-11

大泉溥（1989）『障害者福祉実践論』ミネルヴァ書房、42-53

佐々木政人（1999）「社会福祉援助者の役割と戦略」白澤政和、尾崎新、芝野松
　　次郎『社会福祉援助方法』有斐閣、205-211

佐々木隆行（2008）「地域自立支援協議会の機能等について」日本障害者リハビ
　　リテーション協会編『自立支援協議会の運営マニュアル』、9-23

芝田進牛（1985）『公務労働の理論』青木書店、30-38

清水敏郎（2007）「障害者福祉労働の専門性と課題」障害者生活支援システム研
　　究会編『障害者自立支援法と人間らしく生きる権利』かもがわ出版、213-214

総務省（2010）『平成22年度　地方公共団体の主要財政指標一覧』

隅河内司（2013）「地域福祉推進における実践と政策の連関について」『佛教大
　　学大学院紀要』社会福祉学研究科編、41

鈴木康之（1993）「在宅重症児・者の医学管理」『地域保健』24（11）、22

高橋佳子、加瀬進（2009）「長野県A圏域における地域自立支援協議会・療育支
　　援部会の機能分析」『東京学芸大学紀要　総合教育科学系』60、255-263

高橋芳彦（2009）「実践的住民自治の過去・現在・未来」『栄村に学ぶ』栄村に
　　学ぶ集い実行委員会、48-51

高谷清（2011）『重い障害を生きるということ』岩波書店、192

田中昌人（1974）『講座発達保障への道』全国障害者問題研究会出版部

谷口泰司（2007）「障害者自立支援協議会に関する一考察」『近畿福祉大学紀要』、
　　150-157

辻浩（2008）「学びあう住民と自治体労働者の関係を求めて」島田修一・辻浩編『自治体の自立と社会教育』ミネルヴァ書房、194-195

横倉節夫（2005）「公民の協働と協治の創出」横倉節夫編『公民の協働とその政策課題』自治体研究社、13-22

横幕章人（2006）「相談支援体制をつくる」『さぽーと』53巻第1号、知的障害者福祉協会、22-24

財団法人日本訪問看護振興財団（2009）『重症心身障害児の地域生活支援に関する調査研究』

第5章

重症者の地域生活支援が可能な都市自治体の支援施策を具体化する役割と説明責任

筆者は重症者の地域生活支援のあり方を都市自治体の問題として検討し、これまでの各章において、次の諸点を明らかにした。

　第一に、歴史的研究の視点から、重症者施策が重症心身障害児施設の設置や教育権保障などで変化してきた経過を明らかにした。そこではニーズが社会に認識されてきたことから、さまざまな運動や実践とこれと結びついた理論構築の積み上げによって、ニーズと制度との間に存在する矛盾を克服してきた事実がある。今後は、教育を終えた世代の、地域での生活権保障を図る制度への改善・拡充が図られる必要が高まってきている。そこで、自治体の主体的、能動的な取り組みが今日的な課題となることを示した（第1章）。

　第二に、重症者および家族のニーズを把握した結果、ニーズにもとづく都市自治体における制度拡充の必要性、そのための国や都道府県への応分の責任が生じていることを明らかにした。例えば、東京都の重症心身障害児を守る会の調査では247人のうち8割以上が食事介助を要するなど手厚い介護を要する状況で、「医療的ケアに対応できる通所施設」設置の要望が高い（41.2％）など日中活動や居住の場の選択肢を拡充するとともに、障害特性に応じた「普通のくらし」ができ得る対応が都市自治体に求められていることを示した（第2章）。

　第三に、先駆的事例を対象とした調査で、通所施設やケアホームにおける重症者支援の実情と、それを支える支援の主体である都市自治体の役割を明らかにした。また。重症者を受け入れている通所施設は増加しているが、医療的ケアを要する困難度の高い重症者の通所施設利用は、都市自治体の補助による増員配置のある施設に利用が限定され、ケアホームでは重症者が利用できる施設がほとんどなかった。その背景には、施設運営の財政基盤の整備が十分でないことや法的整備が不十分なためであった。その点から、支援の主体たる都市自治体の役割の自覚とともに国の責任としての財政支援（報酬額の改定など）が必要であることを明らかにした（第3章）。

第四に、障害者支援の主体である都市自治体が、重症者に対する取り組みをどのように果たすべきかを、大都市部での都市自治体調査や地域自立支援協議会の事例調査をつうじて明らかにした。都市自治体が生活に困難を有する重症者のニーズを行政計画に反映する大きな要因は重症者やその家族の要望にある。住民自治を具体化しニーズを実現するためには、自立支援協議会など住民協働の仕組みを活用することで、都市自治体が支援の主体として重症者などの生活権を保障することができる。このような手法が都市自治体の障害者施策形成の新たな施策実現のプロセスとなることを示した。また、その基盤をつくる職員の役割の重要性も示唆された（第4章）。

　本章では、上記第一から第四の検討を踏まえ、重症者がこれまでの棄民政策ともいえる歴史に決別し、地域で人としての権利を守られながら、「普通のくらし」ができるための支援を行うに必要な視点とその手法を明らかにする。そのために、これまでの重症者の生活を批判的に検討するなかで地域での自立的な生活を問い返し、そのうえで、地域で暮らすことを可能とする基盤の整備の必要性とその主体としての都市自治体の役割を問うこととする。

　加えて、憲法第25条で定められた国の責務についても問い直す。その点からこれまでの障害者福祉研究などにおける成果に依拠しながら、①重症者の生活問題を社会問題として位置づける視点から、都市自治体の課題としての地域の問題としてとらえる必要と、そのなかでの彼らの自立が、社会的に規定される面があることを明らかにする。そのうえで、②重症者の地域生活を支える通所施設、ケアホームなどの重症者が活用し得る基盤創出の視点と手法について検討する。そして、③重症者の障害特性に対する妥当性のある基盤整備を図り、重症者の生活問題を解決する地域生活支援の実践的プロセスを教育分野での知見も踏まえ提示する。そのうえで、④重症者福祉における都市自治体の役割と国の責任を明らかにすることにしたい。

第1節　地域の問題としての重症者の地域生活と自立

　第1章において、重症者のおかれてきた状況とその生活問題が、どのように解決されてきたのかを究明するため、先行した重症児施設や教育施策を中心にその歴史を明らかにした。そのなかで重症者施策が貧困放置・人権無視の棄民政策から、養護学校全入などの教育権保障に推移してきたが、在宅福祉の分野においては、重症者に関して十分な施策展開はなされていない歴史と課題を明らかにした。そして、第2章では、障害が重く医療的ケアを含めた手厚い支援を要する重症者であっても、自立した生活主体として、障害特性に応じた「普通のくらし」が地域でできることが、重症者およびその家族のニーズであることを示した。

　そこで、本節では、重症者を単なる施策の対象（客体）ではなく、生活の主体者としてとらえるとともに、豊かな生活を送ることを望んでいても、それが充足できていない状況を今日のニーズとして位置づける。そのニーズを解決し彼らの「普通のくらし」を保障するためには、その生活問題の発現のメカニズムが問われなければならない。すなわち、彼ら本人の心身機能・身体構造としての障害で決定されるものではなく、その障害と社会的環境との相互作用として、彼らの現実の地域での生活で具体化するものである点である。

　したがって、そのニーズの解決は、地域の問題であり支援の主体としての都市自治体が解決すべき施策の課題としても検討する必要がある。同時に、こうしたニーズの解決が、重症者の自立を支えるものとなるためには、その自立概念の理論的再検討を行い、これを施策の目的に位置づける必要がある。

1. 都市自治体の課題としての
地域の問題と重症者の生活

　本項では、第1章で明らかにした歴史的経過を踏まえ、入所施設や教育の場に比べ、重症者の日中活動や住まいの場が十分に保障されていない実情とこれを求めるニーズ（第2章）を、人権保障の観点から都市自治体の課題としての地域の問題[注1]として把握するとはどういうことなのかについて検討する。

（1）社会から疎外されてきた重症者と今日の課題

　第1章で明らかにしたように、1960年代半ばまで、重症者は福祉や医療、教育を含め政策の対象としては認知されず放置されてきた[注2]。1960年後半には入所施設が制度化されたがその数は少なく、前近代的思想も利用して家族介護負担の軽減という観点から社会防衛的に安価に問題解決を図ろうとしたに過ぎなかった（田中1974）。

　また当時、教育分野においても、彼らは「教育不能児」とみなされ、発達保障や教育の権利などの基本的なニーズは軽視されていた。戦後、重症者は生活する権利も発達する権利も奪われ、まさに社会から疎外された無告の民として扱われていたと言える（守屋1967:55-58）。

　1979年に養護学校義務制が実現したが、その具体化の中で、重症者の在宅支援や卒業後の日中活動の場の整備などのニーズが顕在化してきた。重症心身障害児を守る会などにおいても、地域生活をめざすことが重要であるという考え方が拡大し（岡田1998）、国も一定の譲歩を図ったが[注3]その対応は限定的で、重症者の在宅施策は不十分なまま推移し、第1章で示したように1982年の東京都立肢体不自由養護学校卒業生の進路は、4人に1人が在宅留置の状態となっていた。

　1990年代以降、重症者の福祉制度の充実要求が問題として取り上げられ、各地で共同作業所づくりや自治体独自の通所施設などの先駆的な取り組みが行われた（田中1974）。このことから、国は通園事業を制度化したが、設置数の少なさなどから彼らの要求（生活権や

発達権)を十分に保障しえず、その法・制度の谷間、縦割り行政の弊害を打開するための運動が繰り返し進められた。このように、重症者の福祉の歴史は、まさに客観的な矛盾を認識することによって実践的に止揚する取り組みの歴史であった。

しかし、この矛盾に対する取り組みは学校教育では一定の前進があったが、重症者問題の全体、特に地域生活の面からすれば基本的には未解決のままであることを第2章で示した。すなわち、重症者が学校卒業後に生活を豊かにするに足る行き場がないという現実である。社会の構造的変化によって必然的に生起し、深刻化してきたものだという論理を無視ないし軽視され、抜本的な対応がなされていない。その不十分さの分だけ、重症者本人や家族、通所施設などの過重な負担、関係者の健康破壊、さらにはその要求放棄(諦め、断念)として現れている。

すなわち、第2章で示したとおり、通所施設では、重症者の約3割の者は希望する日数の通所ができておらず、重症者の家族は「職員数が足りない」「時間が短い」「医療的ケアの対応が不十分」等の

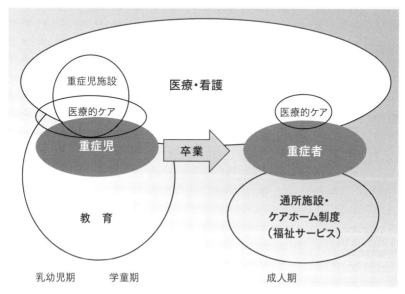

図1 障害福祉サービスから取り残された重症者の現状

課題を感じていた。重症者の社会参加のニーズは強いにもかかわらず、それが十分保障されていないことを示した。

また、第3章では、重症者が利用し医療的ケアにも対応する通所施設やケアホームは増加しているが、先駆的な試みの範囲に留まり、ニーズに十分対応できていないことを示した（図1参照）。その理由として、同章第2節で明らかにしたように、重症者支援には手厚い人的配置と彼らの心身状況を読み取る力量が求められるため、支援に要する費用が高額になる。そのため、支援の実施主体の財政支援がなければ対応が困難であるからだと考えられる。

（2）重症者のニーズを地域の問題としてとらえる必要

このように、人権無視の政策として開始された重症者施策は、今日においても地域生活の面では、そのニーズに応え得る生活基盤が十分保障されず、生活の権利や発達する権利が奪われている点で生活問題として理解される。

清水（1978:106-119）は高度成長期までのわが国の障害者観について、慈善的立場、慈恵的立場、社会防衛的立場、社会効用的立場の4つの点があるとし、これらは障害者の発達可能性について、固定的・限定的な見方に立っていると批判した。そのうえで、このような障害者観は順応主義と隔離主義を導くものだとした。

重症者の生活はこうした伝統的障害者観を反映し支援が行われてきた。すなわち、「不幸な」重症者は労働者として生産に寄与することは困難であり、社会を守るために慈善的・慈恵的な施策展開が行われてきたのである。その点から、彼らの生活問題は社会的に規定される側面を有していると言える。

同様に真田（1977）も重症者の生活問題は、個人の個別的要因が働いているが、社会の仕組みと動きに起因して結果がもたらされるという基本的な側面を備え、社会的な性格をもった諸問題であると規定する。これらの点からも重症者の生活問題は社会問題の生活レベルでの具体的発現として位置づけられる。

中野（2008:2-5）は、重症者が有する障害は、重い重複障害としてとらえる（障害に合わせて人をとらえる）のではなく、障害を環境との関係で、その人の生活問題としてとらえる必要があるとする。すなわち、重症者を単なるカテゴリーとしてではなく、重症者をとりまく歴史や社会的な問題を背景に、彼らの地域生活の現状を、彼らの自立を支える生活上の必要性に焦点をあてて理解することが必要である。その点から、彼らの生活の実情（生活問題）を支援の主体である都市自治体の課題としての地域の問題（社会的な問題）としてとらえる必要がある。

2．重症者の自立と社会的支援

前項で重症者の生活問題は、個人の問題であるだけでなく、都市自治体の課題としての地域の問題としての側面を有することが明らかになった。重症者の地域生活支援のためには、単に重症者の現状の深刻さを告発的に示すだけでなく、障害者基本法における「自立」の理解の上に立って、彼らの生活権と発達権を保障し得る支援のあり方を考える必要がある。「自立」の理解の上に立った重症者の生活支援を社会的な支援のあり方との関係で考察する。

（1）さまざまな人間関係のなかで実現する重症者の自立

障害者基本法は「相互に人格と個性を尊重し合いながら共生する社会を実現するため」、「障害者の自立および社会参加の支援等の施策」を推進することを基本原則としていた。

重症者は「ただ無為に生きているのではなく、生き抜こうとする必死の意欲をもち、自分なりに精一ぱいの努力を注いで生活している」（糸賀1968:175）存在である。その観点から、大泉（1989:153-170）は、自立について発達概念との関連を指摘しながら「人間として生きる」というなかに、自立をとらえなければならないとする。

一方、河野（1984:16）は、自立の概念を「独立した社会的人格とし

て自己の身体・生活・人生の主人公になりゆくこと」であるとする。それは一人ひとりが、生活・人生をその人らしく自身の人生を生き抜く過程を示すものである。自己決定や自己選択に対し、あいまいに見え判断がつかない重症者であっても、その障害状況のなかで自らが生きていく可能性を追求している。その可能性を追求すること自体が、その障害者の家族、関係者、各種の専門家に一定のインパクトを与え、そのことがなんらかの社会的発展につながることの可能性を秘めており、彼を自立的存在として認めさせることにつながる（定藤1986:149-150）。

　彼らと長年接している家族や福祉施設で働く職員は、その経験から彼らが心地よいと感じているのか否か、そして、心地よい状態のなかではさまざまな能動的な表情や動きがみられることを経験的に理解してきた。このことは、第3章の施設ヒアリングにおいても、語られていたことである。こうした実践的な視点からも重症者は、生きる可能性の追求において人の手を多く必要とするが、そのことは視点を変えれば、多くの人との関係が生まれるということでもある。したがって、重症者の自立は社会におけるさまざまな人間関係の中で果たせる（日浦1997:225-226）という観点が示唆されるのである。そのことは、重症者が単に保護の対象であるだけを意味せず、全人格的存在として発達の主体であることを示すものである。

（2）自立した地域生活のための支援の必要性

　これまで、重症者に対してはその障害の重さに注目しがちであり、自立を支援する観点が欠けがちであった。重症者にとっての自立とは、経済的にも社会的にも他からの支援を受けず1人で生きていけるという狭義の自立ではない。こうした現象的なカテゴリーの基底にある、社会に生きる人・存在としての自立性（自己の身体・生活・人生の主人公になりゆくこと）としてとらえるべきである。

　すなわち、この社会に生きて、時間をかけながら自らの生命や自身の健康を守り、人間関係や社会関係を築いていく取り組みである。そのうえで生活の質の向上を図り、社会において支援を受けつつ互

いの連帯の絆を結びながら、人生における主人公になる取り組みが彼らの自立である。

どんなに障害が重くても、通所施設やケアホームなどを利用しながら重症者が人として尊重され、生きがいをもってその障害特性に応じた暮らしが保障されること。それが重症者および家族が求めるものである。そして、通所施設は社会への参加を通して、支援者やさまざまな人との関係をつくりあげる場であると同時に、支援者を媒介としながらも、同じ利用者相互の関係性をつくり、「仲間づくり」へと展開される場でもある。加えて、居住の場は、安心ややすらぎという役割のほか、住まいを拠点として地域住民とのかかわりを創出する機能を有している（朝日 2011:70-71）。

このように、市町村や福祉施設の職員、医療・福祉・保健関係者、近隣住民などから社会的な支援を得ながら、通所施設やケアホームなどの社会関係を築く生活の拠点（大泉 1989:104-110）の整備が、重症者の自立を保障するためにも必要である。当事者や家族、事業所職員らが話し合い、彼らが地域で暮らし続けるにふさわしい自律的な選択ができるような、さまざまなサービスを都市自治体が制度化し、彼らが望む暮らしの下支えを行うこと。それは生活保護や就労など経済効率で語られがちな自立観とは相反するが、人が社会の中で人として存在しうる基底的な概念としての自立観であり、これを都市自治体の施策に位置づける必要があるといえる。

本節では次の2点を明らかにした。

第一に、重症者生活支援に際しては、彼らの社会的自立を支える生活上の必要性に焦点をあてた新たな理解が必要である点である。すなわち、人間的共感の関係の重要さに着眼することによって、どんなに障害が重くても社会から排除されず、人権が尊重される存在として重症者を理解することが、都市自治体における重症者の施策の前提であることを明らかにした。

第二に、重症者の生活問題の解決にとって、社会的支援が必要不可欠であることを重症者の生活から社会が学びとり、発展させること

の重要性を共有する意義が示唆される点である。

　自立を問題とするのは、上記のような障害者福祉の展開を決して慈善的、功利的なものに逆戻りさせず、社会的責任において解決する観点を明確にするためである。すなわち彼らの心地よさを保障し得る社会的なケアのなかでこそ、人とのつながりが生まれ、彼らの存在が社会的な意味をもち自立が図れるという観点を、都市自治体における重症者の福祉施策における基本的な考え方とする必要がある。それは地域の中で重症者の権利を尊重するための一人ひとりに対する具体的な取り組みを行うなかで、彼らが「世の光に」なり得る社会がつくられることである（糸賀1968:53）。

　このような自立観は、これまで財政的負担が過重になるため、その支援が無視され、あるいは最小限度にとどめおかれた重症者を社会的な存在として位置づけ、社会的な支援としての通所施設や居住の場などを生活の拠点として整備に取り組むことで規定されるものであり、その基盤整備の必要性を示している。

第2節　重症者の地域生活を支える通所施設、ケアホームなどの基盤創出

　前節では、重症者の生活問題を都市自治体の課題としての地域の問題としてとらえ、その解決を図る必要性とその基軸となる重症者の自立を、人間的共感の関係の重要さに着眼して明確化した。その上で、重症者が社会参加を図るため、重症者の生活の拠点となり得る通所施設や居住の場などを整備する必要があることを明らかにした。

　通所施設や居住の場などを整備するためには、親や家族、関連する団体の意見や要求を出発点に、支援の主体である市町村の役割を問い

返しながら、重症者やその家族の独自のニーズを具体化し、彼らの生活権と発達権を保障し得る視点が必要であることを明らかにすることを目的とする。

1. 重症者の地域での生活を支える 福祉の基盤の創出の必要性

　生活権や発達権を奪われてきた重症者の生活問題について、単にその深刻さを告発的に示すだけではニーズが一面化され、要求の全面実現を図る施策化は難しくなりかねない。それがいままでの重症者福祉の歴史であった。そこで、本節では、第2章で明らかにした重症者のニーズに着目することによって、人間らしい生活に対する先駆的な実践を通して、重症者の生活問題の解決の視点を考えた。その点から、第3章における通所施設やケアホーム（本節では第3章の調査等について述べるためケアホームという用語を用いる）の調査の結果と結びつけて考察する。

（1）重症者の生活を支える通所施設、ケアホームの取り組み

　生活とはそもそも、人間として生きるうえでの日常的な活動である。大泉（1989:39-41）は生活の観念が概念へと抽象化されることで、その抵抗性を喪失しがちだったこと（例えば、教育学における立身出世主義）を問題とした。そして、①おもいっきり活動する（快活）②しっかり食べる（快食）③気持ちよく排せつ（快便）④ぐっすり眠る（快眠）⑤たしかな人間関係が生活の土台となる、5つの原則として示している。

　重症者はその生活において障害特性に対応した介護に多くの人手を要し、手厚い支援が必要である。しかし、重症者の地域生活を支援する福祉サービスの法的な規定がなく、社会的効用論や職員聖職論に問題をすり替えられがちであり、そうした生活の土台を確かなものにするうえで困難を生じがちであった。

今日では、重症者やその家族は障害が重くても学校卒業後には地域で暮らし続けることを望んでおり、そのための仕組みの構築を求めている（第2章）。しかし、一方で、医療的ケアが必要な重症者を受け入れている公立施設が増加し、医療的ケアに対応している公立施設は調査対象施設79施設中36.7％を占めていた（第3章第1節）。通所施設での医療的ケアが法的に認められず、民間通所施設では医療的ケアを要する重症者の受け入れに困難を生じているなか、4割近い公立施設が医療的ケアに対応しているとした事実は、公立施設が重症者のセーフティーネットとしての役割を果たしているものであると考えられる。

　また、民間施設でも1割以上が重症者への医療的ケアに取り組んでいた。これらの実践を支えるものとして、所在地都市自治体の財政支援が重要な役割を果たしていることが明らかになった（第3章第3節）。しかし、こうした対応は医療的ケアなど障害の特性に応じた制度が整備されていないなど、その取り組みは試行的な段階に留ま

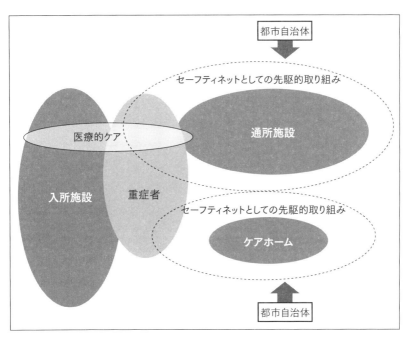

図2　セーフティネットとしての先駆的な取り組み

り、それがいわばバラバラに取り組まれている（図2参照）。

　一方、支援法では重症者のケアホームの活用を想定していないが、東京都内では、ケアホーム288か所中28か所で重症者等が生活していた（第3章第2節）。この事実は、入所施設や病院ではない場所に生活拠点を築く先駆的な試みが拡大していることを示すものである。また、それらのケアホームでは、都市自治体が財政支援することによって国基準を上回る職員配置を行っている実態も明らかになった。

　しかし、多くのケアホームでは職員だけでは支援が困難で、ホームヘルパーなどの外部資源を活用せざるを得ず、常時、医療的ケアを必要とする者など、困難度の高い人には対応できていないという結果を生じさせている。

　第3章第2節のヒアリング調査でも、重症者を受け入れている民間施設は、都市自治体の財政支援の継続に不安を示しながらも「自分たちもできる努力はしているがその限界もあり、所在地の自治体と機会をとらえて話し合いを重ね、施設の実情と重症者のニーズを理解してもらうことが必要だ」と話していた。

　また、ケアホームを運営する事業所の理事長は、「こうした補助がなければ、医療的ケアはおろか重症者も受け入れができない。毎年、所在地区市との話し合いをとおして何とか予算確保はしてもらっており、こうした話し合いをとおして自分たちの実践を理解し支援してもらっていることが重要である」と述べていた。

（2）重症者の生活を支える福祉の基盤整備

　重症者の地域生活支援は、身体や知的障害者のサービスと同様のサービスを整備すればそれで済むわけではない。医療的ケアなどにも対応していた通所施設の事例（第3章）のように重症者一人ひとりの障害特性に応じた配慮がなければ、その生活そのものが破壊される。すなわち、個別的ないし特殊的条件の欠如が生活の普遍性を阻むのである。

　社会福祉の焦点は生活破壊であり、生活破壊を軸としこれと深い

かかわりをもつその他の諸問題（例えばハンディキャップなど）をも対象とするものとして論じられる（真田1977）。重症者の日中活動や居住の場などの現状は、その障害特性に対応しきれず、彼らの生活や発達を保障できていない点で生活破壊であるといえる。

　重症者が他の障害者同様、住み慣れた地域で生活していくためには、福祉の基盤としての通所施設やケアホームにおいて、障害特性に対応した医療的ケアを含むきめ細かな対応が求められる。これを、重症者に対する地域生活を解決する普遍的な方法として位置づける必要がある。加えてそれを安全確実に行うためにも、施設と各医療機関のネットワーク形成による役割分担など（田村2012:47-52）も必要となる。そのうえで、介護の困難度の高い重症者などが利用できる通所施設やケアホームなどの福祉の基盤を創出する必要がある。

2. 重症者に対応する先駆的取り組みからみる ニーズ解決の視点

　重症者が必要とする通所施設での医療的ケアや居住するための条件を第3章では「合理的配慮」としてとらえた。そこで、本節ではこの「合理的配慮」の考え方が、今後の重症者の福祉の基盤整備にとって必要であるとする見地から、重症者の福祉サービスの基盤整備における合理的配慮とは何かについて、実践に即して理論的に検討することにしたい。

（1）重症者の社会的対応の先駆事例からみる合理的配慮
　養護学校での医療的ケアの実践は、教師や医師たちが広く訴えることによって顕在化させ、都道府県教育委員会による制度の進行とともに新しい社会問題となることによって、国の制度変更を促した。今日では、特別支援教育での医療的ケアについて、子どもの疾患・疾病の状態を考慮する合理的配慮の側面を視野に入れる必要があると指摘されている（西村、池本2011:137）[注4]。

通所施設の実態を見た場合、公立施設の46.8％で医療的ケアを必要とする者を受け入れており、約65％の施設がその必要性を感じていた。こうした公立施設の実践は公共がセーフティーネットとして医療的ケアを要する重症者を含めて、日中活動の場を保障する先駆的な試みとして位置づけられる（第3章第1節）。また、実際に医療的ケアを行っている通所施設では、医療的ケアを要する者が平均4.8人おり、法的基準よりも手厚い支援体制を構築していた。その背景には所在地の都市自治体から、利用者1人あたり平均約258万円の法定外超過額を得ていたことがあげられる。

　こうした取り組みは重症者の生活を支援する通所施設と都市自治体共同の先駆的な取り組みとして位置づけられる。これらの取り組みは、目の前の重症者を受け入れなければ在宅放置となりかねない状況のなかで、重症者や家族の要望にもとづき、施設やそれを支援する自治体が重症者の受け入れを決め条件整備を図っているためであった（第4章第1節）。

　一方、ケアホームでは医療的ケアまで対応している事業所は少ないものの、重症者などが住まうケアホームの先駆的実践が行われ、東京都制度にもとづく補助が行われる一方、重度ホームや福祉ホーム等では所在地区市が補助をしながら重症者が暮らす取り組みが拡がっていた。

　これらは、通所施設やケアホームが目の前の重症者への支援の必要性から受け入れ、これを都市自治体が補助等を行うことにより、国基準以上の人員配置や設備整備などを図りながら行われており、重症者の障害特性に応じた妥当な施策を事業者と都市自治体が共同して具体化する、「先駆的な取り組み」としてとらえるべきである（第3章第3節）。

　2006年の国連「障害者の権利に関する条約」では、「合理的配慮」を人権および基本的自由を享有するためのものと規定している（外務省）。「合理的配慮」は新しい概念として登場したが、憲法第25条を実践する観点から、重症者一人ひとりの生活支援との関係で考える必要がある。

川島（2010:399）は「合理的配慮」は形式的な同一対応だけでなく、インペアメントと環境との相互作用から生まれるニーズを充足する、個別的な対応を必要とする概念であるとする。したがって、合理的配慮は、労働・雇用の分野を超えて幅広く適応され（高嶺2008:24-25）、必要な支援も障害特性に応じたものでなくてはならないのは当然である。

　換言すれば、社会的「配慮」のあり方が重症者の生存、生活、発達の実態と制度的対応との関係において、どれほどに「合理的」なものであるかを事実にもとづき実証的に検討する必要があるということになる（障がい者制度改革推進会議差別禁止部会2011）。

（2）基本的人権の尊重を具体化する環境整備

　医療的ケアなどにも対応し重症者を受け入れている通所施設の実践は、施設の独自の判断だけで実施しているわけではなく、国報酬を上回る財政支援を都市自治体が行うことによって、国基準を上回る人員配置によりきめ細かな支援ができていた。しかも、医療的ケアに対する通所施設への財政支援は、財政指数が中位以下の都市自治体でも行われており、財政力だけでなく都市自治体の役割に対する自覚等も重要であった（第3章第2節）。

　一方、第3章第3節で示したように、調査対象13施設のうち重症者の通所比率が70％を超えている5施設では、都市自治体が負担した法定の報酬外の負担額の平均は重症者1人あたり年約362万円であった。こうした都市自治体の支援はケアホームにおいても同様であった。そして、都市自治体の財政支援等を可能としているのが、当事者や家族、市民の要望であった（第2章第2節、第3章）。こうした重症者のニーズを充足する個別的な対応に配慮した手厚い支援により、通所や居住の確保が図られていた。

　重症者の生活問題を解決し、重症者の通所や居住の場の整備を実現し、その生活を豊かにするためには、支援の主体である都市自治体の役割の自覚と主体的努力が前提となる。そのうえで、こうした都市自治体の努力のみに留めることなく、国の責任として、都市自治体

または通所施設への財政支援（報酬額の改定など）を行うことが不可欠な条件であることが示唆された。このことにより、活動の場や住まいの場の保障、手厚い専門職の配置や医療的ケアの体制整備など、安心して生活できる環境整備が重症者の地域生活において可能となる。その点からすれば障害特性に応じた配慮は、社会的な配慮として施策的な妥当性をもって規定されるものであり、「合理的配慮」が意味するものは、慈恵的・慈善的な配慮ではなく、わが国の憲法に定める基本的人権を享有できるための配慮の合理性と理解される。

　教育分野においては、2012年の「中央教育審議会初等中等教育分科会」で障害者権利条約にもとづくインクルーシブ教育の推進に向け、「障害のある子どもが十分に教育を受けられること」を「合理的配慮」として位置づけた（中央教育審議会初等中等教育部会）。

　現行の障害者総合支援法のもとでは、生活の基本的な場となる通所施設やケアホームにおいて重症者の利用は、報酬の面からも運営に関する基準からも想定されていない。しかし、法制度に定められた場であるにもかかわらず、これらを必要とする重症者が現実に利用できないとすれば、それは「理不尽」というほかはなく、人間らしく生きる権利の侵害、すなわち差別でもある。そうした理不尽さや差別を克服することこそ「合理的」であり、彼らの生活にとって必要な条件を整備するという社会的責務としての「配慮」である。鈴木（2007:302）は北欧の現代福祉国家を例に、自己決定能力に制約のある人々への社会サービスの保障という点に、その到達水準が評価されているのだとする。

　人としての基本的な生活を可能にするためには、「重症者の障害特性を踏まえた妥当性のある施策展開」を基本的な視点として、どんなに障害が重くても既存のサービスを活用できるよう、一人ひとりの障害の特性やその違いに配慮し、その人が生活を営む上で必要とされる手厚い専門職の配置や医療的ケアの体制整備など、安心して生活できる環境整備が求められることが示唆された。

　本節では、重症者の生活を都市自治体の課題としての地域の問題

としてとらえ、その解決のための通所施設やケアホーム等の事業者と都市自治体の共同の先駆的な取り組みを検討した。

　その結果、第一に、79の調査対象施設のうち４割近い公立施設が医療的ケアに対応し、調査対象ケアホーム288か所のうち28か所で重症者が生活していたものの、制度的な対応は所在地都市自治体によって異なり、拡がりは弱かった。福祉の基盤としての通所施設やケアホームにおいて障害特性に対応した医療的ケアを含むきめ細かな対応が求められる。そのうえで、介護の困難度の高い重症者が利用できる通所施設やケアホームなどの福祉の基盤が普遍化される必要がある。

　第二に、法制度に定められた通所施設やケアホームなどを現実に利用できない理不尽や差別を克服することこそ「合理的」であり、彼らの生活にとって必要な「配慮」である。それは、恩恵ではなく権利としてとらえる必要がある。そうした理解のうえに立ち、障害が重くても既存のサービスを活用できるよう、一人ひとりの障害の特性やその違いに配慮し、その人が生活を営むうえで必要とされる手厚い専門職の配置や医療的ケアの体制整備など、安心して生活できる環境整備が必要であることが示唆された。

（3）医療的ケアの制度化

　国は2011年に公布された「介護サービスの基盤強化のための介護保険法等の一部を改正する法律」により「社会福祉士及び介護福祉士法」が一部改正された。この法律では、介護福祉士が医師の指示の下、喀痰吸引その他の必要な行為を業として行えることが定められた他、介護福祉士を除く介護の業務に従事する者についても、都道府県知事またはその登録を受けた者が行う喀痰吸引等研修の課程を修了した者は、同様に喀痰吸引等を行えることとなった。

　具体的に業として行える内容については省令で定められ、たんの吸引（口腔内、鼻腔内、気管カニューレ内部）、経管栄養（胃ろうまたは腸ろう、経鼻経管栄養）に限られるものとされている。加えて、

吸引等を業として行うためには、登録事業者になることが要件とされ、「文書による医師の指示」や「介護職員と看護職員との間での連携体制の確保・適切な役割分担」「計画書」の作成など医療関係者との連携に関する事項および「委員会設置や研修実施」や「衛生管理等の感染症予防の措置」などの安全確保措置などの詳細が定められている。

　今回の制度化は、これまでのALS患者、在宅障害者に対し行われる医療的ケア、特別支援学校での医療的ケアの実践、特別養護老人ホームなどで高齢者に対し行われる医療的ケアの3つの実践がその背景にある（高木2015）。その流れを受け、介護福祉士を除く介護の業務に従事する者についても、都道府県知事またはその登録を受けた者が行う喀痰吸引等研修の課程が3つに分かれている。それが、喀痰吸引および経管栄養について、対象となる行為のすべてを行う類型いわゆる第1号研修、喀痰吸引（口腔内および鼻腔内のみ）および経管栄養（胃ろう及び腸ろうのみ）を行う類型いわゆる第2号研修、特定の者を対象にし、実地研修を重視した類型いわゆる第3号研修となっている。

　特別養護老人ホームなどでは入所者の重度化や看取りの実践などを背景に介護職員がやむを得ず吸引等医療的ケアなどに対応してきた（三菱総合研究所2011）。介護福祉士の養成課程の中に医療的ケアが位置づけられ、介護職員も研修を経てケアが実施できるようになると、特別養護老人ホームでの高齢者の生活の幅が広がっていくことなどが見込まれる。

　一方、これまで在宅重度障害者や特別支援学校では、ヘルパーや教員等特定の人が特定の人に対してケアを行ってきた、それは利用者とのコミュニケーションなど、利用者と介護職員等との個別的な関係性がより重視されるためである。こうした経緯を踏まえ、これらの特定の利用者ごとに行う実地研修を重視した類型（第3号研修）ができたことは、重症者が学校や通所施設などで行われた先駆的実践が公的に制度化されたものであり、地域生活の支援の手法が大きく

広がる可能性を示唆するものであるととらえられる。

　しかし、登録事業者等として登録を行った障害福祉サービスの事業者は、2013年4月時点で、1963か所となり前年比3倍に増加している（厚生労働省2013）が、計画相談等の事業所を除く総合支援法上（国調査時点では障害者自立支援法）の全事業者数66210（厚生労働省2012）から見ると3.0％に過ぎない。とりわけ、重症者の通所が想定される生活介護は2.3％、グループホーム（調査時点では、共同生活援助と共同生活介護の総数）は0.3％となっている。

　医療的ケアを必要とする障害者がさまざまな地域で生活し続けるためには、現時点の登録事業所では十分とは言えない水準である。とはいえ、この法整備が行われることによって今後、事業者の拡充などを含め重症者が地域生活を継続していく可能性が広がったと言えよう。

　生活介護など通所施設における医療的ケアへの対応については、本書第3章第1節、第2節でも示したように徐々にその施設数が増加してきているものの、障害当事者や家族のニーズと比較すれば十分とはなっていない状況がある。本制度、とりわけ第3号研修が定められたことによって、通所施設においては、これまでの実践の蓄積を基盤にしつつ、一人ひとりの利用者とのコミュニケーション等の関係性を大切にしながら、医療的ケアの実施体制を手厚くできることが可能となるほか、これまで医療関係法令との整合に悩んでいた施設にとっても背中を押されるものとなり、未実施であった施設への広がりも期待できる。

　一方、グループホームについては、同章第3節で述べたとおり、重症者が暮らしているグループホームは存在するものの、常時日常的な医療的ケアに対応できている例は1例のみに留まっていた。その後同様の調査を行った岩崎ら（2015）の研究においても、重症者が暮らすグループホームは増加しておらず、吸引や経管栄養など日常的な医療的ケアへ対応しているホームも1施設のみであった。重症者のためのグループホームの責任者は、グループホームで重症者に対する医療的ケアについて、まず、現行のグループホームの報酬単価

が安価に過ぎ、かつ入居人数も少ないため運営費が確保できないことをあげていた。そして、それにより、十分な支援体制が取れないこと。職員体制も非常勤職員中心に対応せざるを得ず、責任をもって利用者の日々の変化に対応できる人が少ないこと。保健・医療機関との連携などの時間や体制が取れないこと。等の課題があり、医療的ケアまでは手が回らない現状を述べていた。グループホームについては、医療連携を行った場合に医療連携体制加算として種別に応じ39単位から500単位までが算定できる。加えて、2015年度の報酬改定では重度障害者が入居した場合に重度障害者加算として360単位が算定できることとなった（厚生労働省2014）。しかし、重度障害者加算は重症者の場合、レスピレータ装着が必須要件となっているなど、対象が極めて限定されている。重症者が入居するグループホームが一般化されず医療的ケアを要する利用者がほぼ見られないのは、グループホームで第3号研修を含む本制度が実施以前の問題として、重症者が快適な生活をしていくうえでの支援体制の整備が脆弱であるためであると考えられる。

　障害者の支援には、一人ひとりの障害特性に応じた支援体制を構築することが欠かせない。本書でも述べたとおり生活の基盤である通所施設やグループホームを重症者が利用できることは、その障害特性に応じた支援も確保されることである。本制度によって医療的ケアを含めて支援の手法が広がりをもつことは重症者が快適に安心して生活をするための基盤となる可能性を有するものである。あわせて、その前提として人員等の支援体制の整備も必要であることも改めて付言しておきたい。

　杉本（2014）が言うように、これまでの重症者のためのさまざまな取り組みの歴史の奔流として第3号研修を地域に定着・拡散させていくためにも、本制度の進展とあわせて重症者の暮らしを支援する通所施設やグループホームなどの多様な取り組みとその制度的、財源的保障を組み合わせることが求められていると言えよう。

第3節 重症者の生活問題を解決する地域生活支援をつくりあげるプロセス

重症者の生活問題の特殊性に焦点をあて、重症者の生活の社会化を具体的に解決するには、事業所と都市自治体の先駆的な共同の取り組みから課題を見出し、それを一般化することが課題であると考える。

前節で明らかにしたように、重症者の生活を支えている通所施設やケアホームなどの実践は都市自治体がこれを支援していた。これまで、こうした重症者の地域生活支援の取り組みは都市自治体間の情報共有などでは見聞されていたが、量的調査等からは明らかにされず、少数の都市自治体の試行に留まっていた。こうした共同の取り組みは重症者の地域生活を支援する先駆的な基盤整備の試みであるといえる。

その点からこのような先駆的取り組みが、どのような過程から生み出される可能性があるのかについて、本書で述べた個別の取り組みの中に普遍を、特殊な実践の中に一般を見出す必要がある（大泉2005:13-15）。

重症者のニーズに応える先駆的取り組みは、事業者の単独の試行では財政面からの継続性は担保できない。その点から、支援の主体である都市自治体が障害特性に応じた柔軟な基盤をつくりあげることから創出されたと考える。本節では、地域生活支援の実践的プロセスとそこで果たすべき都市自治体の役割を地方自治との関係から考察する。

1. 重症者の暮らしを支える自治と住民主権

（1）社会的共同業務としての重症者支援

社会福祉基礎構造改革と地方分権が進展するなかで、福祉の支援主体が従来の都道府県から市町村に移譲しつつある。また、重症者

の生活支援の方法を検討する協議会の取り組みも拡がりつつある（第４章第２節）。その点から本項では、都市自治体の障害者福祉施策における住民主権を地方自治との関係から検討する。

　重症者が地域で暮らし続けるには、第３章で述べた、重症者の通所施設やケアホーム等の場をつくり、医療的ケアなど障害特性に応じた対応を図った都市自治体と通所施設やケアホームの共同の先駆的取り組みを、どのように拡げ普遍化するのか、その可能性を都市自治体の役割として追究する必要がある。

　これまで、国は重症者の福祉を都道府県業務と位置づけてきた。その施策は入所施策が中心であったが、その設置は進まず、地域で暮らすための施策もなかった。市町村は重症者施策を自らの問題としてとらえず、厚生労働省の通知にもとづきその枠内で事業を実施するだけでよいものと考え、重症者のニーズに向き合うことなく無関心だった。その点では市町村職員の福祉政策能力における課題を有していたといえる（大森2002:121-126）。

　基盤整備のための先駆的取り組みの背景には、第４章第１節で示したとおり、重症者の問題を解決ないし改善しようとする親や関係者の要望、協議会の提言があり、これが都市自治体の課題としての地域の問題として、公的機関の対応の質と量をつくる原動力（真田2003:49）となって、施策へと具体化したものだと考えられる。

　都市自治体は、憲法第25条の規定を具体化し市民の命と暮らしを守るという役割を有し、それを可能ならしめる地方政府としての固有性がある。その際、芝田が指摘した「社会的共同業務」[注12]という考え方を理論的基盤とし、自治体を市民生活から生じるさまざまな領域での協働性を基盤とした公共圏を位置づけ直し（槌田2004:256-267）、重症者の福祉基盤整備を地域住民の社会的共同業務としてとらえることが必要である。

（2）重症者の発達を保障する公論形成のプロセス

　一方で、こうした重症者の生活問題が共同性ないし、社会の問題

として広く市民の共通の問題となり得るかという点が課題となる。今日の社会では市民相互の利害が分断され、共同性をもちにくい環境におかれている（二宮2011:251-252）。

　現実に地価や環境を理由にした障害者施設建設の反対運動は、全国的にも散見されているし、生活保護に対するバッシングなども同様の面を有している。今日のそのような地域社会では共同性ないし、社会の問題として成立することはできないのだろうか。

　真田は利害の分断・対立を克服して共同性の世界を切り開くためには、住民相互のコミュニケーションによる調整・了解・合意の必要性を指摘し、そこに住民自治による公論空間の意義を見出している。そして、「住民自治とは、住民相互の公論空間における共同性の確立・合意のことである。公論形成を媒介にした住民自治が、地域社会の共同性をつくりだし、これが自治体等の公共性を導くことになる」と述べている（真田2003:49）。

　石倉（1997:212-219）は、たとえどんな小さなニーズであっても当事者等が声を上げ、事業者、自治体職員など、地域のさまざまな者との共同の中で議論することは、障害者や市民、職員らが共に新たな知見や課題の発見につながる場の契機となると指摘する。それは、重症者を社会から疎外された存在として放置せず、その生活と発達の権利を保障する公論をつくることである。

　都市自治体は、自治と住民主権を確保する役割を有しており、市民の公論を出発点として重症者の豊かな暮らしを支える施策構築へつなげる役割を有していることが示唆された。

2. 重症者の生活支援とボトムアップの施策

　第4章第1節では、市町村職員が考える重症者に対する福祉が施策化する要因は、当事者や家族、福祉関係者の要望が一番大きなものであることが示された。それは単に、市民要求への行政の譲歩という図式だけではない。都市自治体が市民と同じ目線から重症者問

題を重要な障害者福祉行政の課題であると考えたからであると推定される。その際、第4章第2節で取り上げた協議会の実践が、重症者の生活を都市自治体の課題としての地域の問題として位置づけ、解決へ向けての端緒とするための示唆を与えると考える。

その点から、重症者の生活支援を具体化する施策と成立過程について考察する。

（1）学びの相互作用を生み出す協議会

第4章第2節で明らかにしたように、協議会について、第一に、重症者のための政策立案主体としての役割。

第二に、重症者の個別のニーズを鳥瞰的にとらえ地域課題へと昇華させ、市を含めて地域社会全体に働きかける役割。

第三に、重症者の生活を支えるシステムとして市町村は、障害者福祉行政上に位置づけることの必要。という特徴づけをした。

この節で取り上げた各協議会では、具体的な事例からどのようなニーズがあり、それをどのように解決するかを参加者が協議していた。そして、A市やC市などでは、協議会で抽出された課題を解決するため、障害者計画や障害福祉計画などの行政計画に位置づける取り組みが行われていた。

協議会は、市民参加のなかで重症者のニーズの明確化や解決方法の提示を含めた広範な議論を行い、参加者同士が学びあい、相互理解を図るなかで施策につなげる役割を有しており、重症者や家族も含めた幅広い市民の共同学習の場として位置づけていた。

これらは、重症者やその家族、市職員、福祉関係者、民生委員や事業者等の市民が、共同学習をへて自治の主人公として知的に参加する（宮本1998:77）という点で住民自治を実現する取り組みである。同時に、都市自治体職員が市民一人ひとりの願いと自らの役割を関係づけながら「自らも不断に成長しようとすることによって、関係性を持続する」（辻2008:194-195）なかで、障害者支援の実施主体の一員として成長を深める取り組みでもある。この2つの点で、協議会は

市民と職員相互の学びを生み出すことになる。

　この学びの相互作用の本質は互いの立場を超え、重症者の暮らしの困難さを「わかりあえる」ことにある。わかるということは単に客観的に理解をしたということに留まらない。市職員と参加者がその困難さや理不尽さに共感し、その解決の道筋を見出すことを了解し、そして、そのための働きを各々がすることに合意する過程である。

　堀尾（2005:200-203）は「包み込んでわかる」（comprendre）という言葉を引きながら「感性が理性を支え、認識が感性を方向づけること」であるとしている。このような「わかりあえる」ことが「住民の共同学習による知的参加」であり、その結果生み出される学びの相互作用であるといえる。そしてそのことが、石倉（前掲書）が指摘するように、参加者、自治体職員らが共に新たな知見や課題を発見する契機となり、参加者らが地域の問題を解決する主権者として協議会で意見を発信し、それをとりまとめるとともに、都市自治体職員が行政を運営する主体者として、政策形成能力を向上させるという学びあいによる「主体形成」[注13]が可能となるのではないかと考える。そして、そのことにより、障害者計画や障害福祉計画などにそれが反映されるなどして、重症者施策の具体化につながる。

（2）重症者の生活基盤をつくる施策形成のプロセス

　重症者など少数にニーズを顕在化させ、その生活基盤を形成するためには、「参加」⇒「共同学習」⇒「主体形成」⇒「公論形成」⇒「施策化」へとつなげることが必要だと考える。

　それは、第4章で明らかにしたように、協議会等では、当事者や都市自治体職員、相談支援専門員、事業者、市民らが「参加」し、第3章第1、2節で述べたような重症者への共同の先駆的取り組みの意義や必要性、法制度や市の施策の現状についての参加者相互の「共同学習」ができていた。

　そのなかでは互いの立場の違いや意見の相反もある。しかし、重症者の生活実態を共感的に理解するなかで、本章第1節で指摘した

ように、「主体形成」につながった。そのうえで、市職員と当事者を含めた参加者が、重症者問題を社会的な問題として位置づけ、重症者および家族らが自らのニーズを発信し、市職員、当事者、事業者その他の市民らが、その重症者ニーズを解決し、自立を支援する視点を共有できるなど、地域で彼らが暮らし続けられる支援の具体化を図る通所施設やケアホーム等の基盤整備施策への道筋を展望した。その結果として市が、行政計画に位置づけるとともに予算化を図り（その後、議会の議決を経て）「公論形成」がなされ、その「施策化」を図っていったのである（図3参照）。

このように協議会での取り組みは、都市自治体職員や通所施設・ケアホーム、相談支援専門員など福祉事業者等の主体形成と、当事者や民生委員、他の障害者団体などの市民の主体形成が互いに重なり合いながら進められるものである。

その具体的手法として、地域の社会資源の創出などを目的とする協議会や障害者計画の策定などを介して具体化できる。そのようなプロセスを通してこそ、社会的にも疎外され地域の問題となりにくい

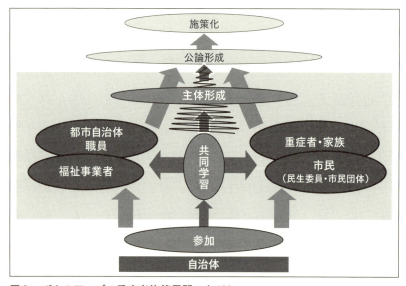

図3　ボトムアップの重症者施策展開のながれ

重症者の生活問題が「他人事ではない」ものとしての位置づけをもつとともに、都市自治体職員を含めた多様な関係者の学びの相互作用の中で、その解決の方法や施策展開の道筋が提起できる。

この施策展開のプロセスは、これまでの中央集権的な障害者福祉施策と比較して、都市自治体が主体となる新しい障害者施策形成のあり方を示すものである。すなわち、市町村における公務労働を公務員が担うものとしてだけ捉えるのではなく、市民と職員との対等な協働によって生み出されると考えられる。

この点から、重症者の生活問題は自治の専門職員である都市自治体職員が、市民とともに解決を図ることができる道筋を示したといえる。

当事者や家族の要望やニーズを出発点に、これを当事者や家族、市民、事業者、都市自治体職員が参加し、共に学びあうなかで、相互の主体形成を可能とする協議会を機能させていくことが住民自治を実現し、社会的共同業務としての重症者の生活支援を施策化する具体的なボトムアップのプロセスとして位置づけられるとの示唆が得られた。

当事者や家族の要望やニーズを出発点に、「参加」⇒「共同学習」⇒「主体形成」⇒「公論形成」⇒「施策化」のプロセスによって生み出された施策は、市民の要求に対する譲歩として施す政策としての施策ではなく、「ほうっておけない」市民に対して、その地域で暮らす同じ市民としての共同性にもとづいた人権を守るための公共の業務としての施策である。

三浦は「社会福祉の政策に焦点を合わせ、その政策の形成およびその政策を管理、運営をいかにはかるか」（三浦1995：15）を問題として、公共的福祉供給システムの欠陥ないし限界を指摘し、参加型非公共的福祉システムなどの重要性を述べている（三浦1995：169-172）。しかし、このなかでは、財政的な制約性を前提によりよい生活を望む人々のニーズを自己責任に帰する点やサービスの供給主体の観点から福祉供給が論じられており、内発性が加味されていない（小松2012：164）。

都市自治体における施策づくりは単に国の福祉サービス制度の主体や提供方法（分配方法）を定めることに矮小化されるものではない。

本節では、職員と市民が参加し、共に学びあうなかで相互が主体形成を図り、公論をつくりそれが施策につながるという内発的な手法の可能性を明らかにした。それが都市自治体におけるボトムアップの施策形成の視点であり、公共的福祉供給のプロセスの新たな可能性を示唆していると考える。

本節では、第一に、重症者のニーズや要望を市民、市職員、議員などが相互に議論し公論を形成することは、都市自治体が重症者の生活と発達の権利を保障する契機となることが示された。そして、このことが、重症者を社会から疎外された存在として放置せず、市町村が協議会を設置し、関係者および市民との議論を深めることにより、重症者の豊かな暮らしを支える施策構築へつなげる役割を有していることが示唆された。

第二に、重症者の生活問題の解決は、自治の専門職員を有する都市自治体が、住民とともに都市自治体の課題としての地域の問題への解決を図ることが必要であり、協議会などの場で、「参加」⇒「共同学習」⇒「主体形成」⇒「公論形成」⇒「施策化」を具体化し、機能させていくことが住民自治を実現し、社会的共同業務としての重症者の生活支援を施策化する具体的なプロセスとして位置づけられるのではないかとの示唆が得られた。

第4節 重症者施策の形成における都市自治体職員の位置と役割

前節では、都市自治体が重症者やその家族、事業者、その他の市民が参加する協議会を設置し、学び、主体形成を図り、公論をつくることにより、重症者の豊かな暮らしを支える施策構築へつなげる役

割を有していることが示唆された。また、そのなかで自治の専門職員を有する都市自治体が、住民とともに「参加」⇒「共同学習」⇒「主体形成」⇒「公論形成」⇒「施策化」を具体化し、機能させていくことが重症者の生活支援を施策化する具体的なプロセスとして位置づけられるのではないかとの示唆を得た。

その際、こうした住民参加の場をつくり、公論を形成し施策化する自治の専門職としての都市自治体職員の役割も問われることとなる。

そこで、本節では都市自治体職員のいくつかの事例をとおして、その役割を検討する。

1.施策形成における自治体職員の位置と役割

（1）A市での重症者施策の形成と都市自治体職員

第2章では6割以上の自治体で、市民から新たな重症者のための施設整備の要望が出され、7割近い自治体で施設での医療的ケアへの対応も要望されていることが明らかになった。また、調査対象の3割を超える都市自治体で重症者ケアホームの設置要望が出され、都市自治体もその必要を認識していた。そして、これらの都市自治体では、重症者施策は国や都道府県の問題であるとしながらも、こうした要望に応える形で通所施設等の基盤整備が行われていた。

また、第3章では重症者の障害特性に応じた通所施設などでの支援が可能になるよう、事業所と都市自治体の共同の取り組みが先駆的な形で行われていた。また、第4章第2節で示したとおり、協議会の提言が障害者計画等に反映され、現実の制度として展開されている例もあった。ここでは、都市自治体職員が重症者や家族、事業所などの声に耳を傾け、共に学びあい施策化に至ったことがうかがえる。その際、都市自治体職員がどのような役割を果たしてきたのかを明らかにする必要がある。

第4章第2節で取り上げた東京都多摩地区のA市では、協議会を担当する障害福祉を所管する課の職員の1人（以下「D職員」という）

がこの役割の一端を担っていた。D職員は重症者施設の職員として、また異動によりケースワーカーや管理職として長年、障害者福祉の業務に携わってきた。そして、そのなかで、知的障害者や重症者と直接接し、また、それら当事者やその家族などとそのさまざまな生活上の問題について一緒に解決する姿勢をもって業務を行ってきた。

同時に、心身障害児者の親の会（知的障害児者だけでなく重症児者も加入する。以下「親の会」という）などを始め作業所等連絡会や民生委員、など地域のさまざまな団体との連携できる関係を確保してきた。その職員が果たした役割などを中心にA市の事例を検討する。

①親の会との共同学習（知的障害者グループホーム設置の取り組み）

2000年代に入ると、A市では知的障害者の継続した地域生活のためにグループホーム（当時の制度名称）設置の要望が出される一方で、「親亡き後は施設」という考え方の親もいた。また、グループホームでの地域生活の継続といってもその要望は抽象的な側面も有していた。そうしたなか、まず、グループホームとは何か、どういうグループホームが必要かなどを親の会と市で共有する必要が生じた。そのため、2001年、市は親の会に、要望をどのように具体化するのかを「親の会」の部会である「卒後を考える会」と共同で学習することを提案した。

学習会には、当時一般職であったD職員だけでなく、他の職員や管理職も参加するようにした。この学習会は幾度となく行われ、それぞれの会には多くの親が集まった。そこでは市として、入所施設やグループホームなどの制度を説明するとともに、親たちが家庭の実情やグループホームに期待していることなどを出し合った。このことをきっかけに、親たちも会員に対するアンケート調査や市外のグループホームの視察も行った。そして、親たちは今後グループホームの増加が想定されるなか、まずは本人が体験できるグループホームを設置してほしいとの要望をまとめ、市に提出し、市では障害者計画に体験型グループホームという新たな仕組みの創設を位置づけることとなった。

この過程で、親は市に要求するだけでなく自らも制度を理解し、限

りある財源の中でその制度を有効に活用しあうことが必要だとの見解
に達した。同時に自分たちの問題として親亡き後の課題や子どもの巣
立ちをとらえ、グループホームだけが地域生活の手段ではなく、会の
中での助け合いや見守りを強化することも大切だという意識を生みだ
し、できれば自分たちで事業を経営しようという意識も芽生えた。そ
して、その3年後、親の会は増大する特別支援学校卒業生の通所先を
確保するため、NPO法人化し就労継続支援の事業所も立ち上げている。

　一方、そこに参加した職員（D職員だけでなく管理職や複数の職員）
も、親の要求を一方的に聞くだけではなく、普段からケースワーク等
で接している知的障害者が地域で暮らし続けるイメージを具体化し、
その基盤整備が自分たちの仕事であることを自覚するようになった。
だからこそ、当時、策定の作業に入っていた障害者計画においても
事務局案として「体験型グループホーム」制度の創設を提案し、そ
れを財政当局などとも折衝できたのである。

　その折衝の際、制度そのものの組み立てや補助制度など、財源確保
の手法を説明するだけでなく、なによりも親の切実な要望をリアルに
語ることができたことが大きい。そうした経過のなか、2003年の支援
費制度導入とともに、体験型グループホームが市内に設置された。

　この学習会の試みは、現在も形を変えて継続的に行われており、
親の会の総会には市長や管理職が出席し、今年度の施策の状況を説
明する等が取り組まれている。また、親の会の個別グループの学習
会には、障害福祉所管課の職員が講師として参加するなどし、継続
的な協力関係を構築している。

②作業所等連絡会との共同関係

　また、A市では地域の作業所等連絡会（通所施設やケアホーム、障
害児関係施設など32団体で構成、以下、「連絡会」という）との協力
関係も連携の要となっている。そもそも、この連絡会はD職員が通所
施設の職員だった時、地域の中で増加してきた共同作業所などと、受
注機会の確保や市への予算要望などをまとめるために設立された。連

絡会では、基本的に要求団体としての位置づけではなく、作業所等が地域の課題を共通して解決するための互助的側面を強調していた。

　しかし一方で、障害者施策や制度が基礎構造改革等によって大きく変わるなか、市への財源措置などの要望は強くなっていく。その点では市と連絡会とはせめぎ合う場面も見られたものの、国の制度や市の財政状況の学習会などを共同して開催するなかで、連絡会からは作業所等の運営の困難さだけではなく、さまざまな利用者支援の工夫やヒントも語られた。そのなかで、作業所等の職員もそして市の職員も、障害者が支援を受けながら地域生活を、どのように質の高いものにしていくかという共通の課題を有していることが確認できた。

　そのうえで、市の公園清掃や庁内メール、公共施設の清掃等の業務を作業所の授産業務として委託できる道筋をつくるとともに、共同受注の窓口を設置した。そして、2012年には民間企業とタイアップした観光用菓子を製造・販売をするなどの手法を生み出し、工賃水準の向上に寄与できた。また、障害者自立支援法の施行に際しては、負担軽減策を両者が共に考え制度化する等の施策展開も可能となっている。

　現在でも、こうした関係は続いており、連絡会との話し合いに関しては適時、障害福祉所管課職員（管理職と一般職）だけでなく、市長も参加するなどしながら定期な話し合いの場が設けられている。

（2）都市自治体職員の主体形成と自治体職員固有な役割

　第4章第2節では、A市の協議会で重症者のニーズが議論され、重症者ケアホームの必要を障害者計画に位置づけ、予算化されたと述べた（2014年度に開設）。そうした成果を得た理由として、A市の相談支援専門員の言葉を借りれば、「協議会では調査したり議論したりしながら、課題を鮮明にすることが大切だと考えて」おり、また市も「協議会と市は施策推進の両輪であると考えていた」ことがあげられた。

　そのうえでコミュニケーションをとおして（参加）、支援する重症者の個別のニーズを鳥瞰的にとらえ（共同学習）、地域課題へと昇華させ、自分たちが解決すべき課題と認識し（主体形成）、加えて、そ

の課題を市と市民が協議し、基本計画や障害福祉計画などにその要求や要望を反映し、行政内部の理解と議会の同意を得、地域社会全体に働きかけ（公論形成）、そのうえで事業として具体化すること（施策化）の重要性を指摘した。

こうした施策化の課程において、協議会のなかで、重症者やその家族等も含めて、さまざまな人が議論を重ねる場ができたことが極めて重要ではあるが、その背景には、D職員をはじめとする障害福祉所管課の職員らと親の会等をはじめとする障害者団体や連絡会との信頼関係のうえに、学習会などの継続的取り組みの経験が生かされたことが挙げられる。

市職員と親の会、連絡会との共同は、単に要求を出し、それを受け入れたり拒否したりという関係ではない。切実なニーズを有する当事者、そのことを理解しつつ自身の事業展開を安定化させる責務のある事業者、制度や予算に制約を受けつつ公平な施策をつくる役割を有する市職員（一般職や管理職ともに）、それらが、各々の立場を理解しながら、障害者のニーズを共有してゆく関係性が維持・発展できていたのである。だから、市職員が地域で暮らす障害者の生活上の課題や思いを、自らの公務上の課題として受けとめることができたのだと考える。

（3）職員の専門性確保と施策立案

都道府県や政令市では福祉専門職を採用し、施設や福祉事務所等に配置しているところが多くみられる。しかし、都市自治体を含めて市町村では、税務や政策・財務部門と同様、ケースワーカーや計画立案担当などの福祉部門の職員は、一般の事務職員が異動ローテーションのなかで配置されることが一般的である。かつてA市でもその点は同様であった。しかも、近年では職員異動年数が短くなっている。こうした現状から、A市でも前項で述べた協議会を軸にした、さまざまな団体と共同した課題解決の取り組みだけでなく、訪問や窓口等で直接障害者の生活実態を聞き取り、ニーズを解決する職員のマネ

ジメント能力や個別の生活課題を市の役割として解決する力を高めることが課題となっていた。

そのための工夫の一つとして、A市では窓口に社会福祉士等の専門嘱託職員を配置した。専門嘱託職員は、窓口での相談に応じるだけでなく、手当や医療等の手続きに来庁した障害者の何気ない話から、生活課題を発見し、それをケースワーカーなどに伝えるなかで、支援の具体化が可能となるような業務とした。

その結果、相談者の評価は向上した。しかし、嘱託職員配置だけでは根本的な解決とは言えない。親の会をはじめ当事者たちからは、さまざまな場所から異動でやってきて福祉のことを知って数年で、また異動するということが繰り返されることへの不満や子どもの障害特性をなかなか理解してもらえないことへのいら立ちを訴える声もあった。

本来は市職員の専門性を高めることや正規職員の専門職を配置することが必要となる。そこで、障害福祉所管課のケースワーカーに社会福祉士資格を有する一般事務職を一定数配置するとともに、障害福祉所管課だけでなく、高齢や生活保護のケースワーカー等（保健師や一般事務職）を対象に、定期的に対象者理解、疾病理解、ケアマネジメントや記録等の援助技術等に関する福祉援助技術に関する基礎的な研修会を開催し、能力の向上を図った。

あわせて、法制度の度重なる改正、利用者ニーズの多様化に伴い、的確な把握とマネジメント、関係団体との連携強化などの必要性から、障害福祉所管課長であるD職員らが、福祉領域の専門職の配置の必要性を庁内で喧伝し、市としてもその方向性を位置づけ、2012年度から市職員の福祉専門職採用を開始した。

こうした自治体行政を担う専門的知見を有する職員を育成する取り組みは、市民との共同を進め学びあい、主体形成を図り、施策を考える基礎をつくるうえで極めて重要だと考える。

しかし、障害者福祉施策の具体化は、専門的能力を有する人材確保だけでは実現できない。行政組織内部では福祉部門と企画財政部門との関係も重要となる。

障害者のニーズや思いを障害福祉所管課職員が自らの公務上の課題として受けとめるだけではなく、それをどのように財源をも含めた枠組みとして確立し、どの時期に施策化していくかが問われる。その際、本節第1項(1)で示した親の会との共同学習や作業所等連絡会との共同などにおける一連の会議には、一般職だけでなく管理職も出席していた点も利点としてあげられる。加えて、親の会や連絡会などと一緒に行ったアンケートや訪問での調査結果、親の会や連絡会からさまざまな情報も活用できた点は有効であった。

　障害福祉所管課職員が、日々の支援の業務のなかで理解した障害者ニーズをこうした会議での意見やデータにもとづいて整理するとともに、具体的な行政課題として企画、財政部門へ裏づけをもって提言できることが欠かせない。そしてその提言を、庁内で議論し具体的な施策へ転換し、市長等理事者の理解を得ることが必要である。

(4)「庁内世論」と施策形成

　親の会や連絡会などの要望、要求を障害福祉所管課とともにすり合わせ、それをもとに施策化していくためには、庁内調整も必要となる。その際、庁内調整をしながら障害者への具体的な施策の一つひとつを、行政が行うべき課題の中に位置づけるとともに、その優先順位をつけることが必要となる。具体的には障害者計画や障害福祉計画などに位置づけた施策を、単に部門別の計画の主要課題にあげることに留めず、上位計画である市の基本計画などに位置づけ、年次別の具体策を明らかにすることが求められる。

　通常、個別の部門別計画は所管課が作成することが通例であり、直ちにそれが市政全体の方向性を示し、具体化されるものとなるとは限らない。それは、部門別計画は当該部門に関わる当事者やそれを進めようとする職員が作成するため、企画・財政部門はもとより他部門も含めた市役所全体の意見を集約したものとはなっていないからである。

　そこで、個別の部門別計画に掲げた施策について、全庁的な納得や合意を取り、基本計画に位置づけるか否かが問われることになる。

その際、企画財政部門はもとより多くの行政職員が、当該施策を「必要だ」または「理解できる」と考えるような「庁内世論」を形成できるかが鍵となる。

障害者福祉施策はその対象となる人数も少ない、特に重症者となればA市の場合全人口の0.35％（身体障害者手帳〈肢体不自由〉および重度療育手帳の両方所持している重度重複障害者の人数）に過ぎない。重症者施策を進めるには、そのようないわゆるスーパーマイノリティともいえる人たちに対する公費支出の必要性と正当性を明らかにし、全体的な納得を得る形で「庁内世論」を形成することが求められる。

その際、所管課の職員が具体的な当事者・家族のニーズを量的にとらえるだけでなく、彼らが困難と感じている生活上の課題や現状を「言語化」することも重要である。生活の困難はアンケート調査だけでは描ききれない。だからその困難を現場に従事する者が事例等を交えながらリアルに語れることが必要となる。そして、そうしたニーズの解決のための具体的な道筋を描くことが重要である。

計画上に位置づけ施策化するには、その解決方法が示されねば、その事前のニーズ調査などは単なる現状報告である。解決の工程図を描き、それに要する時間や費用、財源（補助金や基金の活用を含める）なども明確化しなければならない。この過程は一般に現場の一般職や係長と管理職層とが協力しながら進められる。

そのうえで、これを企画・財政部門に説明するとともに市長や副市長（以下「理事者」という）への理解を得、さらに庁内各部署の長にもアピールする。このためには、企画・財政部門の部長や課長のほか、関係部署の長へ個別に事前に説明しておくいわゆる根回しも行い、彼らの意見も得ながら原案修正の作業も並行して行う。この時点では、課長や部長の役割が重要となる。そしてほぼ案が固まってくれば、市民代表としての議会関係者への事前説明も行うことになる。職員のみならず、一般に突然提示された案と長い時間耳にしていた案とを比較すると、突然提示されたものには戸惑ったり反発した

りしがちである。しかし、長い時間耳にしていた案が受けとめやすい
のは当然である。

　第4章第2節では、A市の協議会で重症者のニーズが議論され、
重症者ケアホームの必要を障害者計画に位置づけ、予算化されたと
述べた（その後、設置が決まり2014年度に開設した）。この計画の具
体化は、当時A市の課長であったD職員が重症者のさまざまな親た
ちから聞いていた親亡き後の不安の話に端を発する。

　重症者の親が、「重症児施設は満床で入所が困難と聞いているがそ
れでも、重症児施設に頼らざるを得ないと思っている」ことや「重症
者には無理とあきらめているが、それでも可能性があるなら重症者の
グループホームがほしい」という切実なニーズがあった。それを協議
会の議題としての議論を経て、障害者計画や障害福祉計画に位置づ
けられるに至ったものである。

　これと並行して、親の会が毎年市に提出する要望書にも重症者ケ
アホーム設置の要望を盛り込むとともに、市長との定期懇談の場でも
要望を述べてもらった。また、所管課は、協議会で行った重症者ケ
アホームに関するアンケート調査や訪問調査を基礎資料として、具体
的事業内容を企画・財政部門の職員やその管理職に個別に説明した。
行政評価においても重症者ケアホームを行政課題と位置づけ、各種
庁内ヒアリングでその課題を提示した。そして、理事者にも説明し、
設置を検討する方向性について了解を得たうえで、行政経営会議な
どの市の幹部による会議を経て、上位計画である市の基本計画上に
位置づけることとなったのである。

　このように施策の計画化は市民の声を背景にした職員の働きとと
もに親の会など当事者の直接の働きかけなどが相まって固まっていく
のである。

　その過程では予算議案などを審議する市議会議員の合意も重要で
ある。二元代表制における市民の代表としての市議会は、市民代表
として予算案の審議やその可否を決めることになる。多数者のニー
ズは施策になりやすく議会の合意も得やすい。しかしスーパーマイノ

リティともいえる重症者のニーズについては、重症者やその家族の生活の実情や課題を明確にしつつ、ケアホーム等の施策の必要性を議会側に丁寧に説明する必要がある。

公論形成は、いわゆる根回しを含めた関係部署への説明による「庁内世論」の形成を基礎に、二元代表制における市民代表としての議会各議員に対しても同様の説明をとおした理解と納得を得、議会での議決を得る必要がある。そして当然市民への周知も求められる。こうした過程は、職員が市民のニーズや意見を基礎に議論を重ねながら積み上げて「庁内世論」をより幅広い市民やその代表である市議会議員を含めた理解や納得を得ながら、民主的な手続きに即して、その正当性を確保するなかでつくられるのである。

重症者のための施策を構築するには、重症者のニーズを出発点に市民と学びながら、実施主体としての責任と役割を所管課職員や管理職が自覚することが求められる。そして、その必要性について庁内世論を形成しながら施策化することになる。その点から、市民代表も含む公論を、学習や説明を経て具体化にする役割を担うのは、障害福祉所管部署の職員や部課長などの管理職に他ならない。

今まで述べたＡ市職員や管理職の役割は、Ａ市特有の事例ではない。例えば、所沢市では健康日本21所沢計画をきっかけに、１人の保健師を中心に住民との学びをとおして職員が成長し、市民の健康づくり事業を展開していった事例（山本2008）などが報告されている。また、内田（2001）は白老町の「元気町まち運動」における市民と共同でつくり上げた政策形成の過程を取り上げ、この運動に関わった管理職を含む４人の町職員の自己形成について、「専門的自覚」と「市民的自覚」の統一の上に自治体公務労働を担っていったと指摘している。

これらの実例から、「参加」⇒「共同学習」⇒「主体形成」⇒「公論形成」⇒「施策化」の課程が、自然発生的に形成されるのではなく、行政のプロとして都市自治体職員がこの過程を意識しながら、施策展開をマネジメントする必要があることを示唆するものである。

その点から重症者の施策形成の背景として、協議会の場等を活用した施策形成づくりとあわせて、こうした共同の場を有効に機能させ、これを具体的な施策に都市自治体職員の役割も重要であると考える。

第5節 重症者の福祉における都市自治体の責務と国の責任

これまで本書では、重症者の生活問題を都市自治体における地域の問題として位置づけ、これを解決しようとする先駆的実践を普遍化する視点を示した。そして、前節では重症者の地域生活の支援の具体化を、住民自治の観点から協議会などをつうじ市民と都市自治体共同の学びの場で施策化するプロセスを提示した。

そこで、本節ではこうした実践プロセスを保障し施策化するために、都市自治体の行政のなかに重症者の福祉を位置づける必要性と、国が法制度や財政面から市町村の主体的な取り組みを保障する責務について考察する。

1. 重症者の生活支援を具体化するプロセスと都市自治体と国の課題

本書の第1章から第4章の検討から、重症者のニーズを顕在化させ、地域で生活でき得る支援基盤を普遍化するプロセスとして、次の流れがあげられる。

第一に、第1章で検討したように福祉施策から放置されてきた重症者や家族のニーズが明らかになった。そして、第2章では、ニーズに応じた通所や居住の場の確保は十分とはなっておらず、その保障

第5節　重症者の福祉における都市自治体の責務と国の責任　219

を求めるニーズが顕在化していることを調査から明らかにした。これらは「重症者のニーズの顕在化」の段階としてとらえられる。

第二に、ニーズの充足のためには、第3章で指摘したように、重症者のニーズを事業者と都市自治体が共有し共同して取り組む「自治体と事業者の共同の模索」が行われる段階がある。

第三に、協議会等の場を経て共同学習が行われ、都市自治体の職員と市民等とが重症者のニーズを共有するなかで、各々の主体形成につながり、都市自治体の施策化によりニーズが充足される「重症者施策の普遍化」に至ると考えられる（図4参照）。

こうした一連の過程において、都市自治体を重症者支援の主体として位置づける必然を明確化する必要に加えて、国の役割を明らかにする必要がある。

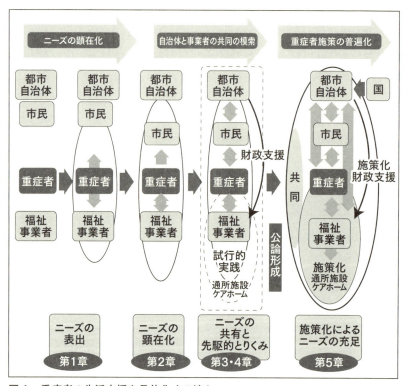

図4　重症者の生活支援を具体化する流れ

2. 重症者福祉の主体としての
都市自治体の役割を示す2つの論拠

　第3章で明らかにした重症者の地域生活支援の先駆的取り組みを
普遍化する都市自治体の役割と、国が進める地方分権下で、これを
可能とする都市自治体の主体性について考察する。

　これまで重症者の施策は、児童相談所が入所施設や通園事業への
措置または支給を決定し、保健所が療育上の相談に応じるなど都道
府県がその主体となっていた。こうした流れのなかで、2010年の支
援法改正により重症者の支援の主体は市町村に移行したものの、都
市自治体の8割以上は、重症者の支援は国や都道府県が担うべきと
考えていた（第4章第1節）。しかし、法改正が行われ、その主体が
変化したという点以外においても、次の二点から都市自治体が重症
者のくらしを支える役割を担うことが妥当であると考える。

　第一に、重症者の生活実態を身近に理解できる都市自治体が、市
民とともに重症者の生活問題の解決を主体的に行える可能性がある
という点である。

　第3章では、当事者や家族、事業者の要望が通所施設やケアホー
ム等を財政的に支援するという先駆的取り組みを生み出し、きめ細
かな支援を定着しつつある例を明らかにした。これらは目の前の重症
者の困難に対し、市民の暮らしを支える役割を自覚した都市自治体
が制度を超えてその解決に取り組んだものである。

　そして、第4章では、その重症者支援を具体化する市民共同の仕
組みとしての協議会の有効性を明らかにした。その点から重症者の
生活問題を主体的に解決するために都市自治体がこれを業務として
位置づけることが妥当である。

　第3章でも指摘したように、ケアホーム、知的障害者ガイドヘルプ
など都市自治体での当事者や家族、実践現場での運動やニーズが都市
自治体で先駆的な制度となり各地に広がり、国が制度として定着させ
た例が数多くある[注14]。この点から、重症者のニーズをより実践的に

解決する場合、都市自治体が前述の先駆的な取り組みに学びながら、そのニーズの実現を自らの業務と位置づける必要性が示唆された。

第二に、都市自治体が地方政府としての役割を有する点である。

国は地方の権限、責任を拡大することを方向づけるとともに、「国、地方を通じた行政のスリム化を推進する観点」（厚生労働省2006）を明確にしている。畑本（2012:17-29）は、こうした社会福祉行政の変化を行政空間の変容をもたらすものであり、市町村がつくり出す新しい空間に着目する必要性を指摘している。

地方分権を単に権限の移譲としてとらえるのではなく、市民生活から生じるさまざまな領域での共同性を基盤とした公共圏の結節点として位置づける必要がある。それは、分権化で政策主体となった都市自治体をはじめとする市町村が、いわば地方政府として地域の重症者の生活問題を主体的に解決する必要があるという点である。

その点から重症者に対する福祉を社会的共同業務として市町村行政に位置づけ、都市自治体が重症者支援の主体として彼らの人権を守ることが、都市自治体の役割であることが示唆された。

3.重症者に対する福祉推進の国の責任

2010年に支援法が改正され、重症者の支援の主体が市町村に位置づけられたが、医療的ケアを要する者も含めた重症者の地域生活支援に関する制度は今なお限定的であり、2013年に施行された障害者総合支援法（以下「総合支援法」という）にも具体的取り扱いは含まれていない。

2014年の総合支援法の施行以降、都市自治体が行う重症者支援を、根拠をもったより力強いものとするためには、総合支援法の地方分権が都市自治体の主体性を確保したものとして位置づけられる必要と、それに対する財政支援など国の責務について明らかにする必要がある。

そのために、重症者を支援する都市自治体の主体性を確保する観点から、国が定める支援法をめぐる問題点を考察する。

支援法をめぐっては広範な反対運動がおこっただけでなく、地方
自治体からも改善の要望が出された。全国知事会は「障害者自立支
援法の見直しに係る提言」（全国知事会2008）のなかで、障害の範囲
や利用者負担のあり方、市町村間での格差や財源保障など各種サー
ビスについての具体的改善を求めている。また、社会保障審議会障
害部会で鈴木磐田市長は、全国市長会の共通した意見として、利用
者負担の問題などの他、財政負担や福祉施設に関わる基盤整備およ
び運営経費などの課題を取り上げ、財政基盤支援の必要性を語って
いる（社会保障審議会障害部会2008）。

　第4章第1節で明らかにしたように、大都市部の区市担当者は重
症者の実施主体について、「市町村」と考える者は少なく（9自治体
12.3％）、多くは「都道府県」（40自治体、54.8％）や「国」（10自治体、
13.7％）と考えていた。すべての区市で重症者が通所する施設が整備
され、一部では重症者が入居できるケアホームが設置されているなど、
多くの市町村はニーズに応じた整備の必要を認識していながらも、依
然として重症者の支援は都道府県が担うべきと考えていた。その背景
には地域でのケアを行うためのノウハウが蓄積されていないという問
題や、財政負担を回避したいとの考えがあると推定された。

　古川（2002:319-320）は第一に、市町村を政策決定・政策実施の
基礎単位とし、国や都道府県は、市町村による自治が適切に推進さ
れるよう財源保障を含めて条件整備の役割に徹すること。第二に、
政策決定に関わる権限移譲と財政自主権を認め、基礎自治体の行政
の活動を自己統治として再生させることが必要だと指摘している。

　これらの点から、国の財源保障が、重症者および家族のニーズを具
体化する通所施設やケアホーム等での先駆的な取り組みを普遍化し、
重症者が地域で暮らし続けることを図る保障となることが示唆され
た。そのためには、憲法第25条に規定する国と地方公共団体の責務
の双方が有効に機能する必要がある。その点から、国の役割として都
市自治体が重症者支援の主体的な取り組みが行えるよう総合支援法の
改正と、全国市長会などが要望している分権化推進の要としての財源

の移譲（全国市長会2012）や報酬額の抜本的な改訂が求められる。

　本節では、第一に、「重症者のニーズの顕在化」⇒「自治体と事業者の共同の模索（先駆的取り組み）」⇒「重症者施策の普遍化」といった、重症者の地域生活支援を具体化する全体のプロセスを提示した。

　第二に、重症者の生活の権利保障、すなわち通所施設やケアホーム等、重症者の福祉基盤整備を社会的共同業務として都市自治体行政に位置づけ、都市自治体を人権を守る拠点としていくことが役割であることが示唆された。

　第三に、先駆的取り組みにもとづく新たな福祉的基盤整備の責任を都市自治体だけに負わせるのではなく、国が法制度の整備や財源移譲、総合支援法における報酬額の抜本的な改訂など、都市自治体をはじめとする市町村等に対する支援を強化することが、重症者の生活基盤整備につながるものと考えられる。

注───────────────────────────

1）重症者問題はかつて「社会問題」として位置づけられてきた。「社会問題」について、大泉は、一番ヶ瀬康子（1967）の定義を踏まえ、①問題発生の社会性、②問題認識の社会性、③問題解決の社会性というとらえ方をしている（大泉2006）。本項ではこの考え方にもとづき検討する。重症者のニーズは、当該地域の社会資源の不足等から生じる地域の問題である。障害者自立支援法において重症者の支援は市町村を主体として位置づけ、その支援や基盤整備を担わなくてはならなくなった。したがって、日中活動の充実や住まいの場の確保、介護者の負担軽減など重症者の地域生活支援における福祉的なニーズは社会的に解決すべき課題として、当該市町村の課題である。そこで、本書ではこれを地域の問題として位置づけ、解決することが必要であるとの観点から、「都市自治体の課題としての『地域の問題』」と表現し、支援の主体として当該都市自治体行政の課題として解決が必要なものと位置づける。

2）水上勉（1963）の「拝啓池田総理大臣殿」に対する黒金（1963）等や、水上・黒金論争に対する施設職員の立場からの意見（佐藤1963）はこの問題が社会問題化した特徴的な現れであった。

3）国は国際障害者年を契機に、これまでの心身障害児短期療育事業や精神薄弱者生活能力訓練事業、在宅重度心身障害児（者）緊急保護事業など在宅施策を方向づけたほか、心身障害児（者）の個別的必要性に応じた施策の展開、施策の総合化、体系化等今後の心身障害児（者）対策推進の方向を示した。（厚生省

1980)

4）障がい者制度改革推進会議差別禁止部会（2011）では、合理的配慮が求められる分野として、「福祉サービスを含むすべての分野において合理的配慮は提供されるべき」であると積極的な意見が示される一方、「慎重に検討する必要がある」などの意見があった。また、合理的配慮の内容については、「障害の種別・状態は多種多様であるため、具体的・網羅的に決めることは困難」としながらも、「機会の平等を実質的に確保するために要請される措置」と総括的な内容とするべきという意見が多かった。

5）芝田（1985）は公務労働について、税の徴収や警察・消防などの統治組織管理の側面と福祉や生活基盤整備等の社会的共同業務を担う側面の二面性を有することを指摘し、共同体の本性から生じる共同業務の遂行が自治体の本来の業務内容であるとした。すなわち、水道や道路をはじめ人々が暮らしを維持するに必要な業務を社会的共同業務とし、それを担うのが公務労働であるとした。

6）例えば、右田（1993）は、社会福祉の側から『自治』を問うことは生活主体論を問うことである」とし、「これまでの地方自治における生活の主体・生活者の視点の不十分さを指摘し住民参加による協調的な政策決定」の必要性を指摘した。それは住民の生活の実情に着目し、生活するものとしての主体性が主権者としての自治の出発点である点を指摘したものである。辻（2003）は、この指摘を踏まえ、福祉のまちづくりを共同性の追求とそこから生まれる福祉と教育の公共性について、地域のニーズを地域生活の主体としての自己の確立における学習の重要性を指摘している。また、「住民」の主体形成を問題とし、社会教育の立場から鈴木（1996）は「自己実現と相互承認の意識的編成」が「人間化」「主体化」の内実であるとしている。一方、都市自治体においても支援の実施者としての主体性が問われるとともに、当該自治体の事務を担う職員に対する政策形成能力が問われるようになっている。その点から、職員が、住民と共にくらしのなかで課題を主体的に発見し解決することが必要である。内田（1999:31-49）も、自ら自治体公務労働の公共性を自覚しつつ、地域住民一人ひとりの「地域づくりの主体」形成の必要性を理解し、自治体公務労働の中核として位置づける必要があることを指摘している。そのためには、住民と都市自治体職員がともに地域での重症者課題を解決し政策決定を行う「協治」（横倉2005:11-36）を実践するための相互の主体形成が問われることとなる。

7）例えば、東京都や横浜市で先駆的に実施されたケアホーム制度（中島2005、角田2009）や大阪府枚方市で実施され全国に広がった知的障害者ガイドヘルプ制度（古井2005）など、都市自治体が住民のニーズにもとづき先駆的に実施した制度が各地に広がりを見せ、国が制度として定着させた例は数多い。

文献———————

朝日雅也（2011）「障害のある人の「住まう」を考える」『社会福祉研究』110、70-71

中央教育審議会初等中等教育分科会特別支援教育の在り方に関する特別委員会
　　（2012）『合理的配慮等環境整備検討ワーキンググループ報告—学校における
　　「合理的配慮」の観点—』

古井克憲（2005）「知的障害のある人へのガイドヘルプにおけるコーディネイター
　　の活動」『人間社会学研究集録』1 大阪府立大学、265-285

古川孝順（2002）「社会福祉政策の再編と課題」『講座　戦後社会福祉の総括と
　　二一世紀への展望』ドメス出版、319-320

外務省「障害者の権利に関する条約和文テキスト（仮訳文）」
　　http://www.mofa.go.jp/ mofaj/gaiko/treaty/shomei_32b.html、20131.12

畑本祐介（2012）「社会福祉行政のこれから—＜社会保険＞化と行政空間の変容」
　　『山梨県立大学人間福祉学部紀要』7、17-29

日浦美智江（1997）「重い障害のある人の自立生活支援について」『発達障害研究』
　　（19）3、225-226

堀尾輝久（2005）『地球時代の教養と学力』かもがわ出版、200-203

一番ヶ瀬康子（1967）「精薄児問題の論点と視点」『精神薄弱児研究12月号』111号

一番ヶ瀬康子（1971）『現代社会福祉論』時潮社、58-59

石倉康次（1997）「住民参加の計画づくりをすすめるために」小川政亮編『福祉
　　行政と市町村障害者計画』群青社、212-219

糸賀一雄（1968）『福祉の思想』ＮＨＫ出版、53、175

岩崎裕治、山本雅章、斎木博ほか（2015）「『障害支援区分』下での在宅重症心
　　身障害者の日中活動と短期入所ならびにグループホームのあり方に関する総合
　　的な研究」『第41回日本重症心身障害学会学術集会抄録』

川島聡（2010）「障害者権利条約と『既存の人権』」『発達障害研究』32(5)、399

小松理佐子（2012）「『地域福祉型社会福祉』試論」『日本福祉大学社会福祉論集』、161

河野勝行（1984）「自立と発達」障害児教育実践体系刊行委員会編『障害児教育
　　実践体系』労働旬報、16

厚生省（1980）『厚生白書』http://wwwhakusyo.mhlw.go.jp/wpdocs/hpaz198101/
　　b0084.html

厚生労働省（2006）『厚生労働白書』（http://www.mhlw.go.jp/wp/hakusyo/
　　kousei/06/dl/2-11.pdf）、351

厚生労働省（2012）「障害福祉サービス等事業所数・障害児通所支援等事業所数、
　　国−都道府県−指定都市−中核市、障害福祉サービス等の種類・経営主体別」

厚生労働省（2013）「平成25年度都道府県等喀痰吸引等実施状況」
　　http://www.mhlw.go.jp/seisakunitsuite/bunya/hukushi_kaigo/seikatsuhogo/
　　tannokyuuin/01_seido_02.html

厚生労働省（2014）『障害福祉サービス費等の報酬算定構造』

黒金泰美（1963）「拝復水上勉様」『中央公論』

三菱総合研究所（2011）「特別養護老人ホームにおける医療的ケアの提供体制の
　　整備に関する調査研究事業報告書」

水上勉（1963）「拝啓池田総理大臣殿」『中央公論』

宮本憲一（1998）『公共政策のすすめ』有斐閣、77

三浦文夫（1995）『増補改訂社会福祉政策研究』15、全国社会福祉協議会、169-172

守屋光雄（1967）「日本特殊教育学会第5回大会部門別シンポジウム重複障害児
　　部門　まとめ」『特殊教育学研究』5(1)、55-58

中島直行（2005）「精神障害者グループホームの現在」『東京家政学院大学紀要』
　　45、8-31

中野敏子（2008）「『重度・重複』障害のある人をめぐって」『リハビリテーショ
　　ン研究』135、2-5

二宮厚美（2011）「いまなぜ福祉国家型地方自治と公務労働を問うのか」二宮厚美、
　　田中章史『福祉国家型地方自治と公務労働』大月書店、251-252

西村修一、池本喜代正（2011）「ICFと合理的配慮との関連性」『宇都宮大学教育
　　学部教育実践総合センター紀要』34、137

大泉溥（2005）『実践記録論への展開』三学出版、13-15

大泉溥（1989）『障害者福祉実践論』ミネルヴァ書房、39-41、42-55、104-110、153-170

岡田喜篤（1998）「重症心身障害児問題の歴史」岡田他編『重症心身障害療育マ
　　ニュアル』医歯薬出版

大森彌（2002）「分権時代と自治体職員の資質」大森彌編著『地域福祉と自治体
　　行政』ぎょうせい、121-126

定藤丈弘（1986）「障害者の自立と地域福祉の課題」岡田武世編著『人間発達と
　　障害者福祉』川島書店、149-150

真田是（2003）「社会福祉運動とは何か」浅井春夫・小賀久・真田是『社会福祉
　　運動とは何か』かもがわ出版、49

真田是（1977）「社会福祉問題の新しい視点」『現代の福祉』有斐閣

真田是（2012）『真田是著作集　現代の福祉』福祉のひろば、13

佐藤謙（1963）「肢体不自由児施設職員の立場から」『中央公論』

社会保障審議会障害部会（2008）『第37回社会保障審議会障害者部会議事録』

清水寛（1978）「発達保障の思想と障害者福祉」小川政亮編著『扶助と福祉』至
　　誠堂、106-119、

障がい者制度改革推進会議差別禁止部会（2011）「障害を理由とする差別の禁止
　　に関する法制の制定に向けて　論点に関する中間的な整理－」

芝田進牛（1985）『公務労働の理論』青木書店、30-38

杉本健郎（2014）「医療的ケアの歴史と特定対象（第3号）研修の法制化」高木憲司、

杉本健郎、医療的ケアネット編著『医療的ケア児者の地域生活保障』クリエイ
　ツかもがわ、9
鈴木敏正（1996）「地域住民の主体形成と社会教育学：山田主体形成論によせて」
　『北海道大學教育學部紀要』71、21-35
鈴木勉（2007）「地方自治体における障害者福祉政策の課題」障害者生活支援シス
　テム研究会編『障害者自立支援法と人間らしく生きる権利』かもがわ出版、320
高木憲司（2014）「法制化へのプロセス」高木憲司、杉本健郎。医療的ケアネッ
　ト編著『医療的ケア児者の地域生活保障』クリエイツかもがわ、12-22
高嶺豊（2008）「批准に向けての課題─「合理的配慮」と「国際協力」」『ノーマ
　ライゼーション』28(1)、24-25
田村和弘（2012）「重症者の地域生活を支える」『障害者問題研究』40(2)、47-52
田中昌人（1974）『講座発達保障への道③』全国障害者問題研究会出版部
槌田洋（2004）『分権型福祉社会と地方自治』桜井書店、256-267
辻浩（2003）『住民参加型福祉と生涯学習』ミネルヴァ書房、13-24
辻浩（2008）「学びあう住民と自治体労働者の関係を求めて」島田修一、辻浩編『自
　治体の自立と社会教育』ミネルヴァ書房、194-195
角田慰子（2009）「日本の知的障害者グループホーム構想に見る『脱施設化』の
　特質と矛盾」『特殊教育学研究』47(4)、201-212
内田和浩（1999）「地域づくりの主体形成としての自治体職員の自己形成」『社会
　教育研究』18、31-49
内田和浩（2001）『自治体社会教育の創造』北樹出版、94-168
右田紀久恵1993『自治型社会福祉の展開』法律文化社、1-3、46-56
山本昌江（2008）「地域に拡がる学びあいの文化」島田修一・辻浩編『自治体の
　自立と社会教育』ミネルヴァ書房、140-151
横倉節夫（2005）「公民の協同と協治の創出」『公民の共同とその政策課題』自
　治体研究社、11-36
全国知事会（2008）『障害者自立支援法の見直しに係る提言』
全国市長会（2012）「第82回全国市長会議決定　重点提言『真の分権型社会の
　実現による都市自治の確立に関する重点提言』」http://www.mayors.or.jp/p_
　opinion/o_juutenteigen/2012/06/post-9.php

終章

重症者の地域生活を支える都市自治体福祉施策の役割

本書の結論と成果、今後の展望

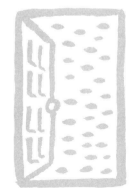

1. 本書で明らかにした点

筆者がこれまで、各章において明らかにしたことや示唆を得た点は次の諸点である。

第一に、歴史的研究の視点から、重症者施設施策が重症心身障害児施設の設置や教育権保障などで変化してきた経過を明らかにした。そこではニーズが社会に認識されてきたことから、さまざまな運動や実践とこれと結びついた理論構築の積み上げによって、ニーズと制度との間に存在する矛盾を克服してきた事実があった。加えて、障害者の自立や生活権保障を図る制度への改善・拡充について、都市自治体レベルでの主体的、能動的な取り組みをもとに、ボトムアップの施策形成が今日的課題となり得ることを示した（第1章）。

第二に、重症者のニーズを把握した結果、重症者の8割以上が食事介助を要する等、手厚い介護を要する状況であり、「医療的ケアに対応できる通所施設」への要望など、日中活動や居住の場の選択肢を拡充するとともに、「普通のくらし」ができ得る障害特性に応じた対応が、市町村に求められていることがわかった。重症者および家族のニーズにもとづく都市自治体における制度拡充の必要性を明らかにした（第2章）。

第三に、先駆的事例を対象にした調査で、通所施設やケアホームは制度化されているにもかかわらず、重症者による活用という点に関しては、一部の先駆的取り組みに留まっていた。

それは、①第3章第1節で明らかにしたように公立通所施設では79施設中29施設（36.7％）が医療的ケアへ対応し、これまで受け入れが難しかった重症者の通所を保障するというセーフティーネットの役割を果たそうとしている実践。②3章第2節で明らかにしたような、医療的ケアを要する重症者が通所する16施設の試行とこれを財政的に支えている都市自治体の共同の先駆的な取り組み。③第3章第3節で明らかにしたような、制度の対象外として十分検討されてこなかった重症者等のケアホームでの試行的実践に対し、東京都制度

にもとづく補助が行われる一方、所在地都市自治体が補助をする重度ホームや福祉ホーム等で重症者が暮らす先駆的取り組み。

　以上は重症者に対する支援が事業所に留まらず、所在地の都市自治体が財政的に支援するなど共同で取り組まれていた。その点から事業所と都市自治体共同の事業の継続性を確保する先駆的取り組みとして位置づけられる。

　しかし、このような先駆的な取り組みが展開されているものの、全体としてはまだ一部の実践のみに留まっているという重症者の生活実態と法・制度の矛盾を明らかにした。しかも、通所施設では医療的ケアが必要など困難度の高い重症者の利用については、都市自治体の補助により増員配置している施設に限定されていた。また、その補助等の財政支援は財政力が高くない都市自治体でも行われていた。

　一方、ケアホームは利用できる施設がほとんどなかった。その背景には、重症者が70%以上通所している施設では、都市自治体は平均約362万円の財政支援を行っているが、都市自治体レベルではどうしても手厚い支援が可能な職員配置に足る金額が支出できていないこと、法的整備が不十分なことが指摘された。これらの問題を解決するためには、支援の主体たる都市自治体の役割の自覚にもとづく基盤整備とともに国の責任としての財政支援が必要であることを明らかにした（第3章）。

　第四に、重症者のニーズを解決するべき障害者支援の主体である市町村が、重症者に対する取り組みを、どのように果たしているかを大都市部での116区市の調査をつうじて明らかにした。都市自治体は重症者の施策を自らの課題としてとらえていないものの、地域生活に困難を有する重症者の課題を現実的に行政施策に反映していた。その大きな要因は重症者やその家族の要望にあった（調査結果87.7%）。

　また、第4章第2節では、地域自立支援協議会の事例を調査から、重症者の障害特性に応じた支援を行い得る通所施設やケアホームなどの基盤整備や支援手法を検討した。その結果、重症者およびその家族、事業所などと支援の主体である都市自治体の職員とともに協

議会などの場で、「参加」⇒「共同学習」⇒「主体形成」⇒「公論形成」⇒「施策化」の流れを具体化し機能させていくことが、重症者の生活支援を施策化するための具体的なプロセスとして位置づけられるとの示唆が得られた。

これらの諸点を総合的に考察し、次の4点について示唆を得た。

第一に、人間的共感の関係の重要さに着眼し、どんなに障害が重くても社会から排除されず、人権が尊重される存在として重症者の自立を理解することが、重症者の施策の前提である。そして、重症者の生活問題の解決にとって、社会的支援が必要不可欠であることを重症者の生活から社会が学びとり、発展させることの重要性を共有する意義が示唆される点である。すなわち、彼らの心地よさを保障しうる社会的なケアのなかでこそ、人とのつながりが生まれ、彼らの存在が社会的な意味をもち自立が図れるという観点を、都市自治体での重症者の福祉施策における基本的な考え方とする必要がある。

重症者は財政的負担が過重になるため、その支援が無視され、あるいは最小限度にとどめおかれてきた。そうした支援しか受けられなかった重症者を社会的な存在として位置づけ、社会資源としての通所施設や居住の場などの生活の拠点の整備に取り組むことが必要であることを示した。

第二に、通所施設やケアホームの一部で重症者が利用できていたが、それは都市自治体が支援する一部の例に留まり、拡がる状況ではなかった。第5章第2節でも明らかにしたようにそれは、単に財政的な問題だけではなく都市自治体の施策における役割の自覚も重要だと推定された。福祉の基盤としての通所施設やケアホームで、介護の困難度の高い重症者等が利用する際には、障害特性に対応した医療的ケアを含むきめ細かな対応ができる基盤が普遍化される必要がある。

また、法制度に定められた通所施設やケアホームなどを現実に利用できない理不尽や差別を克服することこそ「合理的」であり、彼らの生活にとって必要な「配慮」である。それは、障害が重くても既存のサービスを活用できるよう、一人ひとりの障害の特性やその違い

に配慮し、その人が生活を営むうえで必要とされる手厚い専門職の配置や医療的ケアの体制整備など、安心して生活できる環境整備が必要であるという点を明らかにした。

第三に、市と重症者およびその家族、事業所、民生委員、商工会関係者など広く市民が協議会等をとおして、重症者の要望や必要について互いに議論し、これを具体化するための公論を形成することが必要である。そのうえで、都市自治体が重症者を社会から疎外された存在として放置せず、重症者の豊かな暮らしを支える施策構築へつなげる可能性を有していることが示唆された。

都市自治体は重症者の生活問題の解決を図ることが必要となっている。そのためには、市民とともに協議会などの場で、「参加」⇒「共同学習」⇒「主体形成」⇒「公論形成」⇒「施策化」のながれを具体化し機能させていくことが、住民自治を具体化し、社会的共同業務としての重症者の生活支援を施策化するプロセスとして位置づけられるとの示唆を得た。そのためには、都市自治体職員が当事者や事業者と学び、主体形成を図ることの必要が示唆された。

第四に、重症者の生活支援を具体的流れとして「ニーズの顕在化」⇒「自治体と事業者の共同の模索（先駆的取り組み）」⇒「重症者施策の普遍化」が指摘できる。その際、都市自治体はニーズを共有し、先駆的取り組みにもとづく通所施設やケアホーム等、重症者の地域生活の基盤整備を都市自治体行政に位置づけるとともに、参加と共同学習による主体形成を図りながら公論をつくり、社会的共同業務として重症者の生活の権利を保障する施策を普遍化することが都市自治体の役割であることが示唆された。同時に、国は障害者総合支援法における重症者支援の位置づけを図るとともに都市自治体への財源移譲や報酬額の抜本的な改訂など、財源面での支援が必要である。

2. 本書の結論

これらのとおり本書で得られたさまざまな示唆から、研究目的に

沿って得た結論は次の5点である。

第一に、重症者施策の歴史的経過から、それが棄民政策として政策的に放置されてきた実情と、そこからの改善プロセスを明らかにした。そこでは、「重症者の生活実態と法・制度の間に存在する矛盾」が生じており、これを「克服するさまざまな運動や実践とこれと結びついた理論構築の積み上げ」がある。今日においても、重症者施策の改善・拡充のためには「都市自治体レベルでのボトムアップの施策形成」が課題となり得ることを示した。

第二に、重症者は8割以上が手厚い介護を要する状況で、「普通のくらし」をするためには、ニーズと既存の制度との大きなギャップがある。通所施設や居住の場の選択肢を拡充するとともに、障害特性に応じた制度拡充が都市自治体に求められていることを明らかにした。

第三に、重症者の支援は、重症者を受け入れる通所施設やケアホーム等の事業所の取り組みとこれを支える一部の都市自治体の財政支援によって成り立っており、こうした先駆的な共同の取り組みが重症者の地域生活を支えていた。

しかし、公立通所施設では79施設中29施設（36.7％）が医療的ケアへ対応しているが、全体としては一部に留まっていた。その背景には財源の課題があることが明らかになった。そこで、必要とする重症者を受け入れる事業所の取り組みと、これを支える都市自治体の役割の自覚にもとづく基盤整備など共同の取り組みが必要であること。加えて国の責任として、こうした共同の取り組みを広げる財政支援が必要な方向であることを示した。

第四に、施策化のプロセスである。都市自治体が地域生活に困難を有する重症者の課題を行政施策に反映する大きな要因は、重症者やその家族の要望にあった（調査結果87.7％）。その要望を実現するためには、重症者および家族や事業者等が、支援の主体である都市自治体職員などとともに協議会などの場で、「参加」⇒「共同学習」⇒「主体形成」⇒「公論形成」⇒「施策化」の道筋を明確化することが、重症者の生活支援を施策化する具体的なプロセスとして位置

づけられることを示した。

　また、そこで、自治体職員は共に学んで得た課題を整理し、庁内世論をつくりつつ議会にも理解を得る必要がある。そのうえでマネジメントを行い具体的な施策に結び付けるその役割があることを示した。役割の重要性も具体例を交えながら明らかにした。

　第五に、重症者のニーズに即した地域生活支援施策を都市自治体が構築し、彼らの生活問題を解決するには、重症者の自立には社会的な支援が必要であるという視点に立って、彼らの支援を都市自治体の課題としての地域の問題として位置づける必要がある。そして、通所施設やケアホームなどを現実に利用できない理不尽や差別を克服するためには、障害特性に応じた合理的配慮のある基盤整備が必要であること。そのためには、都市自治体が市民とともに重症者のニーズを解決する主体であるとの視点（住民自治）から重症者のニーズを出発点として、彼らが地域で暮らせる公論形成を図り、第四章で示したプロセスを機能させる必要があることを指摘した。

　そのうえで、こうした整備は社会的な共同業務を担う市町村の役割であり、重症者の支援施策を都市自治体の障害者福祉行政に明確に位置づける必要とともに、国での財政的支援や法的枠組みが必要である。

3. 本書の成果、残された課題と方向

（1）本書の成果

　これまで、重症者研究は、主に医師らによって医療機関を併設する重症心身障害児施設での医療や療育、看護あるいは医療的ケアを要する者の教育権保障、在宅で暮らす重症者の家族の介護負担軽減や地域医療システムの構築とその充実などを中心に論じられてきた。しかし、社会福祉の研究課題としてはその対象とされることは少なく、都市自治体において重症者の地域生活支援施策は顧みられることが少なかったと言える。

　社会福祉政策は高度経済成長を図る安定的な基盤をつくるため、

貧困や児童、身体障害者や知的障害者に対する「対策」が講じられるなど、内在化する体制に対する危機への配慮として社会福祉が推移してきた（一番ヶ瀬1968:44-53）。

一方、重症者はその数が少なく、その障害の重さや特別な支援の必要性から医療の問題ととらえられがちで、社会福祉の対象としては意義が薄いと考えられてきた。それは、費用対効果という経済的価値からも遠い存在であったためであると考えられる。

本書で取り上げた教育現場での医療的ケアでは、一人ひとりのニーズに焦点化することで、施策の効率性や経済性のみを優先しがちな論者にも理解を広げてきた。また、事業者と都市自治体共同の先駆的取り組みでは、目の前の対象者一人ひとりの地域で暮らし続けるというニーズを実現しようとする視点を出発点にしていた。

本書の意義は、第一に、重症者の問題を生活権保障の観点から都市自治体の福祉行政の問題としてとらえる必要があることを提示した点である。従来の重症者研究は医療や療育、看護、教育の問題として、または家族を含めた当事者の運動や事業所の展開としての課題として行われてきた。

本書では、これまでの重症者の問題のなかで特筆されることの少なかった医療的ケアへの対応など、重症者の障害の特殊性に応じた通所施設やケアホームの実践とこれを支える財政的支援など、都市自治体との共同の先駆的な取り組みを取り上げ、そこでの実態や都市自治体の役割や方向性を明らかにしたことである。

第二に、本書では重症者の研究において焦点化されることのなかった都市自治体における重症者に対する福祉施策のあり方を問題とした点である。そして、先駆的な取り組みと重症者および家族のニーズを重ね合わせながら、都市自治体における重症者に対する福祉施策を行政の必要なサービスとして明確化する必要を明らかにした。加えて、そこでの筆者の経験も踏まえ、都市自治体職員の果たすべき視点や役割にも言及した点は従来にはないものである。

第三に、重症者の生活問題は、他人事ではない問題として広く市

民を含めた課題となるものであり、地域の問題として、重症者問題を解決する運動の主体は、広く市民を含めた社会的なものであることを示した点である。そのうえで、その地域の問題としての重症者の問題を都市自治体職員と事業所、当事者・家族、市民等が共に学びあうなかで、公論形成を図る具体的なプロセスを示した。そのうえで、これを都市自治体が福祉施策の課題として位置づけ、基盤整備を図る必要を提示するとともに、国の責務も含め明らかにした点である。

(2) 残された課題

　本書では、明らかにできなかった点や論じられなかった点など今後の課題とすべき点がある。その主な点は次の点である。

　第一に、通所施設やケアホーム等事業者と都市自治体共同の先駆的な取り組みが展開されているものの、全体としてはまだそれは一部の実践のみに留まっており、これらの問題を解決するためには、支援の主体たる都市自治体の役割の自覚にもとづく基盤整備とともに国の責任としての財政支援が必要であることを明らかにした。

　しかし、その通所施設やケアホームでの具体的な支援実践の展開や関係機関との連携、都市自治体との共同の内実などの実態については、一部ヒアリング調査を行っているだけで、その詳細は明らかにできていない。今後その点にも言及し深める必要がある。

　第二に、協議会の調査では、具体的な障害者福祉施策を実現する当事者や市民参加による住民主体の施策実現プロセスと、そこで果たすべき支援の主体（実施者）としての都市自治体の役割について明らかにした。

　しかし、そのなかでの市職員や相談支援専門員が果たしたソーシャルワーカーとしての視点からの言及は少ない。社会資源の開発だけでなく協議会の機能とされる情報機能や評価機能、教育機能などが重症者に対してどのような役割が果たせるのか、その点についても言及する必要がある。

　一方、「参加」⇒「共同学習」⇒「主体形成」⇒「公論形成」⇒「施

策化」のながれを明らかにし、重症者施策を普遍化する視点は提示することができたが、主体形成を図る共同学習における学びの過程や構造の解明には至っていない。今後の課題であると考える。

第三に、総合考察では、都市自治体が地域の問題として重症者を支援する視点から通所施設や居住の場などの生活の拠点の整備に取り組むことの必要を示した点、一人ひとりの障害の特性や、その違いに配慮した医療的ケアの体制整備など、安心して生活できる環境整備が必要であるという点を明らかにした。

また、その普遍化を行うために都市自治体は、協議会などの場で、「参加」⇒「共同学習」⇒「主体形成」⇒「公論形成」⇒「施策化」のながれを具体化し機能させていくプロセスと、その際、重症者の生活の権利を保障する施策を普遍化することが都市自治体の役割であるとともに、国も都市自治体への財源面での支援が必要である点を明らかにした。

しかし、それは、通所施設とケアホームにおける事業者と都市自治体の共同の取り組みを実証的に検討して導き出した論点である。事業所独自で重症者支援を行っている取り組みや地方都市での取り組みなどには触れていない。例えば、群馬県沼田市等でも協議会において重症者の医療的ケアの問題が取り上げられる（井上ほか）など、地方都市においても、重症者に対する支援の問題は表面化している。その点から、財政的に豊かな都市自治体の実例だけでなく、広範な都市自治体での調査も必要だと考えられる。同時に、地方都市や農山村部での重症者の実態や取り組み実践などについても、本書の成果を踏まえて比較検討する必要があると考える。

第四に、重症者の地域生活支援を考える場合、その範囲は居住、日中活動、余暇の３点から広くとらえられる。本書では通所施設とケアホームに限定し、都市自治体施策を問うたものであるが、重症者の地域生活を考える場合、在宅サービスと施設サービス、医療・看護の総合的把握などの検討が必要である。そのうえで、重症者の生活問題と社会的に解決する責務のある国や都市自治体の連関の把握

が必要となる。

　しかし、第一に、地域生活の拠点となる余暇の場に対する言及を行っていない点。

　第二に、重症者にとって在宅生活を営むうえで欠かせない医療や訪問看護をどのように確保するか、またそれを可能にするための広域の保健医療圏および福祉圏における医療基盤整備と福祉基盤整備との連携の点。

　第三に、これらを総合的にコーディネイトする相談支援機能の創設などについては、今後、本書の成果を踏まえ、総合的な支援のあり方を究明する必要があり、今後の研究課題として重要であると考える。

（3）明けない夜はない（今後の展望と研究の方向）

　社会から放置されてきた重症者が、地域で「普通の暮らし」を送るためには、生活の拠点となる通所施設やケアホーム等において障害特性に応じた生活の社会化がなされ、それが活用できなければならない。そうした基盤整備を図るためには、支援の主体である都市自治体職員と重症者およびその家族、福祉サービスに係る事業者、市民などが地域の問題として重症者やその家族の生活の必要や要求について議論し、共に学ぶことが出発点である。

　そのなかで、そこに参加し学んでいる都市自治体職員をはじめとする人々は、重症者の支援の実施者として、また同じ市民として、彼らの幸せに責任を有している主体であるという自覚が求められる。そうした取り組みに支えられ、都市自治体は地方政府として、市民やその代表者と公共空間における共通の認識、すなわち公論をつくり、ニーズに対応した施策を具体化することが必要となる。

　都市自治体は国の下部組織ではないことは自明である。目の前の重症者の暮らしの困難を国の制度だけではなく、自らの権限をも含め活用することによって、解決できる可能性を有している。それは重症者への福祉を社会的共同業務として行政の中に位置づけ、施策構築の道筋を描くことである。さらにいえば、自治体自らの意思によって

障害者福祉像を形成することであり、都市自治体が自らの福祉理念を創出することであると考える。

　スーパーマイノリティともいえる重症者は戦後、国の施策の対象として十分認められてこなかった。しかし、自治体が支援の主体として位置づけられた今日、彼らをも含めて生活の困難を有する市民を社会的存在として認め合い、必要な支援をどのように施策化していくかは、自治体の問題として提起される。すなわち、彼らに対するサービスなどの施策の創出者は、主権者である市民であり、事業者であり、また首長や議員である。すなわち社会的な包摂を地域でいかにつくるかは、市民と首長・議会共通の役割だということである。

　その、施策を創出する際の、アウトラインを市民と首長・議会とともにつくり、マネジメントを担うのが自治体職員である。その点から自治体職員は、重症者や家族のニーズを基盤に、彼らの暮らしを支え、障害者が暮らしやすい包摂的な地域をつくる展望と可能性をつくるのである。

　本書で述べた都市自治体から生み出されたさまざまな知見は、自治体が重症者の福祉を広げる可能性を示している。その普遍化こそが、取り残されていた重症者の福祉を変える可能性を秘めているのである。

　本書は、重症者やその支援基盤の実態を出発点に、重症者に対する福祉施策を都市自治体行政のなかで必要なサービスとして明確化する必要性や都市自治体の役割としての基盤整備の道筋を明らかにした点で、先行研究にない学術的意義を有している。本書で示唆された点が、現実の障害者福祉施策や研究の中で生かされることは、他の障害者の地域生活支援の標準手法ともなる得る可能性があり、その意義は無視できないものと考える。本書が、今後の市町村障害者福祉行政の一助となることを期待する。

文献――――――――――――――――――――――――――――――――――
一番ヶ瀬康子（1968）『社会福祉論』有斐閣、44-53
井上恵一、仲丸守彦、大澤仁「温泉宿で議論し、地域実態を見つめ、医療的ケ

アでつながった群馬県利根沼田圏域」http://www.normanet.ne.jp/~ww100006/
management-manual/system-manua l-3.pdf#search='%E6%B2%BC%E7%94%B
0%E5%B8%82+%E8%87%AA%E7%AB%8B%E6%94%AF%E6%8F%B4%E5%8
D%94%E8%AD%B0%E4%BC%9A

解説

戦後日本の障害者福祉論と重症者問題の研究
本書がまとまるまでのことをめぐって

日本福祉大学名誉教授　大泉 溥

1．本書の由来と内容の評価

　本書は、日本福祉大学大学院社会福祉学研究科博士課程でまとめられた山本雅章君の学位論文「重症心身障害者の地域生活支援における都市自治体の役割に関する研究」（学位番号：甲第53号）をもとにしたものである。この学位申請論文の審査委員会報告（主査は論文提出の前年に私が退職した関係で、最終年の指導を担当された近藤克則教授）は、次のように報告して大学院研究科会議で承認されている（日本福祉大学『博士学位論文の内容の要旨および審査結果の要旨2013年度』第11号2014.6．pp.19 ～ 22）。

　「本論文は、都市自治体の職員として福祉行政に関わってきた山本氏の経験および多面的な調査結果に基づき、重症心身障害者（以下、重症者）を対象とする地域生活支援における都市自治体の役割を、通所施設およびケアホームにおける取り組みと施策を中心に検討した全5章からなる論文である」と簡潔にまとめた上で、「研究の背景と目的、論文の構成」については、次のように述べている。

　「障害福祉施策は1960年代からは入所施設への収容、1979年に養護学校が義務化され、1990年代からは卒業してきた者たちを対象とする在宅福祉・地域生活支援へと展開されてきた。重症者においては、その抱える生活上の困難や医療依存度の大きさから、地域で暮らす上で重要な通所施設を十分に利用できないなど、他の障害者に比べても社会参加が困難であるだけでなく、研究面でも置き去りにされてきた。

　重症者と家族の深刻な生活課題を対象とする研究は、医療・保健・教育等の領域においては見られたが、社会福祉学の視点からの研究はきわめて乏しい。そこで本研究では、地域生活の拠点となる福祉施設である通所施設やケアホームを中心に、社会福祉学から地域生活を支援のあり方を、とりわけ基盤整備を担う都市自治体の視点からとりあげた。

　重症者と家族の抱える「ニーズの顕在化」から「自治体と事業者の共同の先駆的取り組み」、そして「重症者施策の普遍化」という大

きな流れ（枠組み）の中で捉え、次の5つの目的に沿って、5章構成でテーマに追っている。

　まず第1章では、1960年代の重症心身障害児施設および1980年代の養護学校における教育実践における歴史から、新たに重症者が地域で暮らすための施策拡充が課題となってきていることを明らかにする。

　第2章では、重症者の地域生活に関わる都市自治体における4つの先行調査から重症者の地域生活における特質とその条件を検討することで、重症者の特殊性に起因する生活支援における「重症者・家族のニーズ」を明らかにする。

　第3章では、重症者の地域生活を支える社会資源である通所施設やケアホームに着目し、重症者のニーズや障害の特殊性に対応する施策形成の方向性を探るため、通所施設やケアホームと都市自治体を対象とした調査に基づき「自治体と事業者の共同」について検討する。

　第4章では、当事者や市民参加による住民主体の施策実現プロセス、特に住民自治の中で障害福祉施策を位置づけ「先駆的取り組みを普遍化する仕組み」をつくる上で、都市自治体の果たすべき役割や課題について明らかにする。

　第5章では、以上の4章における検討結果をもとに、重症者の地域生活支援と基盤整備の施策化の必要、これに関わる「都市自治体の役割と国の責務」について、考察している」とされた。

　（これに続く、各章の内容と審査結果の部分については割愛）。

　そこで最終的に、審査過程で指摘された本研究の不十分さを著者は今後の課題にしたのをふまえて、その「独自に設計した調査とその結果の分析を基礎として、今日における重症者・家族に対する『地域生活支援』政策の問題点と都市自治体の役割や課題を示した社会福祉学研究である」と、結論している。

　以上の紹介で、本稿で「解説」すべき要点は尽きていると思う。そもそも、拙文は私が上記の大学院で彼の修士課程から、論文指導を担当してきた関係で、本書の「序文」の執筆を頼まれたのが発端であった。しかし、出版社の田島英二氏を含めた話し合いの結果、

245

こうしたものを書くことになった。それで、いささか蛇足かとは思うが、私なりに理解した事柄について述べてみたい。

　山本君は現在56歳、東京都調布市の「子ども生活部長」であるが、上記の大学院（通信課程）の修士課程に入ったのは2007年4月、すなわち48歳という働き盛りであった。しかし、それは学生時代にボランティア活動で出会った筋ジストロフィーの方との出会いに始まり、同市役所のソーシャルワーカーとして通所施設などでの重症児処遇で抱いてきた思い、さらにはそれら現場職員たちとの自主的な研究会を組織してきたところでの考えとの関係では、いろいろな葛藤を抱いての業務遂行でもあった。

　大学院に入った時の彼はすでに行政実務を担当する障害者福祉課長補佐の職務にあった。つまり、その職務と上記の実践現場での体験やそこでのねがいとの間にはギャップがあり、これらの葛藤の本体を解明し、実践的に何とかしたいというのが、彼が大学院に入ってきた基本的な動機だったようである。

　このギャップは本書の中でも詳細に展開されている。すなわち、養護学校では認められている重症児の医療的ケアが、なぜに卒業後の通所施設やケアホームでは認められず、そのために在宅を余儀なくされるケースが非常に多いことへの義憤であった。

　また、そうした不備な行政現場で過ごす毎日が、どんな明日に繋がりうるのかを科学的に解明し仕事の見通しをもちたいという学的意欲にあふれていたことを、つい昨日のことのように思い出す。そんな彼のまわりにはいつも明るい笑いがあった。通信教育コースならではの、現職経験者たちの中で、あえて大学院で学ぼうとする志をもった人たちが全国各地から集まってきており、そうしたメンバーたちに固有な学的共感の世界を生み出していた。それは、私が日本福祉大学に赴任した1960年代末のⅡ部（夜間部）の学生たちとも通ずるものだと感じた。そんなことから、私が東京に出張する際には、当初の日程を延長して、彼をはじめ数名の院生たちの論文指導の機会にして「東京ゼミ」と称していた。

修士課程の２年間はたちまち過ぎて、「優秀」な修士論文を提出した彼ではあったが、大学院に入った当初の期待やねがいとの関係ではあまりに中途半端だったのだろう。私が進学を勧めたこともあり、博士課程に進むことになった。そこにおいて、本書のもとになる学位論文をまとめたのであるが、これを着々と展開させて実現させたものだとは言い難い。おそらくは、彼の想像を絶する熾烈な試練の連続だったのではないかと思う。

　端的に言えば、トップダウンの行政マンとして身につけてきた業務上不可欠な思考方式の限界を露呈して行き詰まり、それを小手先の器用さで対処しようとして、ドツボにはまったことが一度や二度ではなかった。その度に「自分は何を明らかにしようとしているのか」「それはなぜなのか」「その困難の打開のためには、当面、どこから取り組めばよいのか」といった問題と対峙すべき自分と向き合い、具体的現実との関係を自分のコトバで表現しようとして「大事なところほどコトバにならない」のを痛感させられていたのではないか。そうした自己流の表現が、学会での批判に耐えうるほどの客観性と論理性をもたなければならなかったからである。このことを例えて言えば、次のように表現してもよいだろう。

　大学院の修士課程が「研究者の卵」という水準だと認められればよかったのでかなりスムースに展開できた。しかし、博士課程では、修士課程の単なる延長ではないのだと思い知らされた。その度に、科学の基本にまで立ち返って、展開の仕方を吟味して提出することが求められた。すなわち、受精卵を自らの生命力で孵化させて雛となり、自力で歩いて餌を見つけてついばむようになることが必要であった。

　それは上記のような修士課程における仲間たちとの明るい笑いの輪の中でのものとはまったく異質な世界であった。すなわち、自分がまだ「わかっていないことがわかる」ことが必要であり、これをいい加減な冗談で誤魔化すことは科学的研究の放棄となる。したがって、まことに孤独で厳しい試練だったことであろう。そもそも、博士

論文がまとめられるということは、学会における研究蓄積において something new（新しい何か）を明示することだったからである。

　その学問的要請に応えうるものにする上で不可避だったのが、上記の行政マン的思考方式や現場人的思考形式だけではムリだと思い知らされ、それらを克服して科学的論理的な思考方法、すなわち研究者としての自己形成へと進んできた。先行研究の吟味や研究データのとり方、それらの整理と分析などは、そのための生みの苦しみ、自己変革の苦闘プロセスそのものだったと、私は理解している。

　しかも、本書は上記の学位論文そのままを書物化したものではない。さらに２年間をかけて、その形式はもとより、その内容においても一般の読者を意識した書き方に改め、また最近の障害者施策の進展も追加した。しかし、その基本は変わっていないので、上記の論文評価が妥当なのか否かについては、むしろ読者諸君にその判断を委ねるべきで、私などが多弁を弄ぶことは差し控えたい。

　それというのも、修士論文の中間報告などで、事前に済ませるべき指導を報告会の場で行う指導教員がいたり、「子どものケンカを親が買って出る」ような指導教員にも遭遇してきた。指導教員の責任性はそれらとは真逆というか、恩讐の彼方には彼岸、愉悦の世界などは存在しない。他の教員などからの批判的な意見に対しても、本人が応えることに委ねるのが本来的な姿だと思う。もっともひどく見当違いの発言にはその例外とすべきだが、指導教員としては、そのやりとりの様態をただただ耐えて甘受すべきだと、私は考えている。

　そのような意味で、拙文は本書の要約的解説や単なる推薦の辞を述べるものではない。私がここで述べようとするのは、本書のもつインパクトを現代の障害者福祉論との関係で問い直し、本書のもつ価値が生み出されてきた過程を振り返り、そこで彼が否応なく遭遇せざるをえなかった研究方法に関わる問題について、やや一般化して述べることである。これは、障害者福祉論の研究者として彼の論文を指導してきた方向とは、ちょうど逆方向の述べ方となる。彼が完成させた論文をそれ自体としてではなく、障害者福祉論の研究方法の面で一般化し

て述べることによって、実践現場や大学院などで研究しつつある諸君の参考になれば、と思う。

　なぜ、このようなことを試みようとするのか。研究者が常に「具体から抽象へ」、「実践から理論へ」という方向で努力するのは当然だが、「抽象から具体化へ」「理論から実践へ」という面は、講義や講演などで行われているはずだが、その実はどうなるのだろうか。「失敗の科学」としての障害者福祉論はあまり重視されておらず、真剣に論議されていないのではないか。そうした危惧を感じてきたのは大学の教壇を離れた者の老婆心なのか、年寄りの冷や水なのか。

2．障害者福祉論の展開と重症児問題

　私が「障害者福祉」の講義に関心をもったのは、1970年代以降のことである。その当時は「身体障害者福祉」と「精神薄弱児福祉」が、それぞれ半期開講（2単位）であり、また精神科医による「精神衛生」（最近は「精神保健」、2単位）が開講されていた。しかも、これらの三者はまったく無関係な異質の科目と見なされており、それぞれ別な専門の教員が担当していた。換言すれば、戦後日本の障害者福祉論は、その時期、その時期の制度を解説し、厚生行政の実績（施設数、利用者数などの統計）を紹介し、また医学的・心理学的な「障害特性」の説明を付けただけのモザイクに過ぎなかった。

　こうして、障害特性に合わせた分類処遇が当然だと見なされており、「更生自立」（社会復帰）が実現可能か否かで、主権者国民であるはずの障害者を分断し「医療か、教育か、福祉か」の三者択一を迫るものであった。そして、障害者福祉の条件整備でも、こうした見地から政策的な優先順位があることを当然としていた。この点を反省し、行政実績に内在する矛盾を明らかにし、実践の事実を批判的に問うことがなかった。こうした事柄がまともに問われていないのが当時の学界の実情であった。

　この点では、わが国で最初の『心身障害者福祉』（1970）を出版し

た小島容子氏の著書もその例外ではなかった。なぜなら、たしかに「心身障害者基本法」の制定を受けてリハビリテーションの見地からまとめてはいるが、理論的には上記の3科目の寄せ集め状態から大きく脱却させたとは言い難く、重症者をはじめ重度・重複障害者の問題などはまったく入る余地などなかったからである。

　日本社会の高度経済成長から取り残されていた重症児者問題は、すでに小説家水上勉氏が『中央公論』誌（1963年6月号）に掲載した「拝啓　池田内閣総理大臣殿」でマスコミの関心を呼んだが、1960年代後半にはむしろ消極的な障害者の「安楽死」問題をめぐる論議の方が優勢であった。そうした時代状況において、療育記録映画『夜明け前の子どもたち』（滋賀県のびわこ学園の療育活動を近江学園研究部の田中昌人が中心になって映像化したもの1967）が与えたインパクトは、私にとって強烈であった。ヒトとして生まれ人間になる道の普遍性を示していたからであった。

　この映画とともに注目されて世の好評をえたのが、糸賀一雄『福祉の思想』（1968）である。この両者はともに、重症児の生きる価値を福祉の科学として根幹をなすものを問題とする実践現場からの提起であった。そこには、当時の哲学や社会科学に依拠しつつも、さらに新しい何かを含んでいた。障害者福祉を社会問題としてとらえる方途を切り拓くことが必要であった。また、その社会問題が「福祉」となるためには、生活のあり方においてとらえなおすことが必要であり、それによってこそ実践的な吟味が障害者福祉論の学問的課題となってきたのである。

　実際、このような方途は1970年代には「障害児の不就学をなくす運動」や「日曜学校の取り組み」「共同作業所づくり」運動として拡がっている。こうして実現した養護学校義務制実施（1973年に予告政令、1979年に実施）や通所施設、ケアホームなどはまさに新しいヒューマニズムとしての「発達保障」の理念によってこそ支えられるべきものであった。その意味では、1981年の国際障害者年は、単に国連が決定したからわが国でも取り組んだというだけのものではない。わが

国ではそれまでに重症児とその家族をはじめとする多くの障害者福祉関係者の不断の努力が蓄積されてきており、それらの実践と運動によって勝ちとられ実現したものだと言うべきであろう。

　しかしながら、体験的事実の信頼性と理論的妥当性とは同じではない。自分たちの経験を重視しこれに確信をもつことは大切であるが、そこにはある種の信仰に支えられるプライド（実践者としての誇り）がある。私が「理論とは実践者にのみ許されるコトバである」というときには、それとはいささか趣が違う。なぜなら、私が考えてきたのは研究から演繹された理論で現場を上から指導することの不当性を実践科学のあり方として批判して、どんなに貧弱な実践にもそこに内在する理論がある。それらの実践の中にある理論（考え方）を引き出して客観化すべきだということだからである。実践者にとって信仰と科学とは明確に区別して論議すべき事柄であって、それぞれの固有性を尊重して、それぞれの到達を明らかにすべきなのだと考える。

　そのような操作的区別の必要を教えてくれたのが、国連の「国際障害者年行動計画」（1981）という文書であった。とりわけ注目すべきは、「障害者は戦争その他の暴力によって、その多くが生み出されていること」、そして障害者問題の解決では「障害を（心身の異常としてよりも、むしろ、その置かれている現実の社会的な）環境との関係で理解すべきである」として、WHOがまとめた「障害分類試案」（ICIDH）に注意を喚起していたことである。

　ここにおいて初めて、視覚障害、聴覚障害、肢体不自由、知的障害、精神障害など、障害種別の列挙という従来の行政的な分類カテゴリーだけでは未解決となってきた「障害とは何か」という障害そのものの問題、すわわち「障害の概念」が、わが国の障害者福祉論でもまともに論議されるようになった。従来、「身体障害者福祉」「精神薄弱児福祉」「精神衛生」という三科目に分断されてきたものを論理的に統合する必然性は「障害の概念」の明確化によってこそ可能だとわかってきたのである。

　また、そのことによって、従来、法の谷間に放置され「無告の民」

とまで言われてきた重症者処遇の政策的不当性が理論的にきびしく批判され、まずは障害児教育の課題となり、さらに医療や福祉のあり方を見直すことが可能となってきた。これは、まさに「障害の概念」を定義することによって、その生活実態や実践を実証的に研究すべき課題が明確となったことを意味する。

このことは、わが国における障害者問題を緩和・解決する一翼を担うべき障害者福祉が時の福祉行政の後追いに終始するだけよいのかという反問となって響きあい、障害者の生活実態と福祉実践の事実に即した批判的な検討によって政策的現実（今日的限界）をリアルに示すという意味で、実践者としての主体性、また研究者としての自立性が発揮され始めたことでもある。換言すれば、科学としての障害者福祉論の構築は1980年代以降の課題として本格化したものである。

それでは、1980年代末の福祉関係八法の改正以降、障害者福祉が都道府県の責務から市区町村の責務に移行したのだが、それにもかかわらず、相変わらずの厚生行政のトップダウン業務でしかなかった。これは、なぜなのか。最近では日米安保体制の強化に向けての法制改革が憲法改定を経ずに追求され、経済のグローバル化を志向する世界戦略が進行しつつある現実は、また福祉のロマンが日増しに画餅と化しつつあるのと表裏一体のものの如くである。

そこで思い出されるのは、若き日の内村鑑三のことである。彼は近代日本の歴史的岐路に遭遇した時に何を考えたのか。日本の近代化で最初の対外抗争だった「日清戦争」では、清国による抑圧にあえぐ朝鮮人民を解放する正義の戦いだととらえていた。しかし、その後の大日本帝国による朝鮮の植民地化をつぶさに見て愕然となり、自分の社会問題認識の甘さを反省すること、痛切であった。

それから10年後の「日露戦争」に際して、内村鑑三は「非戦論」を唱えて日本政府の態度を厳しく批判した。これがやがては、「デンマルクの話」（1911年）となっていく。すなわち、軍事大国が日本のとるべき唯一の道ではないことを一九世紀半ばにドイツやオーストリアと戦って破れたデンマーク復興の事実を例に挙げて、世界平和と

矛盾しない日本の進路を示したのだった。

　現行の日本国憲法は占領国アメリカから押しつけらたものだとしてきたはずの自民党政府、とりわけ安倍晋三内閣による「積極的平和主義」が法の論理として矛盾し、法治国家の根幹である主権在民の思想を詭弁と国会議員の数で押し通したものだとすれば、そうしたことによってもたらされる日本社会のあり方は、今後の障害者問題と決して無関係ではない。不戦平和の大切さを重症者問題の進展が雄弁に物語っている。

　そうした見地からすれば、重症者の問題はヒューマニズムの根幹に関わっており、平和と民主主義を基本とする日本社会の未来を問う試金石だと言っても過言ではない。換言すれば、障害者福祉論が科学として存立していくためには、「分割して統治せよ」という国策論理への不断の抵抗が不可避であった。そのことを、医療・教育・福祉の制度の谷間に放置されてきた重症者の生活現実が端的に示しているのではないか。問題はそうした現実を日本社会のヒューマニズム、平和と民主主義の見地から批判的にとらえなおして、実践や運動の「次の一手は何か」を具体的に示すことにある。

　このように考えると、従来の障害者福祉論が福祉現場を国策と障害者のニーズとの矛盾の結節点だととらえてきたことは一定の前進であったが、重症者の生活現実に直接に責任をもつ市区町村など地方自治体の役割は、トップダウンの側面からしか見ていなかったことになる。この点が本書の主題とされている基本点なのである。そして、国の政策的限界を処遇現場に押しつけるだけではなく、重症者のニーズを受けとめようとする通所施設やケアホームの職員と連携して、ボトムアップの筋道が、どのようにして可能となるのかを都市自治体の先駆的事例の分析を通して明らかにしたのである。

　このように、法的位置づけとして決定的に重要な位置にある市区町村という障害者福祉の実施責務をもつ地方自治体のあり方の検討が、従来はほとんど問題とされず、また自治体職員の使命（ミッション）を障害者問題の実情に即して積極的に評価する研究が、ここに

生み出されることになった。その意味で、本書はたいへん興味深く、有意義な書物だと思う。

3. 重症児問題の研究方法をめぐって

およそ、この世には、障害者一般などというものなど、実在しない。この世で実際に存在しているのは具体的で個別的な、個々の重症者とその居住する地域だけである、このことを個々の地方自治体において、いかに理解すべきなのか。重症者の生活実態という実情を実践的に問題として検討することが、本書の主題であった。その起点として、著者は重症者の心理特性やコミュニケーションといった局面に留意しつつも、そこに主眼をおくのではなく、著者自身の職場である調布市や東京都の各市区での取り組みを検討素材としようとした。

これを全国的な取り組みの実情に照らして考えると、あまりにも特殊な地域だと見る向きもあろう。確かに、その自治体財政とか、人材確保などの問題からすれば、決して全国的な「平均」ではない。まして圧倒的多数を占める地域ではない。むしろ、極めて特殊な地域だと言うべきだろう。したがって、そこで得たデータをもとにして、全国津々浦々の地方自治体のいずれにも当てはまる役割をアレコレと論議することはいかなものかという批判もあろうか。しかし、そうした書物として本書を読むのは間違いである。なぜなら、本書はそうした行政マニュアル的な「基準」とか、単なるモデルの提示ではない。そんなつもりで、この論述を展開したわけではないからである。

処遇現場で20年、管理職としての10年の蓄積を背景とする挑戦だが、その研究がまとまるまでに10年余の時間が必要だった。それは、じつにこの点と関係がある。上記のような特殊性や個別性はどこの地域を対象とする場合にもあるはずだ。こうした見地からすれば、日本の市区町村のすべてを同じやり方で調べなくてはならなくなってしまう。そんなことは一人の研究者では不可能なだけでなく、科学の研究ということをほとんど理解していない者たちの論議でしかない。

諸君はテレビや新聞で報道する世論調査で、内閣支持率や政党支持率がわずか数千人の電話調査で全国的な傾向を示し、また選挙の「当確」を開票がほとんどなされていないのに発表されており、その判断がまずは間違いないのを不思議に思ったことはないだろうか。こうしたことが可能となるほどに今日の調査科学は発展してきている。そのポイントの一つがサンプル（標本）の取り方、すなわちサンプリングの問題である。

　重症者といってもその症状はさまざまであり、また地域生活支援における自治体の対応も一様ではない。そうしたところで自治体職員の役割について検討する著者の方法はそうしたサンプリングの問題をクリアすることなしには展開できないものであった。これが、実証的な事実によってsomething newの提起につながったのである。つまり、彼の研究における最大の問題は「特殊の中に一般を」「個別の中に普遍」を示すという実践的科学の基本命題をいかにして具体化するかということであった。

　これは例えば、近年の障害者基本計画の策定に際して自治体などが実施してきた「障害者実態調査」と大きく違うところである。障害者計画のための調査は、既定の政策課題を具体化するためのものだが、研究における調査は未知への挑戦なのである。そこで、否応なく直面させられたのが、個別を個別として見るのではなく、多くの類例を「代表するもの」、個別事例における「典型」性にかかわる問題である。重症者の地域生活支援を行政的局面から光りを当て、そこに未知の特質を引き出すのにふさわしい設問を準備することができたのも、それゆえであった（ちなみに、そこでは同一の設問で異質な複数の特性が出てこないような工夫も必要であった）。

　さらに、そうした調査研究によって得られ結果をまとめれば、博士論文になるのかというと、実際にはそれほど甘くはない。この第５章の総合的考察のところが山本君にとって博士課程を３年間ではなく、５年間という時間が必要だった理由の一つである。その意味を比喩的に言えば、おもしろいデータを集めて適切に整理しても、それだけ

では博士論文とは認められない。なぜなら、それらがなぜにおもしろいのかということが読み手には伝わるとは限らないからである。そうなると、これらの論述は自己満足でしかないとされてしまうのだ。

　生物学がまずは分類学として発展して、オリジナルなサンプル（新種の生物標本）を見出して、従来の分類との矛盾を克服する方向での研究を徹底させることなしには進化論が生まれ得なかった。しかし、またこれらのデータを「分類」という見地から見るだけでは新分類法は生まれても、進化論には進むことができなかった。そこにはサンプルの見方の質的転換とも言うべき理論的な飛躍が必要であった。

　これと同様なことが、物理学でも言える。たとえば、湯川秀樹、朝永振一郎、坂田昌一などによる理論物理学の業績が誕生し、ノーベル賞受賞者を輩出することができたのには、武谷三男の弁証法的三段階論（物理学の認識は、①現象論的段階、②実体論的段階、③本質論的段階という発展段階を辿って発展してきた）という仮説があったからだとのことである。

　換言すれば、サンプリングにおいて採集するデータのオリジナリティー（対象の中に内在する未知の特質、普遍性）を抽出して理論的に認識しうるような仮説が重要なのである。また、それがどのような手続で抽き出し得るのかという再現性を担保した形で示す必要もある。つまり、従来の既知の学説との関係でいかなる意味をもつのかを論理的に説明しなければならない。調査結果の理論的考察とはそうした作業に取り組むことなのである。

　本書の内容に即して言えば、1980年代以来の障害者福祉論で展開され、通説となってきた処遇現場が国の施策と障害者のニーズという、時として相反する「矛盾の結節点」として論議するだけでは、市区町村に障害者施策の実施責務があるという意義が依然として不問のままであり、その固有な役割の重要性がほとんど論議されていなかったと、彼は言うのである。

　このことを端的に示すために、彼はまずは都市自治体に注目し、重症者の地域生活支援において先駆的な取り組みの実情を問題とした。

そうした都市自治体では単に国の障害者施策のトップダウンとして受けとめて実施するだけでない。それを実施する中で生起し認識される注目すべき事実、すなわち、重症者たちの要求に応える生活支援で否応なく問われざるを得ない処遇現場での対応や工夫を経て上がってくる事柄の客観的必要性を自立支援協議会などでの論議を通して確認し合うことが大切であった。そして、自治体内部（議会を含む）で、必要な条件整備として実施して然るべき事柄だとする「庁内世論」を形成していくというダイナミックな過程でもあるということを自ら集めたデータで説得的に示したのである。

　こうした都市自治体において先駆的に展開されてきたものは単に自治体単独予算として計上されるだけでなく、その事実の実践的有効性が認められていくに従って、国の障害者施策にも反映されるようになってきた。こうしたボトムアップの筋道を切り拓くところでは、施策実施の最先端である自治体のあり方が極めて重要である。それはまた、自治体職員が働きがいのある仕事に挑戦することの必要性を示すことに他ならない。そうしたところでの論理を障害者福祉論の基本課題として示したのが本書である。本書が学術書として興味深いのは、まさにこの点にある。

　重症者の生活支援については、これまでにもいろいろな論説があり、また自治体行政論とか公務労働論の領域でも多くの先行研究があるのだが、それらを著者なりに消化吸収するだけでなく、自らの調査データで、都市自治体における取り組みに内在する先駆性を分析して理論的に説明することによって、自治体職員の仕事がもつ働きがいはどこにあり、それはどんな意義をもつのかを示した。これが、障害者福祉論に新風を吹き込んだことになるので、本書のもつインパクトなのだと、私は思う。

　以上、要するに、重症者を含む人間が生きる現実としての生活の問題を福祉実践に引きつけて、これを市区町村などの地方自治体の役割において検討し、自治体職員論として提起する本書の出版を祝し、多くの方々にお勧めする次第である。

あとがき

　筆者はこれまで長年、都市自治体職員として、ケースワーカーや重症者の通所施設職員、福祉所管の管理職などとして障害者の地域生活の支援業務を中心に従事してきた。とりわけ重症者の通所施設では、法的な裏づけや財源などが乏しいなか、医療的ケアを要する者への対応など、地域での生活の支援のあり方について疑問や課題を感じることもたびたびあった。

　それは、筆者だけが感じていた課題ではない。筆者が所属していた「東京都障害者通所活動施設職員研修会医療的ケア研究会」のメンバーたちも同様の疑問や課題をもち、集まり学習していた。施設職員を中心に自治体職員、教員、医師、親などさまざまなメンバーが集まっていたこの研究会では、現状をどのように打開するか、彼らが地域で安心して暮らすためにはどうしたらよいのか、本当に真摯な議論が展開された。

　そうした真摯な議論を自身の課題としてとらえ、少しでも整理し、重症者の地域生活支援をどのようにニーズに応じたものとするかという問題意識から日本福祉大学大学院で学ぶこととなった。その修士論文として「特別支援学校および通所施設における重度重複障害者の医療的ケア─生活の充実の視点から─」を執筆した。修了後は博士課程に進学し、博士論文「重症心身障害者の地域生活支援における都市自治体の役割に関する研究──通所施設およびケアホームにおける取り組みと施策を中心に」を執筆した。本書はこの論文に加筆修正したものである。

　博士論文の成果物として、本書を刊行する機会に恵まれたことは「実践的研究者」または「研究的実践者」をめざす筆者にとって望外の喜びである。

　そのうえで、まず、重症者が地域で暮らし続けることを通所施設等さまざまな現場で支援している福祉職、障害者福祉の支援の主体

としての役割を果たそうとする都市自治体の職員や障害福祉研究者等多くの方々に拙著をお読みいただき、ご指摘、ご批判いただければ幸いである。

　大学院では論文というものを書いたことのない私に対し修士論文以降ご指導いただいた大泉溥先生、そして博士課程への進学や学位論文の提出や審査でもお世話になった近藤克則先生をはじめ、さまざまな先生方から研究のイロハから論文提出に至るまで丁寧なご指導をいただいた。これらのご指導がなければ、本書の出版はもとより、仕事を継続しつつ大学院生を続けることはできなかったに違いない。改めて、先生方に感謝を申し上げたい。

　研究課題を考えるに至った背景には、筆者の勤務する市で暮らす多くの障害者やそのご家族、なかでも重症者の通所施設の利用者やその家族との交流があったからである。また、職場の上司や同僚、部下また関連する社会福祉法人のさまざまな職員、島田修一先生をはじめとする「自治と学び研究会メンバー」から貴重な示唆をいただいたことは、本書の基礎を固めるものとなった。同時に、出版について、丁寧に相談にのっていただいたクリエイツかもがわの田島氏の存在なくしては本書の刊行はなかった。重ねて御礼申し上げる。

　本書が、地域で暮らす重症者の支援に少しでも役立つことを祈念して筆をおく。

本書の初出

第1章　第2節　「重度重複障害者の医療的ケアに関する研究─養護学校及び通所施設における取り組みと国会審議の経過を中心に─」（2011）『社会福祉士』18号、日本社会福祉士会、25-32

第3章　第1節　「重度重複障害者の通所施設における医療的ケア」（2012）『介護福祉士』17号、日本介護福祉士会、23-28

第3章　第2節　「重症心身障害者の通所施設における市町村の役割─東京都内の通所施設における実態調査から─」（2013）『介護福祉士』19号、日本介護福祉士会、83-94

第3章　第3節　「重症心身障害者等の地域での居住施策─東京都内の小規模共同住居における実態調査から」（2012）『社会福祉士』19号、日本社会福祉士会、18-25

第4章　第1節　「重症心身障害者の地域生活支援に関する調査研究─三大都市における地域実態調査から─」（2013）『保健の科学』第55巻　第8号、569-574

第4章　第2節「地域生活支援における地域自立支援協議会の役割」（2013）『ソーシャルワーク研究』第39巻、第1号、53-60

◎著者

山本雅章（やまもと まさあき）

調布市子ども生活部長

○略歴

　1983年中央大学文学部（教育学専攻）卒業、2014年日本福祉大学大
学院福祉社会開発研究科博士課程修了（博士（社会福祉））。
　調布市役所入所後、福祉事務所ケースワーカー、総合福祉センター（デ
イサービス担当）、障害福祉課ケースワーカー、同課係長、課長、福祉
健康部長などを経て現職

○著書

　『知を拓く学びをつくる』（共著）つなん出版、2004
　『重症心身障害通園マニュアル』（共著）医歯薬出版、2004
　『障害者に対する支援と障害者自立支援制度』（共著）久美出版、2009
　『エッセンシャル社会福祉学』（共著）久美出版、2014　など

地域で暮らす重症者の生活保障──自治体職員の役割と行政職員たちの挑戦

2015年11月30日　初版発行

<table>
<tr><td>著　者</td><td>山本雅章</td></tr>
<tr><td>発行者</td><td>田島英二　taji@creates-k.co.jp</td></tr>
<tr><td>発行所</td><td>株式会社クリエイツかもがわ</td></tr>
<tr><td></td><td>〒601-8382　京都市南区吉祥院石原上川原町21
電話 075（661）5741　FAX 075（693）6605
郵便振替　00990-7-150584
ホームページ　http://www.creates-k.co.jp</td></tr>
<tr><td></td><td>印刷所──T-PLUS ／為国印刷株式会社</td></tr>
</table>

ISBN978-4-86342-171-4 C0036　　　　　　　　　　　　　Printed in Japan

好評既刊

奇跡がくれた宝物　いのちの授業
小沢浩／編著

重度の障害のある子どもたちやそのご家族とのかかわりのなかで小児科医師である著者が、母校の子どもたちに語った「いのち」とは。子どもたちに伝えたかった「いのち」。子どもたちから受け取った「いのち」。みんなでつくりあげた「いのちの授業」の記録。　1700円

未来につなぐ療育・介護労働　生活支援と発達保障の視点から
北垣智基・鴻上圭太・藤本文朗／編著

●発達障害の視点を高齢者介護に、障害者の高齢化に新たな支援のあり方を探る！
重症児者療育で積み重ねられてきた発達保障の実践を高齢者介護実践につなげる。支援実践の共通点と具体的な視点や方法、考え方の相互応用の可能性を探る。　2200円

生きることが光になる　重症児者福祉と入所施設の将来を考える
國森康弘・日浦美智江・中村隆一・大塚晃・社会福祉法人びわこ学園／編著

びわこ学園50年！

いのちや存在そのもの、教育、発達保障、人権、地域生活支援・システムの視点から重症児者支援の展望を探る。療育の歴史を振り返り、入所施設・機能の今後の展開から新たな重症児者支援のあり方を考える。　2000円

障害のある子どもの教育目標・教育評価　重症児を中心に
三木裕和・越野和之・障害児教育の教育目標・教育評価研究会／編著

●子どものことを楽しく話したい！
障害児教育分野での教育目標・教育評価のトレンド「客観性」「測定可能性」「成果」を、研究者と実践家が様々な角度から鋭く論考。　2000円

重症児の授業づくり
三木裕和・原田文孝／著

重症児の心がどのような悩みやねがいが満たされているのか、どのような働きかけでその心が動き出すのか―明日からの授業が役立つ「自分・交流」「からだ」「ことば」「せいかつ」「医療的ケア」の実践を紹介。「医療的ケアの学力論」の考え方、実践のあり方をはじめて提起！　2200円

重症児教育　視点・実践・福祉・医療の連携
江川文誠・山田章弘・加藤洋子／編著

2刷

重症児・者のライフステージを視野に入れた教育実践の展開から卒業後の生活、医療との連携まで、重症児教育・福祉が総合的に理解できる。　2800円

わたし"前例"をつくります　気管切開をした声楽家の挑戦
青野浩美／著

声楽家をめざした日々、発病、宣告、気管切開…。「前例がないから無理だ」と言われた歌をあきらめず、自身の障害と向き合い、闘い続けて見えてきたものとは。家族や支援者に支えられ、喉に穴の開いたやんちゃな歌姫が、声をとりもどし、歌い、語り出す。　1800円

障害のある人たちの口腔のケア
玄景華／監修　栗木みゆき／著

2刷

口腔のケアは口臭の改善やむし歯予防はもちろん、マッサージなどの刺激で口の機能を高め、誤嚥性肺炎の予防につながるもの。構造やはたらき、病気といった基礎知識から、障害によるトラブルへの対応や注意点、口腔マッサージを、イラストと写真をあわせてわかりやすく解説。　1400円

※本体価格で表示

■好評既刊

輝いて生きる　高次脳機能障害当事者からの発信
橋本圭司／編著　石井雅史、石井智子／執筆

夢中になれるものをもてるようになると、人は生きいきしてくる——。
ゆっくりと前進する当事者と家族の思い・願い。ご本人の言葉からどのように悩み、感じているかが伝わってきます。　　　1300円

よくわかる 子どもの高次脳機能障害
栗原まな／著

高次脳機能障害の症状・検査・対応法がわかりやすい！　ことばが出てこない、覚えられない…わたしは何の病気なの？　目に見えにくく、わかりにくい高次脳機能障害、なかでも子どもの障害をやさしく解説。巻頭12頁は子どもも読める事例（総ルビ）。　　　1400円

わかってくれるかな、子どもの高次脳機能障害
発達からみた支援　太田令子／編著

実生活の格闘から見える子どもの思い、親の痛み—。困りごとって発達段階で変わってきますよね。その行動の背景に、なにがあるのかに目を向けると、障害によっておこる症状だけでなく、子どもの思いが見えてきます。子育てに迷うみなさんへヒントいっぱいの１冊。　　　1500円

障害のある人とそのきょうだいの物語　青年期のホンネ
近藤直子・田倉さやか・日本福祉大学きょうだいの会／編著

「話せる場」ができたとき、これまでの自分とこれからの自分に向き合い、兄弟姉妹や親へのさまざまな思いを語り出す14人の青年たち。　　　1000円

読んで、見て、理解が深まる「てんかん」入門シリーズ　公益社団法人日本てんかん協会／編

❶ てんかん発作 こうすればだいじょうぶ 改訂版 …発作と介助　DVD付き
川崎淳／著

てんかんのある人、家族、支援者の"ここが知りたい"にわかりやすく答える入門書。各発作の特徴や対応のポイントを示し、さらにDVDに発作の実際と介助の方法を収録。　　　2000円

❷ てんかん発作 こうしてなおそう …治療の原則
久保田英幹／著

発作に目を奪われがちな「てんかん」、薬物療法や外科療法、リハビリテーションまでの充実した内容で学べる。合併する障害や二次的障害にも迫る。　　　3刷　1600円

❸ てんかんと基礎疾患 …てんかんを合併しやすい、いろいろな病気
永井利三郎／監修

なぜ「てんかん」がおきるの？　てんかんの原因となる病気"基礎疾患"について、症状と治療法をやさしく解説。初心者にもわかる！　てんかんの原因となる病気の本。　　　2刷　1200円

❹ 最新版 よくわかる てんかんのくすり
小国弘量／監修

これまで使われているくすりから、最新のくすりまでを網羅。くすりがどのような作用で発作を抑えるのかをていねいに解説。　　　2刷　1200円

❺ すべてわかる こどものてんかん
皆川公夫／監修・執筆

てんかんってなあに？　から、検査、治療、介助、生活するうえでの注意点など、こどものてんかんについて知っておきたいことをわかりやすく解説。1テーマごとに短くすっきりまとまり読みやすい！　　　1300円

※本体価格で表示

▶好評既刊

医療的ケア児者の地域生活支援の行方
法制化の検証と課題

NPO法人 医療的ケアネット◉編

◉医療的ケアは、障害児者の在宅支援、教育支援のコア（核）である。

医療的ケアの原点と制度の理解、超重症児者の地域・在宅支援、学校の医療的ケア、地域での住処ケアホームなど、法制化の検証と課題を明らかにする。ひろがる地域格差の平準化をめざして……議論白熱シンポジウムの全記録。　　　　　2000円

生きる
在宅・地域で
支える

医療的ケア児者の地域生活保障
特定（第3号）研修を全国各地に拡げよう

高木憲司・杉本健郎・NPO法人医療的ケアネット◉編著

◉当事者目線での研修体制づくりと地域格差をなくすために！

研修機関申請から認証までに立ちふさがった「壁」をどうクリアしたか。法制化した医療的ケア研修をいかに拡げるか。24時間、地域で、医療的ケアが必要な人たちの支援の連携をどうつくっていくかなどの課題を明らかにする。　　　　　1200円

「医療的ケア」はじめの一歩　介護職の「医療的ケア」マニュアル

NPO法人医療的ケアネット・杉本健郎／編

増補改訂版

◉法制化に対応して増補改訂！　DVD「医療的ケア」実技研修の手引き

「医療的ケアって何？」から、体のしくみ、障害、医療的ケアの具体的な内容、在宅支援、主治医の連携、介護職の心構えまで、医療的ケアに関心のある人、これから取り組もうとする人への画期的な入門書！　　　　　2200円

新版・医療的ケア研修テキスト　重症児者の教育・福祉・社会的生活の援助のために

日本小児神経学会社会活動委員会　北住映二・杉本健郎／編

4刷

CD-ROM付き

多数の動画、テキストに掲載していないデータも収録

◉「法制化」に対応！

一部の医療的ケアが法制化されるという節目の時期に、介護職、教員などの実践に役立つ、指導看護師、医師のためのテキスト。初版から大幅ページ増・全面改訂！　　　　　3400円

重症児の防災ハンドブック　3.11を生き抜いた重い障がいのある子どもたち

田中総一郎・菅井裕行・武山裕一／編著

増補改訂版

◉なんとしても生きのびましょう──障がいのある子どもたちの防災対策！

人工呼吸やたんの吸引など「医療的ケア」が、常時必要な重い障がいをもつ子どもたち・人たちが、3.11をどう生きぬいたか、支援の記録と教訓からの災害時の備え、重症児者の防災マニュアル。　　　　　2200円

※本体価格で表示